ESSAI

SUR LA

MORALE D'ARISTOTE

PAR

LÉON OLLÉ-LAPRUNE

MAÎTRE DE CONFÉRENCES A L'ÉCOLE NORMALE SUPÉRIEURE

Ouvrage couronné par l'Académie des sciences
morales et politiques

PARIS

LIBRAIRIE EUGÈNE BELIN

RUE DE VAUGIRARD, N° 52

—

1881

ESSAI

SUR LA

MORALE D'ARISTOTE

DU MÊME AUTEUR

La Philosophie de Malebranche, 2 vol. in-8°, br.   16 fr.
(Collection Ladrange, 1870). Paris. Germer-Baillière.
Ouvrage couronné par l'Académie française et par l'Académie des sciences morales et politiques.

De la Certitude morale, 1 vol. in-8°, br. . . . . . 7 fr. 50
Paris, 1880, Eugène Belin.

ESSAI

SUR LA

MORALE D'ARISTOTE

PAR

LÉON OLLÉ-LAPRUNE

MAÎTRE DE CONFÉRENCES A L'ÉCOLE NORMALE SUPÉRIEURE

Ouvrage couronné par l'Académie des sciences
morales et politiques

PARIS

Vve EUGÈNE BELIN ET FILS, LIBRAIRES-ÉDITEURS

RUE DE VAUGIRARD, N° 52

1881

Tout exemplaire de cet ouvrage non revêtu de ma griffe sera réputé contrefait.

PRÉFACE

Un irrésistible attrait ramène sans cesse vers l'antiquité. On peut médire d'elle, on ne se résigne pas à l'ignorer.

A certaines époques, on a eu pour elle un culte : on s'est épris des formes de son art jusqu'à croire qu'il ne pouvait y en avoir d'autres; ou bien on s'est passionné pour ses formes sociales et politiques jusqu'à rompre, pour les reproduire, la tradition continue et vivante qui rattache chaque siècle à ceux qui le précèdent. Les règles, les modèles, les guides, c'est dans le lointain passé que les penseurs ou, si l'on aime mieux, les rêveurs les ont cherchés; et le retour à l'antiquité a paru le retour à la simple nature et à je ne sais quelle raison, sans âge, sans couleur locale, vraiment humaine, disait-on. Le dix-huitième siècle, si avide de nouveautés, a eu, dans sa dernière moitié, de ces illusions : on a ambitionné, on a tenté de ressusciter chez nous Athènes, Sparte, Rome. Dangereuse chimère. C'est méconnaître à la fois le passé et le présent que de prétendre refaire le présent à l'image du passé. C'est les fausser l'un et l'autre; et comme une pareille idée n'est possible que parce que l'on ne comprend pas bien les anciens, il faut dire aussi que pour ajuster la société contemporaine à ce patron antique tel quel, on la dénature, on la violente, et les essais d'application, quand il y en a, ne sont pas seulement ridicules et insensés : il s'est fait des tentatives odieuses et criminelles.

Nous n'avons plus aujourd'hui ni ces innocentes manies ni ces farouches délires. Nous ne rendons plus de culte aux Grecs ni aux Romains. Ils sont bien morts pour nous. Nous nous savons si bien autres dans nos goûts, dans nos vues, dans toute notre vie. Certes depuis que le christianisme et le lent travail des siècles ont formé et développé un ordre véritablement nouveau, d'autres époques, avant la nôtre, ont eu une physionomie parfaitement distincte; et avec combien de grandeur et d'éclat dans l'originalité! Mais nous, grâce à cet esprit d'analyse qui est un des caractères propres de ce temps, nous notons, nous comptons toutes les différences qui séparent les modernes des anciens. Par exemple, la religion, devenue affaire d'âme avant tout, et en même temps ayant des dogmes arrêtés et une organisation propre, voilà, dans ce domaine si important, une liberté et une vie, et puis une consistance, et une puissance de gouvernement que l'antiquité n'a jamais connues ni conçues ni même soupçonnées. Autre aussi est pour nous la notion de l'État, plus vaste, plus compliqué, avec des ressorts plus délicats à certains égards, mais d'ailleurs n'ayant plus cette omnipotence, j'allais dire cette divinité que la Grèce ou Rome lui attribuait. Ajoutons que la science, conquérante en même temps que contemplative, donne à l'homme moderne des spectacles qui eussent ravi d'admiration les vieux philosophes, et produit des effets où ils eussent été tentés de voir l'œuvre de je ne sais quels Titans, mieux avisés et plus heureux que ceux de la fable. C'est une banalité maintenant que de dire combien le monde a changé et combien nous savons qu'il a changé. L'étrange, c'est que la curiosité de connaître cette antiquité si différente de nous persiste et semble s'accroître. On a beau dire quelquefois :

> Qui nous délivrera des Grecs et des Romains?

On a beau se plaindre du temps que la jeunesse passe à les étudier, et parler d'eux sans respect en regimbant contre l'usage qui les rend vénérables. Jamais peut-être ils ne furent plus étudiés. Si le culte a disparu, peut-être, l'antiquité est devenue objet de science, et le nombre de ses admirateurs n'a pas diminué.

Le contraste entre ces temps passés et le nôtre nous plaît. L'histoire, aidée par l'archéologie, ressuscite à sa manière ce qui n'est plus. Nous ne demandons pas à une malencontreuse imitation de faire revivre dans le présent les époques disparues, mais nous voulons les voir telles qu'elles furent, et pour cela nous tâchons d'en évoquer l'image toute vive, et de nous les rendre présentes par l'exactitude et la fidélité du dessin, par l'éclat et la magie de la couleur. Est-ce donc que la belle jeunesse de la Grèce antique charme et console un monde vieilli? Ce qui est certain, c'est que nous fouillons avec une avidité ardente dans les entrailles de l'histoire afin de les retrouver, ces anciens, de les refaire, et de les contempler en action, en mouvement, vivants, avec leurs coutumes et leurs mœurs, avec leurs institutions, avec leurs sentiments mêmes et leurs idées : car c'est jusqu'à l'esprit, jusqu'à l'âme que nous voulons pénétrer. Le désir de voir en quelque sorte de nos yeux des types d'une parfaite vérité historique, nous jette aujourd'hui dans une étude qu'inspirait jadis le désir de trouver des guides et des modèles; et, tandis qu'alors se proposant de ressembler à l'antiquité, on la rapprochait de soi, maintenant nous considérons surtout ce qui la distingue de nous, et nous la tenons dans le lointain historique qu'elle ne peut quitter sans s'altérer; mais c'est avec la même passion que l'étude se fait, et, aujourd'hui comme hier, l'enchantement est le même.

C'est qu'ici les figures retracées devant nous avec une entière vérité n'ont pas seulement une originalité saisissante : elles sont belles, et, si particulières qu'elles paraissent quand elles redeviennent vivantes grâce à la science et à l'art de l'histoire, elles plaisent encore à la raison par ce que j'appellerai leur vérité humaine et leur beauté humaine. Plus même elles reprennent leur caractère propre, tout le convenu, tout l'artificiel tombant autour d'elles comme une croûte qui se détacherait d'un tableau, plus on s'aperçoit qu'il y a là un des types les plus remarquables de l'homme. Voilà donc la généralité qui se retrouve, et c'est là ce qui fait le charme inépuisable de tout ce que la Grèce antique nous a laissé. On ne s'intéresserait pas ainsi à ce qui n'aurait qu'une valeur locale et temporaire. Le privilège de tout ce qui est vraiment grand et vraiment beau et partant susceptible de plaire toujours et partout, c'est de réaliser, oserai-je dire d'incarner dans une physionomie propre, très originale sans être singulière, une idée universelle et immortelle.

Les anciens Grecs nous fournissent ainsi, dans leurs chefs-d'œuvre et dans leur histoire, une des plus belles images de l'homme même. C'est ce qui explique pourquoi l'on s'est tant obstiné à chercher en eux des modèles et des guides. Et il demeure vrai qu'en un sens très large ils sont tels, parce que tout ce qui est beau et grand est propre à inspirer de belles et grandes choses. Les copier serait puéril ou périlleux. Se mettre à leur école est toujours bon.

Si on leur prend quelque chose de leur âme, on met en soi une force de plus pour faire ce métier d'homme où l'on ne saurait jamais trop exceller. Lacordaire dit quelque part que le Chrétien, à ces hauteurs où le placent la foi et la grâce, doit saluer avec respect l'*honnête homme*; il doit être lui-même honnête homme en perfection. Saluons aussi ces anciens Grecs si admirables, et sachons que nous pouvons gagner quelque chose dans leur commerce. Nous ne renierons, nous n'oublierons rien de ce qui met notre civilisation moderne, malgré ses misères, au-dessus de la leur. Surtout nous ne méconnaîtrons, nous ne négligerons jamais ce que nous devons au christianisme. Mais, comme les types supérieurs dans l'animalité renferment les qualités les meilleures des types qu'ils dépassent, ainsi la perfection et la beauté de l'homme tel que nous le concevons maintenant, doit contenir et non supprimer l'antique beauté qu'elle domine.

Tout ceci dit ce qu'est ce livre sur la Morale d'Aristote, et l'esprit qui l'a inspiré. J'ai étudié cette morale avec une sorte de passion, prenant plaisir à en saisir et à en rendre autant que possible le caractère grec, le caractère original; j'ai essayé de l'exposer en sa forme propre, ne lui imposant ni les proportions ni les apparences ni les préoccupations de la philosophie moderne. J'ai voulu donner une idée vraie de ce premier traité régulier de morale, et, si je l'ai commenté par le reste de la philosophie d'Aristote, c'est pour être fidèle à Aristote lui-même, car ce grand esprit a parfaitement vu que si les sciences doivent être distinctes, elles doivent être unies : composant ce qu'il appelle une πραγματεία, il n'y veut traiter que ce qui est du sujet, οἰκεῖον, comme il dit, et il écarte tout ce qui appartiendrait à une autre étude, ἀλλοτρίας σκέψεως ἂν εἴη; mais cela ne l'empêche point de porter dans cette étude particulière les principes généraux qui animent et gouvernent sa pensée, et des diverses sciences il fait un système où il essaie de reproduire l'harmonieux ensemble de cet univers qui est si varié et qui est un.

J'ai tâché de me faire grec avec Aristote, et je me suis laissé librement aller à ce plaisir de revoir vivante en quelque sorte cette grande philosophie, car les idées sont comme les hommes, elles ont une vie, et ici surtout comment séparer les hommes et les idées, puisqu'il s'agit de morale, et partant, selon le mot d'Aristote, des choses humaines, τὰ ἀνθρώπινα? Mais, en devenant grec, l'auteur de cette étude n'a pas cessé d'être moderne et d'être chrétien. Indifférent aux doctrines elles-mêmes, il n'eût goûté dans son long commerce avec Aristote qu'un plaisir d'amateur. Ce n'eût pas été assez. Si le véritable artiste ne se déprend pas de lui-même en passant dans les autres ou mieux en les faisant passer en soi, comment le philosophe pourrait-il, dans une étude historique, faire abstraction de son esprit propre et de ses doctrines? On ne peut faire une œuvre sérieuse qu'en demeurant soi-même : l'auteur a porté dans son appréciation son âme, sa façon moderne, contemporaine, de comprendre et de poser les questions, enfin son christianisme. Mais, en commentant Aristote avec ces ressources d'un autre temps, il a toujours cherché à ne le point dénaturer lui-même, et s'il a ici et là senti la joie d'avoir plus et mieux qu'Aristote, jamais, il en a la confiance, il n'a été injuste pour son génie ni pour sa philosophie.

Ce siècle a vu paraître beaucoup de travaux sur Aristote, et, en particulier, sur sa morale. Je les ai mis à profit. Il y en a d'illustres, et cette mention n'ajoutera rien à leur juste renommée. Mais la reconnaissance m'oblige à les citer, et si quelque apprenti philosophe lisait ce livre avant que ces commentateurs ou ces éditeurs de la morale d'Aristote lui fussent connus, je lui rendrais le service de les lui indiquer : je donne donc ici dans une note la liste des auteurs que j'ai consultés[1]. Mais je dois signaler d'une manière toute spéciale la belle et savante édition de

---

[1]. J'ai consulté très souvent avec fruit l'édition récente des *Ethica Nicomachea*, par Ramsauer (Leipsick, 1878, avec un commentaire perpétuel en latin) ; et le travail fort intéressant de Moore, édition des quatre premiers livres et du livre X de la *Morale à Nicomaque*, avec introduction et notes en anglais (2ᵉ édit., 1878, Londres). Citons encore le long et très important chapitre consacré à la morale d'Aristote, par Zeller, dans sa *Philosophie des Grecs* (nouvelle édition, 1879); la traduction française de la *Morale* et de la *Politique*, par Thurot, 1824; la traduction française des mêmes écrits, par M. Barthélemy Saint-Hilaire, 1837 et 1856; les précieuses indications de M. Ravaisson, dans son *Essai sur la métaphysique d'Aristote*, notamment t. I, p. 440-482; la traduction anglaise de l'*Ethique à Nicomaque*, par Browne (Bohn's classical library, 1880, Londres); l'édition avec notes en anglais de la *Politique*, par Richard Congreve (2ᵉ édit., 1874, Londres). Nommons aussi l'*Examen de la Morale d'Aristote*, de M. Antonin Rondelet (Paris, 1849). Disons enfin que nous avons usé en certaines occasions de la *Paraphrase* d'Andronicus de Rhodes (édit. publiée par Heinsius, 1617, Amsterdam). Je remercie M. Laboulaye à qui je dois d'avoir ajouté à tant de secours celui de ce commentateur ancien. — L'*Histoire des théories et idées morales dans l'antiquité*, de M. J. Denis, contient, t. I, p. 189-190 de la première édition, Paris, 1856 (il y a maintenant une deuxième édition), un brillant et vigoureux développement sur la conformité des théories d'Aristote au génie hellénique. En composant mon chapitre sur l'*Accord de la conception aristotélicienne de la vie avec le caractère et le génie grecs*, je ne connaissais pas ces pages éloquentes. Mon livre était fini quand elles m'ont été signalées. Mais un autre écrit de M. Denis avait fait, il y a longtemps, une vive impression sur mon esprit : c'est sa thèse intitulée *Le Rationalisme d'Aristote*. Le « rôle de la raison dans les connaissances humaines d'après Aristote » y est étudié d'une manière très remarquable.

l'*Ethique à Nicomaque* de Sir Alexandre Grant[1]. Je dois noter aussi les très remarquables chapitres de M. Janet dans sa *Morale* sur le principe du bonheur et sur le principe de l'excellence ou de la perfection : il y cite souvent Aristote, et il professe ce qu'il nomme un *eudémonisme rationnel*[2]. Je lui ai emprunté ce mot qui rend nettement et vivement le caractère de la théorie aristotélicienne du bonheur. Enfin, si la lecture du livre de M. Janet a grandement contribué à me faire entreprendre une étude particulière de la Morale d'Aristote, c'est mon cher et illustre maître M. Caro qui, me trouvant engagé dans cette étude, m'a signalé la question proposée par la section de morale de l'Académie des sciences morales et politiques pour l'année 1880, et c'est lui qui m'a pressé de faire de cette étude le Mémoire que l'Académie a bien voulu couronner.

Il me reste à dire un mot du texte que j'ai suivi et du mode de renvoi que j'ai adopté. Pour l'*Ethique à Nicomaque*, j'ai usé de la belle édition de M. Grant, et c'est à cette édition

---

[1]. The Ethics of Aristotle illustrated with Essays and notes, 2 vol., Londres, 3e édit., 1874. J'ai trouvé un grand profit dans les notes abondantes et les savants essais qui enrichissent cette belle édition.
[2]. La Morale, Paris, 1874.

que je renvoie toujours. J'avais songé à ajouter à l'indication des chapitres et des paragraphes celle des pages de la grande édition de Berlin, mais, les citations de l'*Ethique à Nicomaque* étant fort nombreuses et presque continuelles, j'ai craint que tous ces chiffres ne finissent par lasser et par embrouiller, et comme après tout la division en chapitres et en paragraphes adoptée par M. Grant et par les autres éditeurs anglais est assez commune, qu'elle est suivie dans Tauchnitz, et que la savante édition classique de Susemihl dans la *Bibliotheca Teubneriana* la mentionne à toutes les pages, je crois que mes renvois permettront au lecteur de retrouver sans peine les textes que je cite. Pour la *Morale à Eudème*, je me suis servi de l'édition spéciale de Fristzche : elle donne, outre la division ordinaire, la pagination de l'édition de Berlin, et je reproduis l'une et l'autre. Pour la *Politique*, je conserve la division en chapitres et en paragraphes adoptée par Tauchnitz et suivie dans la traduction de Thurot, et j'y ajoute la pagination de l'édition de Berlin indiquée par M. Richard Congreve dans sa remarquable édition spéciale. Enfin pour tous les autres écrits d'Aristote, j'ai de même donné une double indication, celle des chapitres et des paragraphes d'après les éditions classiques et populaires de Tauchnitz, celle des pages de l'édition de Berlin, ce qui permet de se retrouver non seulement dans cette édition maîtresse d'Aristote, et dans l'admirable *Index Aristotelicus*, de Bonitz, mais aussi dans la plupart des travaux spéciaux qui ont été entrepris depuis qu'elle a paru, car presque partout cette pagination est reproduite. L'utilité de ces détails techniques se voit aisément. Aristote, dans ce livre, paraît à chaque page : il importe que les lecteurs, quelle que soit l'édition dont ils usent, édition générale ou spéciale, savante ou populaire, sachent comment retrouver le grand philosophe dans ses propres écrits et contrôlent facilement l'exposition et la critique de sa Morale.

INTRODUCTION

On trouve dans les écrits d'Aristote trois *Morales*. La première est connue sous le nom de *Morale à Nicomaque*, la seconde est appelée *Morale à Eudème*, la troisième *Grande Morale*. Cela est fait pour surprendre. Mais si l'on examine l'ensemble des ouvrages d'Aristote, on remarque deux choses : d'abord chacun de ses grands traités, formant ce qu'il nomme une πραγματεία, semble n'avoir été définitivement composé qu'après plusieurs ébauches, ou, pour mieux dire, plusieurs essais, et le traité définitif garde les traces de ce procédé de composition : on y trouve des répétitions, les mêmes questions reprises à des points de vue un peu différents, des additions, des sortes de corrections, parfois presque des contradictions. Il y a quelque analogie entre cette façon de faire et celle de Leibniz, avec cette différence que Leibniz n'a présenté sa pensée sous une forme systématique que dans deux résumés fort courts, la *Monadologie* et les *Principes de la nature et de la grâce*. En second lieu, on peut affirmer que souvent nous avons moins un traité écrit par Aristote lui-même qu'une rédaction de ses cours ou une revision de ses notes faite par ses disciples. Ainsi s'explique la présence, dans la liste de ses œuvres, de plusieurs écrits sur un même sujet.

Cela posé, quelle est la valeur respective des différentes éditions, pour ainsi dire, de la doctrine du maître? Et, pour ne parler que de l'*Éthique*, quel discernement y a-t-il à faire entre ces trois *Morales* qui s'offrent à nous sous le nom d'Aristote? Est-il permis de puiser indistinctement dans les trois quand on veut esquisser et apprécier la doctrine morale de l'auteur de la *Physique* et de la *Métaphysique*?

Pour répondre à cette question, il faut examiner de près ces trois œuvres, et alors on trouve que non seulement elles ne méritent point toutes trois la même considération, mais que les différences entre elles sont plus profondes qu'on ne le supposerait à première vue : ce ne sont pas seulement des rédactions un peu différentes d'un même traité, ce ne sont pas non plus les étapes successives d'une même pensée. Les travaux remarquables entrepris surtout dans ces derniers temps sur les *Morales* d'Aristote et la comparaison que nous en avons faite nous-même nous permettent d'établir les trois points que voici :

1° La *Morale à Nicomaque*, ou pour mieux dire, la

Morale de Nicomaque, Ἠθικὰ Νικομάχεια, ainsi nommée parce qu'elle a dû être publiée, après la mort d'Aristote, par son fils Nicomaque, est une πραγματεία complète, un traité régulier, œuvre d'Aristote lui-même, supposant d'ailleurs des essais successifs réunis dans un même dessein, sur un plan d'ensemble, mais sans que les soudures entre les diverses parties aient toujours été faites avec le soin qu'y mettrait un écrivain moderne ;

2° La *Morale à Eudème*, ou, pour traduire plus exactement le titre grec, la *Morale d'Eudème*, Ἠθικὰ Εὐδήμεια ou Εὐδήμια, est l'œuvre d'un disciple, sans doute d'Eudème de Rhodes dont le nom sert à la désigner : c'est quelque chose d'analogue à ces rédactions que les disciples faisaient des leçons du maître, mais il y a quelque chose de plus, car le disciple paraît ici se servir des leçons entendues plutôt que les reproduire purement et simplement, et l'on sent partout le dessein de composer un traité nouveau ayant quelque originalité ;

3° La *Grande Morale*, Ἠθικὰ μεγάλα, est la moins importante de ces trois *Morales*, et elle semble bien n'être qu'un extrait des deux premières, une sorte de résumé anonyme, mais avec certains caractères qui semblent déceler une époque un peu postérieure à Aristote.

La *Morale à Nicomaque* et la *Morale à Eudème*, ou autrement dit les *Ethica Nicomachea* et les *Ethica Eudemia*, ont trois livres communs : les livres V, VI et VII des *Nicomachea* et les livres IV, V et VI des *Eudemia* sont tout à fait pareils. D'où vient cela ? Est-ce

Eudème, qui, ayant refait à sa manière l'œuvre d'Aristote, s'est borné, dans ces trois livres, à la reproduire textuellement? Ou bien, ces trois livres sont-ils d'Eudème, et est-ce un éditeur d'Aristote qui les a pris aux *Eudemia* pour combler une lacune des *Nicomachea?* Ici les conjectures abondent, et l'on n'ose prendre un parti décisif. Cependant l'examen de ces trois livres ne semble pas autoriser à les enlever à Aristote[1], et, s'ils ne sont pas textuellement de lui, on l'y retrouve tellement présent, c'est si bien sa pensée qui s'y montre, et ses habitudes de style même y sont si fidèlement conservées, qu'ayant affaire à un disciple si près du maître, on peut sans scrupule le citer comme s'il était le maître même[2].

Il n'en est pas ainsi des autres livres des *Eudemia*. Bien des différences distinguent cette œuvre de celles qui appartiennent incontestablement à Aristote. L'auteur suit pas à pas la *Morale à Nicomaque*, mais avec l'intention de la corriger, de la compléter, de la perfectionner. On croit sentir presque partout un disciple qui n'est point un esprit vulgaire, très épris de la doctrine d'Aristote, mais désireux de l'accommoder à son propre tempérament intellectuel, à ses

---

1. On peut même assurer que le livre V, sur la *Justice*, est d'Aristote : les citations ou allusions contenues dans la Politique s'y rapportent très bien. Voir notamment *Polit.*, III, vii, 1. Δοκεῖ δὲ πᾶσιν ἴσον τι τὸ δίκαιον εἶναι, καὶ μέχρι γέ τινος ὁμολογοῦσι τοῖς κατὰ φιλοσοφίαν λόγοις, ἐν οἷς διώρισται περὶ τῶν ἠθικῶν· τί γὰρ καὶ τισὶ τὸ δίκαιον, καὶ δεῖν τοῖς ἴσοις ἴσον εἶναί φασι.

2. Peut-être faut-il faire exception pour les derniers chapitres du livre VII.

propres vues, à ses propres sentiments. Sans m'arrêter ici à tous les détails, comme il conviendrait de le faire dans une édition critique des *Morales*, je signalerai deux points qui attirent entre tous l'attention. Eudème ou l'auteur des *Eudemia* a, plus qu'Aristote, le sentiment que je nommerai proprement moral, il est aussi plus religieux. Certes, Aristote insiste sur le caractère pratique de la morale : là, dit-il, le but n'est pas la connaissance, c'est l'action [1]. Toutefois la moralité proprement dite le touche moins peut-être qu'elle ne touche Eudème : de l'*Éthique* il tourne volontiers les regards vers la *Politique*, science supérieure, à ses yeux; Eudème, tout en répétant la même chose, demeure plus attaché à l'*Éthique*. Aristote, au-dessus de la vie pratique, place la vie contemplative : Eudème, qui ici encore répète la même chose, ne parle pourtant que fort peu de la contemplation. Ce sont les choses proprement morales qui paraissent avoir ses préférences. Cette préoccupation se montre encore dans l'insistance, dans la complaisance, peut-on dire, avec laquelle il reprend après Aristote et développe l'étude de la volonté et du libre arbitre [2]. En revanche, les formules qu'il emprunte à Aristote semblent perdre, chez lui, quelque chose de leur signification métaphysique [3]. On dirait qu'elles n'ont plus la même profondeur ni la même étendue. Celui qui les emploie

---

1. *Eth. Nic.*, I, III, 6. Ἐπειδὴ, τὸ τέλος ἐστὶν οὐ γνῶσις, ἀλλὰ πρᾶξις.
2. *Eth. Eud.*, II, vi-xi. Comparer avec la *Morale à Nicomaque*, III, i-v.
3. Par exemple, le mot ἐνέργεια. Voir I, viii, 17-19; I, i, 2-9.

se soucie moins de la philosophie générale que de l'*Éthique*. Sa morale n'est pas aussi étroitement en relation avec de grandes conceptions d'ensemble, avec un système de métaphysique ou de physique. Moraliste avant tout, et littérateur[1], esprit élevé, délicat, très judicieux, très réservé aussi, il reproduit les formules du maître sans en avoir toujours, ce semble, la pleine intelligence, ou plutôt, il les entend sans doute fort bien, mais il en use sans avoir le goût de les creuser, sans avoir le dessein d'y chercher comme les racines de toutes ses idées. Il aime mieux ajouter aux analyses morales d'Aristote quelques détails, retoucher certaines définitions, revenir sur certaines distinctions, enfin modifier quelque peu, et toujours dans un sens plus proprement et plus décidément moral, la doctrine reçue. C'est un interprète qui pense à sa manière ce qu'il expose et explique, et sa manière de penser est toute morale.

C'est aussi un esprit plus religieux. Aristote a de très hautes vues de métaphysique religieuse, il n'a pas de piété, et sa philosophie, en ôtant, du moins selon toute apparence, la connaissance du monde à Dieu, exclut tous les sentiments que fait naître la pensée de la Providence : la gratitude, la confiance, l'invocation sont supprimées. Dans un passage du livre X de la *Morale à Nicomaque*[2], il dit que le sage doit être de

---

1. Comparer notamment le début de l'œuvre avec ceux des traités d'Aristote.
2. *Eth. Nic.*, X, viii, 13. Ὁ δὲ κατὰ νοῦν ἐνεργῶν, καὶ τοῦτον θεραπεύων, καὶ διακείμενος ἄριστα καὶ θεοφιλέστατος ἔοικεν εἶναι· εἰ γάρ τις ἐπιμέ-

tous les hommes le plus aimé de Dieu, θεοφιλέστατος, car si les dieux ont quelque soin des choses humaines, comme il le semble, il est raisonnable qu'ils voient avec plaisir ce qui est le meilleur et qui a le plus de parenté avec eux, à savoir l'esprit, l'intelligence, le νοῦς, et qu'à ceux qui l'aiment et l'honorent le plus, ils fassent du bien, reconnaissant en quelque sorte le soin que ces hommes prennent de ce qui est cher aux dieux, et leur sachant gré de cette droite et belle manière d'agir. Mais il faut bien entendre ce passage. Ce n'est point ce qui lui semble à lui, Aristote, que le mot grec δοκεῖ exprime. Si Aristote eût voulu indiquer que l'opinion en question lui paraît à lui-même une conjecture probable, il eût dit : ὡς ἔοικε; s'il eût voulu désigner une apparence naturelle et comme une sorte d'évidence, non pas démonstrative ou proprement rationnelle, mais très engageante, et même décisive, à peu près à la façon d'un fait visible encore que non expliqué, il eût dit : ὡς φαίνεται; mais il dit : ὡς δοκεῖ[1]. C'est l'opinion d'autrui qu'il rappelle,

λεια τῶν ἀνθρωπίνων ὑπὸ θεῶν γίνεται, ὥσπερ δοκεῖ, καὶ εἴη ἂν εὔλογον χαίρειν τε αὐτοὺς τῷ ἀρίστῳ καὶ τῷ συγγενεστάτῳ (τοῦτο δ' ἂν εἴη ὁ νοῦς), καὶ τοὺς ἀγαπῶντας μάλιστα τοῦτο καὶ τιμῶντας ἀντευποιεῖν, ὡς τῶν φίλων αὐτοῖς ἐπιμελουμένους, καὶ ὀρθῶς τε καὶ καλῶς πράττοντας· ὅτι δὲ ταῦτα πάντα τῷ σοφῷ μάλιστα ὑπάρχει, οὐκ ἄδηλον· θεοφιλέστατος ἄρα· τὸν αὐτὸν δ' εἰκὸς καὶ εὐδαιμονέστατον, ὥστε καὶ οὕτως εἴη ὁ σοφὸς μάλιστ' εὐδαίμων.

1. Il importe de justifier par quelques exemples ces distinctions. Les trois mots en question, φαίνεται, ἔοικε, δοκεῖ, reviennent pour ainsi dire à chaque instant dans Aristote. Φαίνεται exprime partout une manière de voir, un jugement fondé sur des apparences qui ont la clarté et comme l'autorité d'un fait, de telle sorte qu'elles s'imposent à tout le monde. C'est la chose qui apparaît, qui saute aux yeux. On traduirait bien par ces mots français :

ainsi qu'on le remarque en tant d'endroits où il se sert du même mot; ici, c'est une allusion à l'opi-

on roit que..., ou *il est visible que...* Voici quelques exemples. *Eth. Nic.*, I, VIII, 15. Φαίνεται δ' ὅμως καὶ τῶν ἐκτὸς ἀγαθῶν προσδεομένη, (ἡ εὐδαιμονία), καθάπερ εἴπομεν. Que le bonheur ait besoin des biens extérieurs, cela est visible : une plus profonde étude apprend qu'il ne consiste pas essentiellement en cela, mais il ne saurait se passer de cela; on voit cela par une simple vue jetée sur les choses. — I, I, 2. Διαφορά δέ τις φαίνεται τῶν τελῶν. Que parmi les fins qu'on peut se proposer, il y ait des différences à faire, cela se voit tout de suite, cela apparaît de prime abord. — III, II, 16. Τί οὖν ἤ, ποῖόν τί ἐστιν, ἐπειδὴ, τῶν εἰρημένων οὐδέν ἐστιν; ἑκούσιον μὲν δὴ φαίνεται, τὸ δ' ἑκούσιον οὐ πᾶν προαιρετόν. Qu'est-ce donc que la libre détermination (προαίρεσις), quelle en est précisément la nature, puisqu'elle n'est rien de tout ce qu'on vient de dire? On voit bien qu'elle est quelque chose de volontaire, mais tout ce qui est volontaire n'est pas libre. — Voir encore *Eth. Nic.*, VIII, IX, 4; VIII, XIV, 3; X, IX; 18, 20; et *Polit.*, I, III, 18. 19; II, VI, 18. — Ἔοικε n'exprime plus cette sorte d'évidence de fait (justifiée d'ailleurs ou non par la raison, mais ayant toujours au moins une valeur provisoire); ἔοικε marque la vraisemblance, la probabilité : l'apparence ici, c'est ce qui s'offre à l'esprit comme une conjecture ou conclusion raisonnable (du moins, dans telle ou telle supposition, comme dans le passage en question, θεοφιλέστατος ἔοικεν..., etc.) : on pourrait traduire en français par ces mots : *il semble bien que...*, ou *il y a lieu de penser que...* ou *on peut conjecturer que...* Ce ne sont que des vraisemblances, mais des vraisemblances qui ont du prix aux yeux de l'auteur, et il les prend à son compte. Voir *Eth. Nic.*, III, II, 9. Ὅλως γὰρ ἔοικεν ἡ προαίρεσις περὶ τὰ ἐφ' ἡμῖν εἶναι. Il semble bien que la libre détermination est chose qui dépend de nous : cela ressort de l'analyse des faits; il est naturel de juger ainsi : c'est une *conclusion raisonnable*. Voir encore I, VIII, 17; VIII, XIV, 2; et *Polit.*, II, VII, 1; III, II, 11; III, VIII, 7. Ce dernier passage est fort curieux. Aristote y parle de l'homme qui a une vertu tellement supérieure qu'il ne peut être soumis à personne : lui donner un maître, ce serait presque vouloir commander à Jupiter. Il ne reste donc, conclut Aristote, qu'un seul parti à prendre, et cela conformément aux indications de la nature, c'est que tous obéissent de bon cœur à un tel homme, en sorte que ces personnages extraordinaires soient comme des rois perpétuels dans les cités. Λείπεται τοίνυν, ὅπερ ἔοικε πεφυκέναι, πείθεσθαι τῷ τοιούτῳ πάντας ἀσμένως, ὥστε βασιλέας εἶναι τοὺς τοιούτους ἀϊδίους ἐν ταῖς πόλεσιν. — Δοκεῖ est le terme générique qui exprime l'opinion : c'est ce qu'on *pense*, ce qu'on *croit*, ce qu'on *juge*, ce qu'on *admet*. Il y a certainement des cas où l'opinion ainsi indiquée peut bien être celle d'Aristote, mais même alors c'est à peine s'il prend parti : l'opinion signalée le laisse comme indifférent. S'il voulait marquer qu'il la juge raisonnable, probable, nion vulgaire, ou peut-être est-ce plus précisément une allusion à Platon. Admettant par hypothèse la conception platonicienne d'une Providence, il dit qu'en ce cas ce n'est pas l'homme juste, comme le veut Platon dans sa *République*[1], mais c'est bien plutôt le sage parvenu à la vie contemplative qui doit mériter l'amour des dieux[2]. Car la divinité est avant tout intelligence et pensée, et c'est par la pensée surtout que l'homme lui ressemble. Tel est le sens de ce passage, le seul de la *Morale* d'Aristote, où il paraisse y avoir quelque chose de proprement religieux[3]. Ailleurs on ne trouve que des comparaisons empruntées aux traditions communes sur les dieux, ou bien des vues toutes métaphysiques, sereines, mais froides. —

autorisée, il emploierait plutôt la forme δόξειεν ἄν, forme dubitative qui précisément substituerait à une opinion en quelque sorte impersonnelle les préférences d'Aristote : il se montrerait par là incliné vers l'opinion en question. En disant qu'*on pourrait penser que...*, il ferait entendre que lui-même *est porté à penser que...* Les exemples abondent : il n'y a rien de particulier à citer. Revenons à δοκεῖ : *il semble que...*; est-ce à Aristote ou aux autres? Souvent peu importe. *Il semble à tout le monde*, voilà très souvent le sens. Par suite, il semble au vulgaire, aux esprits superficiels ou aux sophistes. Alors δοκεῖ est le mot propre. Aristote ne mettrait point ἔοικε. Il se sépare lui-même de l'opinion qu'il rapporte. Voir par exemple *Eth. Nic.*, I, III, 2 (τὰ δὲ καλὰ καὶ τὰ δίκαια τοσαύτην ἔχει διαφορὰν καὶ πλάνην ὥστε δοκεῖν νόμῳ μόνον εἶναι, φύσει δὲ μή,); I, x, 3 (δοκεῖ γὰρ εἶναί τι τῷ τεθνεῶτι καὶ κακὸν καὶ ἀγαθόν...).

1. Platon, *Republ.*, X, 613 A.
2. Andronicus de Rhodes, dans sa *Paraphrase de la Morale à Nicomaque*, explique ainsi ce passage : Εἰ γάρ τι τῷ θεῷ μέλει τῶν ἀνθρωπίνων, καί τις ἐστιν αὐτῶν ἐπιμέλεια παρ' ἐκείνου, καθάπερ πᾶσι δοκεῖ, καὶ εἴη γε, τίνι τῶν ἐν ἀνθρώποις χαίρειν τὸν θεὸν μᾶλλον εἰκός..., etc. Le sens impersonnel de δοκεῖ est compris, mais Andronicus ajoute πᾶσι, et puis il prend parti lui-même.
3. Dans la doctrine propre d'Aristote, c'est en un autre sens, nous le verrons, que cette vie selon l'esprit, ὁ βίος κατὰ τὸν νοῦν, est divine.

Dans Eudème, c'est autre chose. Non seulement la religion populaire inspire à l'auteur plus de sympathie, comme par exemple lorsqu'il dit que Dieu est content lorsqu'il reçoit des sacrifices en rapport avec nos moyens [1], mais dans la manière de concevoir la relation de Dieu au monde, Eudème est bien plus près de Platon que d'Aristote : il dit que l'amitié ou affection (φιλία) qui unit le père et le fils, est celle que Dieu a pour l'homme [2], et il veut que la pratique de la vertu morale se tourne en un hommage à Dieu ; à la fin de cet ouvrage, dans le beau fragment qui termine le livre VII [3], ou qui plutôt est un débris d'un huitième et dernier livre, il voit dans la moralité un acte de religion : c'est par le rapport que les choses ont à la connaissance de Dieu qu'il faut juger de la valeur des choses mêmes, et ce qui nous empêcherait de *servir* et de *contempler* Dieu (τὸν θεὸν θεραπεύειν καὶ θεωρεῖν) est mauvais. Dieu et l'homme sont, dans Eudème, reliés, si je puis dire, par des liens affectueux. Dieu aime l'homme, l'homme sert Dieu avec respect, avec amour, et la

---

1. *Eth. Eud.*, VII, x, 23.
2. *Eth. Eud.*, VII, x, 8. Nous reviendrons plus loin sur ce passage. Mais remarquons dès maintenant qu'ailleurs (VII, iii, 4) Eudème semble nier ce qu'il avance ici : « Dieu n'aime pas à son tour comme il est aimé, et il serait ridicule de le lui reprocher : le propre du supérieur c'est d'être aimé, non d'aimer. » Il est vrai qu'il ajoute : « ou d'aimer d'une autre manière. » γελοῖον γὰρ εἴ τις ἐγκαλοίη τῷ θεῷ, ὅτι οὐχ ὁμοίως αὐτὸς ἀντιφιλεῖ ὡς φιλεῖται, ἢ τῷ ἄρχοντι καὶ ἀρχομένῳ· φιλεῖσθαι γὰρ, οὐ φιλεῖν, τοῦ ἄρχοντος, ἢ φιλεῖν ἄλλον τρόπον.
3. *Eth. Eud.*, VII, xv, à la fin. Nous reviendrons aussi sur ce passage.

vertu est excellente parce qu'elle mène à Dieu[1].

La *Grande Morale*, bien mal nommée, puisqu'elle est la moins importante des trois principales œuvres morales contenues dans les écrits d'Aristote, la *Grande Morale* a tellement le caractère d'un résumé qu'on a pu se demander si le titre qu'elle porte n'avait pas pour origine une erreur de copiste : μεγάλα, au lieu de κεφάλαια[2]. Quoi qu'il en soit, la

---

1. Voir encore *Eth. Eud.*, VII, xiv, 21-23. Τὸ δὲ ζητούμενον τοῦτ' ἐστί, τίς ἡ τῆς κινήσεως ἀρχὴ ἐν τῇ ψυχῇ. Δῆλον δή, ὥσπερ ἐν τῷ ὅλῳ, θεός, καὶ ἐν ἐκείνῳ. Κινεῖ γάρ πως πάντα τὸ ἐν ἡμῖν θεῖον. Λόγου δ' ἀρχὴ οὐ λόγος, ἀλλά τι κρεῖττον. Τί οὖν ἂν κρεῖττον καὶ ἐπιστήμης εἴποι, πλὴν θεός; Ἡ γὰρ ἀρετή, τοῦ νοῦ ὄργανον καὶ διὰ τοῦτο οἱ πάλαι ἔλεγον, εὐτυχεῖς καλοῦνται οἳ ἂν ὁρμήσωσι κατορθοῦν ἄλογοι ὄντες καὶ βουλεύσθαι οὐ συμφέρει αὐτοῖς· ἔχουσι γὰρ ἀρχὴν τοιαύτην ἢ κρείττων τοῦ νοῦ καὶ τῆς βουλήσεως... Φανερὸν δὲ ὅτι δύο εἴδη εὐτυχίας, ἡ μὲν θεία· διὸ καὶ δοκεῖ ὁ εὐτυχὴς διὰ θεὸν κατορθοῦν. « Ce qui met tout en branle dans l'âme, c'est Dieu. Le principe de la raison, ce n'est pas la raison, mais quelque chose de supérieur : et que peut-il y avoir de supérieur à la science même, si ce n'est Dieu? La vertu est comme l'organe, l'instrument de l'intelligence; mais il peut arriver qu'on réussisse en ce qu'on fait par une sorte d'instinct, sans réflexion, et le vouloir ne sert plus de rien : c'est que l'on a alors en soi un principe d'action supérieur à l'intelligence et à la volonté. Il y a donc une sorte de bonheur qui est divin. Dans le cas qui vient d'être indiqué, celui qui est heureux réussit, non par lui-même, mais par Dieu. » Placer la raison discursive et la science au-dessous de l'intelligence pure, c'est très conforme à la doctrine d'Aristote; mais n'y a-t-il pas ici, dans la manière dont cette vue est présentée, quelque chose de platonicien? L'influence et le souvenir de Platon se montrent encore plus dans ce qui est dit de cette bonne fortune (εὐτυχία) qui est en même temps bonne conduite (κατορθοῦν), et qui, sans raison et sans volonté, dénote quelque chose de supérieur à l'intelligence même (Dieu est mis au-dessus de l'intelligence, ce qu'Aristote ne ferait point). Tout ce passage rappelle la théorie du *délire divin*, θεία μανία, dans le *Phèdre* de Platon (256 B), et fait aussi penser par avance à Plotin parlant de cette ivresse causée par le nectar divin, ivresse qui vaut mieux que la calme et froide sagesse : les inspirés ne manquent pas de raison, ils ont plus et mieux. Eudème emploie le mot ἐνθουσιασμοί : ils ont Dieu en soi.

2. Conjecture de Trendelenburg. Ἠθικῶν κεφάλαια ou ἠθικῶν μεγάλων κεφάλαια.

doctrine d'Aristote se trouve, dans ce traité, modifiée en plusieurs endroits. Eudème semble souvent suivi de préférence à Aristote, mais Eudème à son tour est abandonné. L'auteur choisit entre ses deux guides, et ne se livre jamais complètement ni à l'un ni à l'autre. Il est moins religieux qu'Eudème : il déclare nettement qu'une relation affectueuse ne peut s'établir entre l'homme et Dieu, et même qu'aucun sentiment d'amour ne saurait avoir Dieu pour objet[1] : on serait ridicule de prétendre aimer Jupiter. D'autre part, il écarte, comme Eudème, les hautes conceptions métaphysiques, et se réduit volontiers à la pure pratique. Aristote, ayant à cœur de faire de la morale une étude distincte et propre (πραγματεία, μέθοδος), renvoie souvent ailleurs d'importantes questions (ἀλλοτρίας σκέψεως ἂν εἴη) : c'est par scrupule de méthode. L'auteur de la *Grande Morale* en ajournant ces questions semble n'en avoir guère souci, et sa philosophie des choses humaines ne repose plus sur une philosophie générale ferme et profonde. La grande théorie de la *puissance* et de *l'acte* est réduite, ou à peu près, à la distinction commune entre les facultés ou tendances et les faits actuels qui en sont les manifestations. Les vues d'Aristote sur la félicité et la contemplation ne se retrouvent plus que rarement, et en général bien amoindries. La pensée de l'auteur ne semble pas toujours très sûre d'elle-même. S'il lui arrive de dire avec Aristote que

1. *Magn. Mor.*, II, xi. Ἡ δὲ πρὸς θεὸν φιλία οὐδὲ ἀντιφιλεῖσθαι δέχεται, οὐδ' ὅλως τὸ φιλεῖν· ἄτοπον γὰρ ἂν εἴη, εἴ τις φαίη, φιλεῖν τὸν Δία.

Dieu est au-dessus de la vertu (*ὁ γὰρ θεὸς βελτίων τῆς ἀρετῆς*)¹, c'est après avoir dit dans un autre chapitre que la vertu est au-dessus de tout (*οὐδὲν βέλτιον τῆς ἀρετῆς*)². Il réserve la louange aux seules vertus morales proprement dites, et il déclare que la prudence, la sagesse, et en général les vertus intellectuelles ne sauraient en aucune façon l'obtenir, ce qui signifie dans son langage qu'elles n'ont aucune valeur morale³; mais plus loin il énonce l'assertion absolument contraire, et dans les mêmes termes. A la sagesse pratique (*φρόνησις*) il accorde expressément la louange⁴. Quant à cette sagesse spéculative, cette sagesse proprement dite (*σοφία*), qui était pour Aristote le terme suprême de l'activité humaine, la suprême félicité, une chose vraiment divine dans l'homme mortel, qu'en fait l'auteur de la *Grande Morale?* Il lui conserve le rang élevé que lui assignait Aristote, et il trouve même pour en marquer l'excellence de belles expressions. Aristote parle dans la *Politique* de la noble liberté du citoyen que l'active vigilance d'un intendant dispense d'entrer dans le détail de ses affaires⁵ : l'auteur de la *Grande Morale* applique cela à la raison pratique et à la sa-

---

1. *Magn. Mor.*, II, v, 2.
2. *Magn. Mor.*, I, xviii, 15.
3. *Magn. Mor.*, I, v, 2. Κατὰ γὰρ ταύτας (τὰς τοῦ ἤθους ἀρετὰς) ἐπαινετοὶ λεγόμεθα, κατὰ δὲ τὰς τοῦ τὸν λόγον ἔχοντος, οὐδεὶς ἐπαινεῖται· οὔτε γὰρ ὅτι σοφός, οὐδεὶς ἐπαινεῖται, οὔτε ὅτι φρόνιμος, οὐδ' ὅλως κατά τι τῶν τοιούτων οὐδέν.
4. *Magn. Mor.*, I, xxxiv, 12. Ἐπαινετοὶ γάρ εἰσιν οἱ φρόνιμοι· ὁ δ' ἔπαινος ἀρετῆς...
5. *Polit.*, I, ii, 23.

gesse ; semblable à un intendant, la raison pratique prépare à la sagesse du loisir et lui assure toute liberté pour accomplir son œuvre propre, et cela en prenant le soin de maintenir les passions et de les assagir[1]. Et c'est bien en effet à la sagesse que doit appartenir la prééminence : la pensée pratique n'a pour objet que l'intérêt de l'homme; la pensée pure ou sagesse spéculative a pour objet l'éternel et le divin. Mais, au moment même où l'auteur exalte ainsi la sagesse, il laisse voir que pour lui ce qui vraiment prime tout, c'est la vertu morale : car de cette sagesse même il fait une vertu morale, il la déclare digne de louange, sans quoi il se trouverait que, supérieure à la pensée pratique par son objet, elle lui serait inférieure par sa valeur propre[2]. N'est-ce pas redire encore qu'il n'y a rien de meilleur que la vertu ? C'est pour la vertu que tout le reste existe, lisons-nous dans un passage bien remarquable, et tout le reste est comme un point de départ pour aller à elle. Or, les moyens existant pour le but, la fin est semblable elle-même à un principe, et c'est en vue d'elle qu'existe chacune des choses qui mènent à elle. La vertu est la plus excellente des causes, car elle vise à la fin, non aux moyens. Et cette fin, c'est le

---

1. *Magn. Mor.*, I, xxxiv, à la fin. Οὕτω καὶ ὁμοίως τούτῳ ἡ φρόνησις, ὥσπερ ἐπίτροπός τις ἐστὶ τῆς σοφίας, καὶ παρασκευάζει αὐτῇ σχολήν, καὶ τὸ ποιεῖν τὸ αὐτῆς ἔργον, κατέχουσα τὰ πάθη, καὶ ταῦτα σωφρονίζουσα.

2. *Magn. Mor.*, I, xxxiv, 17. Ἡ μὲν γὰρ σοφία περὶ τὸ ἀΐδιον καὶ τὸ θεῖον, ἡ δὲ φρόνησις περὶ τὸ συμφέρον ἀνθρώπῳ..., ὥστε δῆλον ὅτι ἡ σοφία ἀρετή, ἐστιν. Tout ce chapitre est extrêmement remarquable.

beau, le tout de la vertu consiste à se proposer comme objet le beau[1]. Quelle affirmation de l'excellence de la vertu qui se confond avec l'excellence même de son objet, le beau! On s'est demandé s'il ne fallait pas reconnaître ici je ne sais quelle nuance de stoïcisme introduite dans la pensée et dans le langage d'Aristote. On a remarqué de plus le sens un peu nouveau de certaines expressions[2], la recherche des distinctions minutieuses, et quelque peu subtiles, le goût pour les divisions, pour la logique à outrance, pour une dialectique un peu sèche et scolastique[3], et tout cela a paru assez conforme aux habitudes stoïciennes. On a été très frappé aussi d'un passage de la théorie de l'amitié, fort digne de remarque en effet, encore qu'un peu obscur: l'auteur établit une différence entre τὸ φιλητόν et τὸ βουλητόν d'une part, et τὸ φιλητέον

---

1. *Magn. Mor.*, I, xviii-xix. Ταύτης γὰρ ἕνεκα καὶ τἆλλα ἐστί, καὶ εἰς ταύτην ἐστὶν ἡ ἀρχή· τούτου ἕνεκεν, μᾶλλον τὰ εἰς τοῦτ' ἐστίν· τὸ δὲ τέλος ἀρχή, τινὶ ἔοικε, καὶ τούτου ἕνεκέν ἐστιν ἕκαστον... βελτίστη ἐστὶν αἰτία (ἡ ἀρετή), ὅτι τοῦ τέλους ἐστὶ στοχαστική.. Τίς δέ γ' ἐστὶ τέλος τὸ καλόν... Τῆς ἀρετῆς παντελῶς τοῦτ' ἐστὶ τὸ καλὸν προθέσθαι.

2. Notamment l'emploi du mot ὁρμή. Voir *Magn. Mor.*, I, iv, 9-11. Là se trouve cette proposition qui n'est pas en accord avec la doctrine d'Aristote : Οὐδὲ ἐνέργεια οὗ μὴ δὲ ὁρμή. Ce qui signifie, d'après le contexte, qu'il n'y a point d'*acte* là où il n'y a pas ce que l'on appellerait dans la langue du dix-septième siècle *inclination de la volonté*. C'est trop restreindre le sens du mot aristotélicien ἐνέργεια, et c'est prendre ὁρμή au sens stoïcien (*complète spontanéité de la volonté, mouvement d'élan par lequel la volonté s'approche des objets extérieurs*, comme dit très bien M. Guyau dans son *Manuel d'Épictète*, traduction nouvelle, Paris, 1873).

3. Voir, en particulier, le chapitre 1er du livre Ier. Sans doute Aristote procède d'une manière analogue, quoique avec plus de prestesse, dans ses réfutations où il accumule les objections, les critiques, les déductions et réductions à l'absurde; mais dans ses expositions il a une manière large qui ne se retrouve pas ici.

et τὸ βουλητέον d'autre part. Ce qu'il nomme φιλητόν et βουλητόν, c'est ce qui est l'objet propre de l'amour et du vouloir, ce qui est aimable ou digne d'être aimé, ce qui est digne d'être voulu, ce qu'il est naturel et raisonnable d'aimer et de vouloir. Il réserve les mots φιλητέον et βουλητέον, lesquels marquent une sorte de contrainte, pour ce qui détermine effectivement l'amour et le vouloir, et il montre que cette détermination peut avoir lieu sans que la raison la précède ou l'approuve. Quand on aime ce qui est mauvais, parce qu'on y trouve de l'agrément et de l'utilité, on aime une chose qui se fait aimer sans être vraiment aimable; on aime en fait, et comme par la force des choses, ce qui n'a pas droit à l'amour [1]. Aristote avait employé dans un passage de la *Morale à Nicomaque* les mots αἱρετά et αἱρετέον d'une manière analogue, mais sans songer aucunement à faire de cela une théorie [2]. C'est encore dans l'école stoïcienne que se rencontre le goût pour ces sortes d'oppositions et pour cette précision extrême de langage : les stoïciens se sont montrés fort attentifs aux mots, fort soucieux de les expliquer, de les com-

---

1. *Magn. Mor.*, II, xi, 9, 12, 13. "Ετερον μὲν οὖν ἐστι τὸ φιλητὸν καὶ τὸ φιλητέον, ὥσπερ καὶ τὸ βουλητὸν καὶ τὸ βουλητέον. Βουλητὸν μὲν γὰρ τὸ ἁπλῶς ἀγαθόν, βουλητέον δὲ τὸ ἑκάστῳ ἀγαθόν. Οὕτω καὶ φιλητὸν μὲν τὸ ἁπλῶς ἀγαθόν, φιλητέον δὲ τὸ αὑτῷ ἀγαθόν. Ἔστι δὲ τὸ μὲν φιλητέον καὶ φιλητόν, τὸ δὲ φιλητὸν οὐκ ἔστι φιλητέον... Ἐπειδὴ τἀγαθῷ ἠκολούθει τὸ συμφέρον καὶ τὸ ἡδύ, ᾗ ἐστι φαῦλος ὢν ἡδύς, ταύτῃ φίλος· πάλιν αὖ συμφέρων, ᾗ συμφέρων, ταύτῃ φίλος. Ἀλλ' οὐκ ἔσται γε κατὰ τὸ φιλητὸν ἡ τοιαύτη φιλία· φιλητὸν γὰρ ἦν τἀγαθόν, ὁ δὲ φαῦλος οὐ φιλητός· οὐ γὰρ ἀλλὰ κατὰ τὸ φιλητέον.

2. *Eth. Nic.*, III, 1, 10.

menter, d'en développer le sens. Toutes ces raisons réunies ont donné à penser que l'auteur de la *Grande Morale* pouvait être quelque péripatéticien que les leçons du Portique ne laissaient pas indifférent. Dans la *Morale à Eudème*, il y a comme un retour au platonisme ; dans la *Grande Morale*, il y aurait un mouvement vers le stoïcisme. C'est fort possible. Il se peut aussi que toutes ces nuances s'expliquent simplement par la prédominance, croissante depuis Aristote, des préoccupations morales, et aussi par le goût si naturel d'un disciple pour le commentaire et la paraphrase des idées du maître[1]. En tout cas, la *Grande Morale* semble d'une époque un peu postérieure à Aristote, et ce n'est pas sans quelque défiance qu'on y peut chercher sa pensée.

Je me borne à ces indications[2]. Il est facile de voir maintenant que, dans une étude sur la doctrine morale d'Aristote, c'est à la *Morale à Nicomaque* surtout et presque exclusivement qu'il faut s'adresser. La plupart de nos citations seront empruntées à cet ouvrage. Dans les deux autres nous chercherons des éclaircissements,

---

1. On en trouve un exemple notable dans l'explication longue et peu claire d'ailleurs (I, II) de cette expression d'Aristote disant (*Eth. Nic.*, I, VIII, 8) que la félicité est de toutes choses la plus digne d'être poursuivie et choisie, sans faire pour cela partie de la série des biens, ἔτι δὲ πάντων αἱρετωτάτην, μὴ συναριθμουμένην.

2. Voir, sur ce sujet, Ueberweg, *Grundriss der Geschichte der Philosophie*, t. I, p. 176 et suiv., édit. de 1876. Les diverses opinions des critiques sont très clairement résumées. Voir aussi l'*Introduction* de M. Barthélemy Saint-Hilaire à sa traduction des *Morales* d'Aristote, et surtout le premier *Essai* de sir Alexandre Grant, dans son édition de la *Morale à Nicomaque*, t. I, p. 18-71. Londres, 3e édit., 1874.

des commentaires, des moyens de discussion, des termes de comparaison.

Nous voudrions d'abord donner une idée nette et vive de la doctrine, nous esquisserons donc l'homme vertueux et sage d'après Aristote. C'est le meilleur moyen, semble-t-il, de présenter cette morale telle qu'elle est, sans la dénaturer, sans la fausser. Nous entrerons ainsi en commerce intime avec l'auteur. C'est après avoir été à son école, après l'avoir pour ainsi dire entendu, écouté, admiré, que nous redirons ses leçons. Notre esquisse sera faite avec le souvenir sans cesse présent de son enseignement. Nous raconterons et tâcherons de faire partager nos impressions.

Après cela, nous pénétrerons dans l'intérieur de la doctrine. Nous nous demanderons ce qu'elle dit touchant la règle morale et touchant la fin pratique. Nous essaierons de la bien comprendre, d'en bien fixer le sens. Nous verrons quelles difficultés elle soulève, comment la plupart de ces difficultés disparaissent quand cette morale est remise en son vrai jour, à sa place, je veux dire quand elle est rattachée à l'ensemble des conceptions philosophiques d'Aristote. Cependant certaines difficultés demeureront : nous verrons pourquoi.

Entrant de plus en plus dans la pensée d'Aristote, nous saurons en quoi consiste son système moral et quel nom il faut lui donner. Ce système, nous l'apprécierons et nous chercherons comment il peut être modifié, amélioré, si l'on veut le conserver.

Dans tout le cours de cette étude, nous nous tiendrons très près des textes, citant, traduisant, commentant sans cesse. Aristote mérite bien qu'on fasse effort pour le suivre. On ne perd ni son temps ni sa peine en une telle compagnie. Outre le plaisir vif et noble de recueillir à chaque instant de belles choses, on médite sur les plus hautes questions, sur celles qui ont le plus de droit à intéresser et à passionner le philosophe, et c'est une fortifiante méditation.

CHAPITRE PREMIER

ESQUISSE DE L'HOMME VERTUEUX ET SAGE D'APRÈS ARISTOTE.

Vous êtes tout pénétré de la doctrine d'Aristote et vous réglez votre conduite d'après ses principes. Que serez-vous?

Votre vie sera belle, moralement belle, ou du moins votre ambition sera de communiquer à toutes vos actions cette beauté qui les rend dignes de louange. Vous savez que si le tempérament peut contribuer à la vertu, elle n'est pourtant pas un pur don de la nature, et que, si les circonstances peuvent lui venir en aide, elle n'est pas le résultat d'une bonne fortune : elle est le fruit de l'exercice, de l'habitude, et comme d'un travail entrepris et poursuivi avec réflexion et liberté[1]. Il y a des actions dont vous êtes le maître,

---

1. *Eth. Nic.*, III, v, 17. Ἔφυτα. — I, ιx, 1-4. Ἢ κατά τινα θείαν μοῖραν, ἢ καὶ διὰ τύχην... δι' ἀρετὴν καὶ τινα μάθησιν ἢ ἄσκησιν... διὰ τινος

vous les reconnaissez comme vôtres depuis le commencement jusqu'à la fin[1], parce que vous les voyez naître d'un dessein formé par vous et s'accomplir suivant ce dessein, malgré les influences contraires et les obstacles. Vous vous appliquerez donc, avec une énergie persévérante[2], à agir d'une manière droite. Ayant en vue un noble but, vous y marcherez d'un pas ferme[3]. Vous serez courageux et tempérant, libéral et magnanime, vous pratiquerez la justice, vous observerez l'équité, vous serez un parfait ami. Tout cela est beau. L'honnêteté morale consiste en cela. Avec ces vertus morales, on est un honnête homme, un homme comme il faut, un homme de bien, καλὸς κἀγαθός, σπουδαῖος, ἐπιεικής, ἀγαθός, on est de ceux qui font bien en ce monde leur métier d'homme, τὸ ἀνθρω-

---

μαθήσεως καὶ ἐπιμελείας... — II, 1, 2-8. Sur l'habitude, ἔθος. — III, 11, 9. Ὅλως γὰρ ἔοικεν ἡ προαίρεσις περὶ τὰ ἐφ' ἡμῖν εἶναι. — III, 11, 17. Ἡ γὰρ προαίρεσις μετὰ λόγου καὶ διανοίας. — VIII, XIII, 11. Μέτρῳ δ' ἔοικεν ἡ τοῦ δράσαντος ἡ προαίρεσις· τῆς ἀρετῆς γὰρ καὶ τοῦ ἤθους ἐν τῇ προαιρέσει τὸ κύριον. — II, v, 4. Αἱ δὲ ἀρεταὶ προαιρέσεις τινὲς ἢ οὐκ ἄνευ προαιρέσεως. — Voir sur la προαίρεσις, préférence et détermination réfléchie et libre, les chap. III, IV et V du livre III. Voir aussi II, IV, 3, où les trois conditions de l'action vertueuse sont très nettement marquées : πρῶτον μὲν, ἐὰν εἰδώς· ἔπειτ' ἐὰν προαιρούμενος, καὶ προαιρούμενος δι' αὐτά· τὸ δὲ τρίτον, καὶ ἐὰν βεβαίως καὶ ἀμετακινήτως ἔχων πράττῃ.

1. *Eth. Nic.*, III, v, 22. Τῶν μὲν γὰρ πράξεων ἀπ' ἀρχῆς μέχρι τοῦ τέλους κύριοί ἐσμεν. — III, III, 15. Ἔοικε δή, καθάπερ εἴρηται, ἄνθρωπος ἀρχὴ τῶν πράξεων· ἡ δὲ βουλὴ περὶ τῶν αὐτῷ πρακτῶν. — III, v, 9. Τοῦ γὰρ ἐπιμεληθῆναι κύριοι. — III, v, 5. Ἄνθρωπον ἀρχὴν καὶ γεννητὴν τῶν πράξεων ὥσπερ καὶ τέκνων.

2. *Eth. Nic.*, III, v, 11. Διατελοῦσι γὰρ ἐνεργοῦντες.

3. *Eth. Nic.*, I, VIII, 9. Ὥσπερ δὲ Ὀλυμπίασιν οὐχ οἱ κάλλιστοι καὶ ἰσχυρότατοι στεφανοῦνται, ἀλλ' οἱ ἀγωνιζόμενοι, τούτων γάρ τινες νικῶσιν· οὕτω καὶ τῶν ἐν τῷ βίῳ καλῶν κἀγαθῶν οἱ πράττοντες ὀρθῶς, ἐπήβολοι γίγνονται.

πεύεσθαι¹, on vit d'une manière noble, belle, excellente, εὖ καὶ καλῶς. Mais vous ne devez pas vous en tenir là. Si la vertu pratique est d'un très grand prix, il y a pourtant une chose plus éminente encore : c'est la sagesse. Cherchez dans la contemplation des objets éternels la perfection la plus haute et la félicité la plus grande qui se puisse concevoir, et ne désespérez pas d'atteindre en quelque sorte la vie divine elle-même en pensant le divin.

La vertu morale et la vie pratique, la sagesse et la vie contemplative, ces mots résument tout. Soyez bien un homme et devenez presque un dieu.

Mais entrons dans le détail.

Ce n'est point pour languir dans l'oisiveté ou pour ne vous occuper qu'à des bagatelles que vous êtes né². Comme la nature n'est point inactive et ne fait rien en vain, vous aussi vous ne devez point demeurer lâchement endormi ou ne vous agiter que pour de futiles objets. La vie est chose sérieuse, et nul ne sera bon, s'il n'est sérieux.

Actif et sérieusement occupé, vous serez, dans l'occasion, fort, intrépide, vaillant³. Vous n'ignorerez pas le péril, vous ne le chercherez pas inutilement : vous saurez l'affronter, le braver ; vous garderez entre la crainte et la témérité un juste milieu, et ainsi vos

---

1. *Eth. Nic.*, X, viii, 6. Montaigne dit : « Faire bien l'homme. » *Essais*, III, xiii.
2. *Eth. Nic.*, X, vi, 4-8.
3. *Eth. Nic.*, III, vi-ix. Ces chapitres contiennent la théorie du courage. Voir aussi IX, viii, 9.

dispositions intérieures et vos actions auront cette heureuse mesure qui est le propre caractère de la beauté morale, de la vertu vraie. Vous serez un homme de cœur, un homme fort, ἀνήρ. Le courage, c'est la vigueur qui appartient à l'homme, c'est la mâle énergie, c'est la virilité, ἀνδρεία. Vous ne briserez point les obstacles par un aveugle élan, vous n'irez point au devant de la mort sans raison, car cet emportement irréfléchi et cette impétuosité toute d'instinct conviennent à la bête plutôt qu'à l'homme. Le courage est fait de force et de lumière. Voyant les maux qui vous menacent et sachant combien ils sont grands, vous demeurerez néanmoins intrépide, parce que la mort est préférable à une vie honteuse. Vous voudrez donc et souffrir et mourir, si cela est beau; et vous le voudrez, parce que c'est beau. La nécessité ne fait pas le mérite ni le prix de l'action. Subir ce qui est imposé parce qu'on ne peut faire autrement, ne donne aucun titre à la louange due aux courageux. Il faut avoir en vue ce qui est beau pour accomplir une action belle. Il ne faut pas non plus jeter la vie comme une chose sans valeur, et se hasarder dans les périls avec une insouciance dédaigneuse. Ainsi font les mercenaires. Un citoyen courageux, animé de nobles sentiments, sait qu'il a beaucoup à perdre, il sait ce que vaut la vie; pour lui qui pratique les plus belles vertus, elle a un prix particulier; il l'estime puisqu'il la trouve remplie des biens les plus grands et les plus exquis; il considère combien elle est belle, combien honorable, combien douce, et il meurt. Il sacrifie pour la patrie tous ces avantages. Voilà le courage véritable.

Les occasions de déployer à un degré héroïque cette vertu sont rares, mais la diposition d'âme qu'elle requiert ou dans laquelle elle consiste, doit être constante en vous, si vous voulez être bon et moralement beau. Il faut que vous soyez dans cet état d'âme et comme prêt à agir en conséquence. La vertu est une habitude, habitude active ; une chose qu'on a, qu'on possède et dont on est prêt à user, ἕξις[1]. Dans les petites occasions, vous exercerez votre courage, si vous êtes courageux ; et toujours vous serez dans la disposition d'un homme qui domine la peur par la raison en vue du beau.

La tempérance se joindra chez vous au courage[2]. L'une et l'autre vertu vous empêcheront de descendre au-dessous de l'homme, et de même que vous ne fuirez pas lâchement le danger ni ne vous y jetterez en aveugle à la façon de la brute, ainsi vous ne vous abandonnerez point aux plaisirs corporels comme l'animal sans raison. Ici encore vous observerez une règle, vous garderez la mesure, et, faisant ce qu'il convient de faire, mettant l'ordre dans vos désirs et dans vos actions, vous serez beau. Vous imposerez un frein à la concupiscence, vous réprimerez la sen-

---

1. *Eth. Nic.*, II, iii-v.
2. *Eth. Nic.*, III, x-xii, de la tempérance; VII, i-v, vii-x, de l'empire de soi, de l'intempérance; xi-xiv, du plaisir; X, i-v, encore du plaisir.

sualité, vous serez continent. Cette retenue exigée par la raison (σωφροσύνη), c'est un vrai empire sur soi-même (ἐγκράτεια). Vous résisterez à la fougue du désir né dans les basses régions, et vous serez maître de vous. Vous aurez toujours la raison pour guide et vous soumettrez à sa direction suprême ce qui en vous est sans raison. Vous rendrez raisonnables les mouvements de votre cœur, vous ferez participer à la raison la passion même, et tout en vous sera conduit par la raison et comme rempli de sa lumière et de sa beauté [1].

Ainsi une admirable harmonie régnera entre vos puissances.

Modéré dans l'usage des plaisirs, vous userez aussi des richesses avec mesure [2]. Vous serez libéral et magnifique : vous ne serez ni cupide, ni avare, ni prodigue. Il n'est digne d'un homme ni d'appeler les richesses avec ardeur, ni de les entasser avec un soin jaloux, ni de les répandre au hasard avec mépris. Jamais vous ne préférerez l'argent à la vertu ou à l'honneur. Vous verrez dans l'argent non un but, mais un moyen, un instrument, et votre vertu y trouvera une occasion d'agir. Toujours homme et ami du beau avant tout, ἀνδρώδης καὶ φιλόκαλος [3], vous envisagerez dans la fortune la faculté qu'elle vous offre d'obliger autrui. Ne pouvoir pas donner n'est pas

---

1. *Eth. Nic.*, I, vii, 13; xiii, 15-20; II, iii, le chapitre tout entier.
2. *Eth. Nic.*, IV, i et ii. De la libéralité et de la magnificence.
3. *Eth. Nic.*, IV, iv, 4.

souhaitable. Il est meilleur de donner que de recevoir. Celui qui fait du bien aux autres, agit d'une manière excellente, vraiment libre et libérale, il se montre par là maître de ses biens, et il a le précieux avantage de s'attacher ceux qu'il oblige, étant la cause et l'auteur de leur prospérité. Que si ces libéralités entraînent pour lui quelque inconvénient, il se réjouit encore en cette occurrence puisque sa vertu brille de plus d'éclat à ses propres yeux; et de même que les parents aimant d'une amour singulière leurs enfants et les poètes leurs vers, comme choses nées d'eux-mêmes, trouvent dans la peine même qu'ils leur coûtent je ne sais quelle douceur, parce que cette peine est un signe de leur fécondité et de leur puissance presque créatrice, ainsi, quand on oblige autrui, on n'est pas fâché de rencontrer quelque difficulté, cela fait mieux voir la grandeur du service rendu et de la reconnaissance méritée, et l'on trouve dans le spectacle ou plutôt dans la conscience d'une activité plus grande et plus excellente, un plaisir plus profond et plus doux [1].

Vous ne redouterez pas ce témoignage intime, vous ne craindrez pas de savoir ce que vous valez : vous ne serez ni superbe, ni arrogant, ni insolent, mais vous aurez de votre dignité un juste sentiment, et vous ne méconnaîtrez pas votre vertu [2]. L'hon-

1. *Eth. Nic.*, IX, vii, 2-7.
2. *Eth. Nic.*, IV, iii. De la magnanimité. Comparer *Rhetor.*, I, v. Εὐδοξία δέ ἐστι τὸ ὑπὸ πάντων σπουδαῖον ὑπολαμβάνεσθαι, ἢ τοιοῦτόν τι ἔχειν, οὗ πάντες ἐφίενται, ἢ οἱ πολλοὶ ἢ οἱ ἀγαθοὶ ἢ οἱ φρόνιμοι.

neur et la gloire sont dus à qui fait des choses grandes et belles. Pourquoi ne voudriez-vous pas être estimé par les autres tel que vous êtes? Étant grand, vous aimerez à être tenu pour grand; faisant bien, vous ne dédaignerez pas d'être réputé bon. Non que la louange vous paraisse une récompense adéquate pour ainsi dire à l'étendue de la vertu[1], ni que vous preniez plaisir à être loué par quiconque vous loue : vous savez bien que la vertu est belle par elle-même; vous savez aussi que la louange des sots est sans valeur, comme leur mépris : comment vous soucieriez-vous du jugement de ceux qui sont incapables de juger? La haine des méchants ne vous touche pas non plus. Vous méprisez tout ce que disent de vous ceux que leur malice ou leur sottise rend incompétents. Mais l'estime des bons a du prix à vos yeux, et la louange des faibles, quand elle est juste, ressemble aux hommages que les mortels rendent aux dieux : vous pouvez vous y plaire. Ayant conscience de votre excellence, vous aimez à trouver dans les autres l'écho de ce témoignage intérieur. Tout cela est magnanimité. Ce n'est point à proprement parler une vertu nouvelle, mais c'est ce qui ajoute à toutes les autres un lustre nouveau, c'est l'éclat même et la splendeur de cette beauté que les vertus nous communiquent.

Vous ne vivrez donc pas solitaire. Aussi bien n'est-ce point là votre destinée. La nature ne vous a pas fait

---

[1]. Eth. Nic., IV, III, 17. Ἀρετῆς γὰρ παντελοῦς οὐκ ἂν γένοιτο ἀξία τιμή.

pour demeurer seul avec vous-même. Elle vous a fait sociable[1]. Les liens de la famille et de la société civile ne sont pas des inventions de l'art; l'homme est un être né pour vivre en société, φύσει πολιτικὸν ἄνθρωπος[2]. Vous n'aurez tout le développement que vous devez souhaiter que si vous prenez garde aux intérêts des autres. La justice est une vertu qui concerne autrui, une vertu sociale[3] : vous serez juste. Vous aurez en vue le bien des autres. Le comble de la méchanceté morale, c'est d'être mauvais non seulement soi-même et pour soi, mais encore dans ses rapports avec autrui. Le comble de la perfection morale sera de régler selon la vertu non pas seulement son propre intérieur, mais la famille, la cité, l'État, et d'observer dans toutes ses relations avec les hommes, la mesure, la convenance, en un mot la raison. La justice pourra être considérée comme la vertu complète, parfaite, non que toute vertu, prise en soi, rentre dans la justice, mais toute vertu, en tant qu'elle a du rapport avec autrui, est, à ce titre, justice. Aussi n'y a-t-il rien dans la vertu qui ne puisse devenir l'objet d'une décision, d'une prescription sociale; et cela même est *loi*, qui est commandé par la société selon les règles de la raison[4]. La loi détermine et rend

---

1. *Polit.*, I, 1, 8. Πᾶσα πόλις φύσει ἐστίν, εἴπερ καὶ αἱ πρῶται κοινωνίαι.
2. *Eth. Nic.*, I, VII, 6; IX, IX, 3. Πολιτικὸν γὰρ ὁ ἄνθρωπος καὶ συζῆν πέφυκός. — Comparer *Polit.*, I, 1, 9-12.
3. *Eth. Nic.*, V, 1, 15-20. — *Polit.*, I, 1, 12. Ἡ δὲ δικαιοσύνη πολιτικόν. Voir aussi *Polit.*, III, VII, 1. — *Rhetor.*, I, IX. Ἀρετὴ δι' ἣν τὰ αὑτῶν ἕκαστοι ἔχουσι.
4. *Eth. Nic.*, V, 1, 13-14.

sensible ce que la droite raison conçoit comme beau et bon[1]. La loi en fait un commandement précis. Tout ce que la loi définit est légitime, tout ce qui est légitime est juste[2], et c'est ce qui est selon la vertu, qui, étant prescrit positivement, est légitime et juste. La lâcheté ou l'intempérance sont choses injustes : le lâche et le débauché agissent en définitive contre la loi, ils transgressent une prescription formelle de la loi. Quiconque agit bien, est juste : il agit selon la loi, il obéit à la loi. Les lois ont des préceptes sur toutes choses. Elles ont en vue les avantages de tous, ou des meilleurs, ou des chefs de la société ; et elles déterminent leurs droits respectifs. Tout ce qui produit ou conserve le bien général et celui des membres de la société, tout cela est juste. Mais comme la vertu seule procure et assure cet heureux état des individus et de l'ensemble, la loi ordonne aux citoyens d'être vertueux : elle leur prescrit de ne pas sortir des rangs dans les combats, de ne pas prendre la fuite, de ne pas jeter leurs armes, en un mot elle leur commande d'être courageux ; elle leur prescrit de ne pas commettre d'adultères et de ne pas se livrer à la débauche, elle leur commande d'être tempérants, elle leur défend de se frapper et de s'injurier les uns les autres, elle veut qu'ils soient doux ; et ainsi pour toutes les vertus et pour tous les vices. Ce qu'il faut faire, ce qu'il faut éviter, voilà ce que la loi définit, bien, si elle est bonne, imparfaitement,

---

1. *Eth. Nic.*, X, ix, 11-12, — *Polit.*, III, xi, 3-6. — *Rhétor.*, I, xiii.
2. *Eth. Nic.*, V, i, 12 ; ii, 8.

si elle n'a pas été préparée avec assez de soin et si elle improvise, pour ainsi dire, ses décisions (ὁ ἀπεσχεδιασμένος νόμος)[1]. Toute loi n'est donc pas toujours ce qu'elle pourrait et devrait être; mais l'essence de la loi, la raison, le principe, la fin de la loi, c'est d'assurer le complet et parfait développement de la cité, de l'État, c'est la forme la plus convenable que puisse recevoir la nature humaine, c'est la plus appropriée à l'homme, la seule où l'homme soit tout à fait lui-même[2]. La loi, dans son essence, est donc bonne, et c'est pour le bien qu'elle est, pour le bien de tous et pour le bien de chacun. Qu'elle puisse çà et là s'écarter du but, le manquer, c'est chose qui ne doit pas étonner[3]. La nature, qui ne vise qu'au bien, ne se trompe-t-elle pas quelquefois, et ces fâcheux accidents empêchent-ils de dire qu'elle va au bien? On ne nie point ses manquements, mais ils ne font pas méconnaître sa direction générale et son caractère essentiel[4]. Ainsi des lois. Il y a des lois mauvaises; il y en a qui vont contre le but; il y en a qui ne l'atteignent pas. Il faut constater ces erreurs et maintenir que la loi, généralement parlant, a en vue le bien[5]. Vous donc qui voulez

---

1. *Eth. Nic.*, V, 1, 13-14; 11, 10.
2. *Polit.*, I, 1, 12. Ὁ δὲ μὴ δυνάμενος κοινωνεῖν ἢ μηδὲν δεόμενος δι' αὐτάρκειαν, οὐθὲν μέρος πόλεως, ὥστε ἢ θηρίον ἢ θεός. — Voir encore la *Polit.*, III, v, 11 et 14.
3. *Eth. Nic.*, V, x, 4, 5. — *Polit.*, III, vi, 13; xi, 4.
4. *Phys.*, II, viii, 8.
5. *Eth. Nic.*, II, 1, 5. Τὸ μὲν βούλημα παντὸς νομοθέτου τοῦτ' ἐστιν, ὅσοι δὲ μὴ εὖ αὐτὸ ποιοῦσιν ἁμαρτάνουσιν, καὶ διαφέρει τούτῳ πολιτεία πολιτείας ἀγαθῆς φαύλης.

être vertueux, que ferez-vous? Vous distinguerez ce qui est *légitime* au vrai sens du mot, et ce qui est purement *légal*[1]. Vous déclarerez légitime toute prescription de la loi qui est conforme à la nature et à la droite raison; et vous aurez pour ces choses légitimes, τὰ νόμιμα[2], pour ces prescriptions, ces institutions, ces interdictions, ces droits, un respect qui ne se démentira pas. La légalité vous semblera tantôt bonne et tantôt mauvaise : bonne, alors que, ne procédant point, il est vrai, de la nature, elle ne la contrariera pas non plus; mauvaise, alors qu'elle n'aura pas d'autre fondement que la volonté arbitraire de celui qui fait la loi, prince ou peuple[3]. Parmi les dispositions légales, vous en trouverez donc qui en elles-mêmes vous sembleront indifférentes, comme tel et tel règlement de police; vous en trouverez d'autres qui seront foncièrement mauvaises. Vous serez juste en observant ces prescriptions nées de l'usage, de la coutume ou de la volonté du législateur, pourvu qu'elle ne commande rien de honteux, de dépravé; vous respecterez ces sortes de

---

1. *Eth. Nic.*, V, vii, 1. Τοῦ δὲ πολιτικοῦ δικαίου τὸ μὲν φυσικόν ἐστι, τὸ δὲ νομικόν.

2. *Eth. Nic.*, V, i, 12. — *Polit.*, I, ii, 18. Ὁ γὰρ νόμος δίκαιόν τι. — *Polit.*, III, xi, 3. Τὸν ἄρα νόμον ἄρχειν αἱρετώτερον μᾶλλον ἢ τῶν πολιτῶν ἕνα τινά... καὶ εἴ τινας ἄρχειν βέλτιον, τούτους καταστατέον νομοφύλακας καὶ ὑπηρέτας τοῖς νόμοις.

3. Ceci n'est point expressément dans Aristote, mais semble bien résulter de sa théorie. Voir d'ailleurs ce qu'il dit de la tyrannie et de cette démocratie ivre d'elle-même qui est une autre sorte de tyrannie, *Polit.*, IV, iv et viii; V, ix, surtout 6 et 8. Voir aussi le passage où il dit qu'il y a des lois bonnes et justes et qu'il y en a de mauvaises et d'injustes, *Polit.*, III, vi, 13 (ὁμοίως ταῖς πολιτείαις ἀνάγκη καὶ τοὺς νόμους φαύλους ἢ σπουδαίους εἶναι, καὶ δικαίους ἢ ἀδίκους).

droits dont la loi est l'unique origine, droits entièrement positifs, nullement naturels; vous demeurerez dans la légalité, et ce sera encore une partie de votre justice[1]. Toutefois, vous ne demeurerez point exclusivement enfermé dans d'étroites formules. Si la lettre blesse, cherchez l'esprit[2]. Corrigez la loi par l'équité, et rentrez ainsi dans la justice[3]. Une stricte observation

---

1. Même remarque : ceci, sans être expressément dans Aristote, paraît l'interprétation naturelle des textes.

2. *Polit.*, III, x, 4. Ἐν ὁποιῳοῦν τέχνῃ, τὸ κατὰ γράμματα ἄρχειν ἠλίθιον. — *Polit.*, III, xi, 4. Ἀλλὰ μὴν ὅσα γε μὴ δοκεῖ δύνασθαι διορίζειν ὁ νόμος, οὐδ᾽ ἄνθρωπος ἂν δύναιτο γνωρίζειν· ἀλλ᾽ ἐπίτηδες παιδεύσας ὁ νόμος ἐφίστησι τὰ λοιπὰ τῇ δικαιοτάτῃ γνώμῃ κρίνειν καὶ διοικεῖν τοὺς ἄρχοντας. Ἔτι δ᾽ ἐπανορθοῦσθαι δίδωσιν ὅ τι ἂν δόξῃ πειρωμένοις ἄμεινον τῶν κειμένων.

3. *Eth. Nic.*, V, x, 3. Τὸ ἐπιεικὲς δίκαιον μέν ἐστιν, οὐ τὸ κατὰ τὸν νόμον δέ, ἀλλ᾽ ἐπανόρθωμα νομίμου δικαίου. Voir sur l'équité, ἡ ἐπιείκεια, tout cet admirable chapitre x du livre V de la *Morale à Nicomaque*. Comparer *Rhétorique*, I, xiii, où il y a une très remarquable page sur l'ἐπιείκεια. Nous y lisons notamment ceci : Ἔστι δὲ ἐπιεικὲς τὸ παρὰ τὸν γεγραμμένον νόμον δίκαιον. L'équitable, c'est ce qui est juste contrairement à la lettre de la loi. Et cela peut arriver contre le gré des législateurs quand il y a eu de leur part un oubli, une omission, une faute que l'équité corrige; mais cela peut se faire aussi comme avec le consentement des législateurs mêmes, car enfin il y a des choses qu'ils ne peuvent déterminer : il est nécessaire que leurs prescriptions soient générales, elles ne peuvent s'appliquer à tous les détails, ἀναγκαῖον μὲν ᾗ καθόλου εἰπεῖν, μὴ ᾖ δέ, ἀλλ᾽ ὡς ἐπὶ τὸ πολύ. Plus loin, Aristote montre qu'il y a place pour l'équité dans les jugements, là où il y a place pour l'indulgence: on tient compte de la faiblesse humaine (ἐφ᾽ οἷς τε γὰρ δεῖ συγγνώμην ἔχειν, ἐπιεικῆ ταῦτα, et encore : καὶ τὸ τοῖς ἀνθρωπίνοις συγγινώσκειν, ἐπιεικές). On regarde alors non plus la loi et sa formule précise, mais le législateur et l'esprit, la pensée qui l'a inspiré (καὶ τὸ μὴ πρὸς τὸν νόμον, ἀλλὰ πρὸς τὸν νομοθέτην σκοπεῖν· καὶ τὸ μὴ πρὸς τὸν λόγον, ἀλλὰ πρὸς τὴν διάνοιαν τοῦ νομοθέτου σκοπεῖν). Dans le coupable on examine, non l'acte (μὴ πρὸς τὴν πρᾶξιν), mais l'intention (ἀλλὰ πρὸς τὴν προαίρεσιν); non le fait isolé, mais l'ensemble de la conduite; non ce qu'il est actuellement, mais ce qu'il a été dans toute la suite de sa vie, ou du moins le plus souvent; enfin on apprécie les choses plutôt qu'on ne juge strictement (τὸ εἰς δίαιταν μᾶλλον ἢ εἰς δίκην βούλεσθαι ἰέναι· ὁ γὰρ δια-

de la loi positive a-t-elle je ne sais quoi de dur, de cruel? Contre les excessives rigueurs de l'application littérale de telle disposition légale, ayez recours à une prudente interprétation de ce texte. Demandez à la vive intelligence, à la sagesse pratique, une décision souveraine. Songez que la loi est générale, et forcément insuffisante : elle ne peut tout prévoir; la meilleure a des lacunes; il y a des cas qui ne rentrent pas dans les formules connues. Pour régler alors les relations sociales, la raison de l'homme de bien a des ressources que ne peut avoir la loi écrite qui est comme une loi morte[1]. Ainsi dans toutes les choses pratiques, dans

τητὸς τὸ ἐπιεικὲς ὁρᾷ, ὁ δὲ δικαστὴς τὸν νόμον). — Il faut voir encore ce qu'Aristote dit de la γνώμη, Eth. Nic., VI, xi, 1, et puis comparer le passage des Magna Moralia (II, i et ii) où il est traité de l'ἐπιείκεια rapprochée de ce que l'auteur nomme l'εὐγνωμοσύνη, qui semble être le sentiment d'indulgente appréciation auquel on obéit quand on agit équitablement (τὸ μὲν γὰρ κρῖναι, τοῦ εὐγνώμονος· τὸ δὲ δή, πράττειν καὶ κατὰ τὴν κρίσιν, τοῦ ἐπιεικοῦς). — Remarquons bien que, dans Aristote, les mots ἐπιεικής et ἐπιείκεια ont deux sens, le sens strict, qui est celui d'équité ou d'indulgence, et le sens large, qui est celui de noblesse morale, de distinction et même de vertu. Peut-être les deux sens s'expliquent-ils par le sens originel de *convenance :* tantôt appréciation indulgente de ce qui convient, et appropriation de la conduite à la convenance dans les jugements sur autrui, dans les relations avec autrui; tantôt observation de la convenance morale dans l'ensemble de la vie; donc, vie convenable, vie comme il faut, vertueuse, bonne, étant réglée d'après ce que demande la vraie nature et ce que prescrit la droite raison. En ce sens, ἐπιεικής est d'ordinaire opposé à φαῦλος, c'est l'opposition entre ce qui est noble, élevé, bon, et ce qui est vil, bas et mauvais.

1. Textes cités plus haut, Eth. Nic., V, x, et Polit., III, x, 4, et xi, 4. — Voir encore Polit., II, v, 12. Οὐδὲ τοὺς γεγραμμένους ἐᾶν ἀκινήτους· βέλτιον· ὥσπερ γὰρ καὶ περὶ τὰς ἄλλας τέχνας καὶ τὴν πολιτικὴν τάξιν ἀδύνατον ἀκριβῶς πάντα γραφῆναι· καθόλου γὰρ ἀναγκαῖον γραφῆναι· αἱ δὲ πράξεις περὶ τῶν καθ' ἕκαστόν εἰσιν. — Eth. Nic., V, iv, 7, 8, 9. Ὅταν ἀμφισβητῶσιν, ἐπὶ τὸν δικαστὴν καταφεύγουσι· τὸ δ' ἐπὶ τὸν δικαστὴν ἰέναι, ἰέναι ἐστὶν ἐπὶ τὸ δίκαιον· ὁ γὰρ δικαστὴς βούλεται εἶναι οἷον

toutes les choses humaines, la parfaite exactitude n'est point possible : partant, la souhaiter, la chercher là où elle ne peut être, ce n'est pas d'un esprit juste¹. Il y a une sagacité naturelle qui se passe des secours de la logique proprement dite; il y a une vue pénétrante², une sorte de divination, un art d'aller au vrai sans art apparent, je ne sais quoi de mobile, de souple, qui n'a point une allure régulière, qui procède par saillies, méthode sûre, sans être savante, capable de pourvoir à tout sans rien prévoir, instrument universel, comme la raison même³, ou plutôt organisme vivant qui trouve en soi de quoi suffire à toutes les occasions sans être d'avance dressé à ceci ou à cela et incapable de sortir d'un cadre convenu⁴. Des choses qui sont indéterminées la règle aussi doit être indéterminée⁵. Ni le vrai

δίκαιον ἔμψυχον... διὰ τοῦτο καὶ ὀνομάζεται δίκαιον ὅτι δίχα ἐστίν, ὥσπερ ἂν εἴ τις εἴποι δίχαιον, καὶ ὁ δικαστὴς διχαστής.

1. *Eth. Nic.*, I, ΙΙ, 1; VII, 18-22, et encore en plusieurs autres endroits.

2. Un coup d'œil, le mot y est : διὰ γὰρ τὸ ἔχειν ἐκ τῆς ἐμπειρίας ὄμμα... *Eth. Nic.*, VI, XI, 6.

3. On reconnaît ici les expressions de Descartes, *Discours de la méthode*, sixième partie, dans le passage si remarquable sur le langage.

4. Voir *Eth. Nic.*, VI, v, VIII, IX, x, XI, sur la φρόνησις, l'εὐβουλία, la σύνεσις. Le cardinal Newman, dans son très remarquable *Essay on a Grammar of Assent* (Londres, 4ᵉ édit., 1874) cite avec complaisance Aristote sur ce point, et il développe lui-même avec une merveilleuse abondance et une singulière finesse de vues la nature, les ressources, l'usage de cette logique naturelle.

5. *Eth. Nic.*, V, x, 7. Τοῦ γὰρ ἀορίστου ἀόριστος καὶ ὁ κανών ἐστιν. Aristote sait très bien d'ailleurs quel danger il y aurait à trop laisser à la libre décision des hommes : la passion risquerait de les égarer souvent, *Polit.*, III, XI, 4. Voir ce qu'il dit des Éphores à Lacédémone : leur irresponsabilité et ce grand pouvoir qui leur était donné à vie lui paraissent un privilège au-dessus de leur capacité et de leur mérite, car enfin ce sont des hommes, et c'est un danger de commander non d'après des règles écrites, mais en vertu de ses propres décisions, τὸ γὰρ ἀνυπεύθυνον καὶ τὸ διὰ

n'est toujours démontrable, ni l'art n'est toujours assujetti à des règles précises. Les choses morales à leur tour ne sont pas susceptibles de ces déterminations exactes, de ces délimitations rigoureuses, que les mathématiques demandent[1]. Le droit a aussi une partie quelque peu flottante. Sans doute, ce qui regarde la propriété, les pactes, conventions, traités de toutes sortes entre citoyens, les échanges commerciaux, etc., tout cela peut recevoir des règles fixes, et en reçoit en effet. C'est en cela que consiste le droit strict, la justice stricte. Mais là même apparaît l'équité, qui indique ce que veut la loi, plutôt que ce qu'elle dit; l'équité vaut mieux que la justice, peut-on dire : non qu'elle soit une autre espèce de justice, meilleure, plus excellente, mais elle est la justice même, la justice véritable[2]. Elle s'élève au-dessus de tel ou tel droit positif, parce qu'elle est le droit selon la saine raison et selon la nature; elle peut être contre la loi, ou en dehors de la loi, elle n'est jamais contre le vrai droit, et, en corrigeant la loi, elle

---

βίον μεῖζόν ἐστι γέρας τῆς ἀξίας αὐτοῖς, καὶ τὸ μὴ κατὰ γράμματα ἄρχειν, ἀλλ' αὐτογνώμονας, ἐπισφαλές. La volonté des hommes n'est point une règle sûre : ταῦτα δὴ πάντα βέλτιον γίνεσθαι κατὰ νόμον ἢ κατὰ ἀνθρώπων βούλησιν· οὐ γὰρ ἀσφαλὴς ὁ κανών. *Polit.*, II, vii, 6-7. De même, s'il admet que les lois ne peuvent être immuables, attendu qu'il faut chercher, non ce que faisaient les ancêtres, mais ce qui est bien, il ajoute que ces changements exigent une grande prudence, car il n'en est pas de la loi comme des arts : la loi doit une grande partie de sa force à la coutume, donc au temps, et c'est l'affaiblir que de la renouveler trop aisément. *Polit.*, II, v, 12-14. On voit combien Aristote tient, en ces délicates matières, à se garder de tout excès.

1. *Eth. Nic.*, VI, viii, 5-6.
2. *Eth. Nic.*, V, x, 8.

est la perfection du droit même et du juste. Vous serez donc vraiment juste, δίκαιος, et vraiment équitable, ἐπιεικής, vous appliquant à n'être point transgresseur de la loi, παράνομος, à ne prétendre point avoir plus que vous ne devez, πλεονέκτης, à ne point tenir à vos droits avec une excessive rigueur, ἀκριβοδίκαιος[1]. Vous ne nuirez point à vos concitoyens, vous ne leur ferez aucun tort[2]. Vous garderez en toute chose l'égalité, τὸ ἴσον, comme il convient entre égaux[3].

Ce n'est pas encore assez d'être juste. L'homme est par nature ami de l'homme[4]. C'est cette naturelle amitié qui est la première origine des sociétés. Une sympathie, un attrait, une instinctive inclination à aimer, rapproche l'homme de l'homme. C'est ce qu'on veut dire quand on déclare qu'il est né sociable. L'amitié est aussi ce qui maintient les sociétés. Elle a plus d'empire que la justice même. Si l'on aime, on n'a pas besoin de justice : c'est-à-dire que l'amitié supplée à la justice, ou mieux, elle l'implique. Juste, on ne trouve que dans l'amitié ce que la justice toute seule ne donne pas, et ce sans quoi la justice même est incomplète. L'amitié, c'est le vrai lien entre les hommes. Aussi est-elle chose très nécessaire et en même temps belle et excellente. C'est une vertu, ou du moins elle ne

---

1. *Eth. Nic.*, V, 1, 8; x, 8.
2. *Eth. Nic.*, V, ix.
3. *Eth. Nic.*, V, i et iii, et en général tout le livre. — *Polit.*, III, les trois premiers chapitres sur le *citoyen*.
4. *Eth. Nic.*, VIII, 1, 3. Ὡς οἰκεῖον ἔστι ἄνθρωπος ἀνθρώπῳ καὶ φίλον. La théorie de l'amitié est aux livres VIII et IX de la *Morale à Nicomaque*.

va pas sans vertu. Vous pratiquerez donc les devoirs de l'amitié, et vous tâcherez d'en réaliser en vous le type parfait[1].

On aime ce qui est bon, ce qui est agréable, ce qui est utile[2]. L'utile, n'étant que ce qui procure le bien ou l'agréable, il n'y a de désirable en soi et pour soi que l'agréable ou le bien ; ce sont des fins, tandis que l'utile n'est que moyen[3]. La vraie amitié n'est point celle dont l'intérêt est le principe : car l'ami n'est point aimé alors pour lui-même, il est aimé pour les avantages qu'il procure. De même, si le plaisir est ce qui fait aimer, on aime dans son ami autre chose que lui-même. Sans doute, ce qui est bon en soi et absolument est bon pour nous, et, le connaissant, nous ne pouvons pas ne pas le goûter, ne pas nous y plaire. Le bien en soi devient notre bien. Comment le connaître sans le trouver bon et sans en jouir? L'ami jouira donc de son ami, et l'amour ne va pas sans le plaisir d'aimer[4]. Mais aimez-vous à cause de ce plaisir, ou le plaisir est-il une sorte de surcroît? La question est là. Si vous aimez pour jouir, ce n'est point la pure amitié. Aimez à aimer et à être aimé et jouissez de cela : voilà

---

1. *Eth. Nic.*, VIII, 1. Comparer *Polit.*, I, 1, 11, v; III, v, 14.
2. *Eth. Nic.*, VIII, 11. C'est la distinction indiquée ici entre le bien pris absolument, τὸ ἁπλῶς ἀγαθόν, et le bien en tant qu'il paraît tel à chacun, τὸ φαινόμενον, qui donne lieu, dans la *Grande Morale*, à la distinction entre τὸ φιλητόν et τὸ φιλητέον, signalée dans notre Introduction, p. 10.
3. *Eth. Nic.*, VIII, 11.
4. *Eth. Nic.*, VIII, v. 5. Καὶ τὰ ἀγαθὰ βούλονται τοῖς φιλουμένοις ἐκείνων ἕνεκα... καὶ φιλοῦντες τὸν φίλον, τὸ αὑτοῖς ἀγαθὸν φιλοῦσιν· ὁ γὰρ ἀγαθὸς φίλος γινόμενος, ἀγαθὸν γίνεται ᾧ φίλος.

l'ordre et la perfection. Que le bien donc vous plaise, parce qu'il est le bien. Votre ami doit être aimé parce qu'il est *lui*. C'est sa personne, non votre intérêt ni votre agrément qu'il faut avoir en vue[1]. Pour lui, vous négligerez, vous oublierez, vous prodiguerez, vous sacrifierez et ce qui est à vous et vous-même[2]. Pour lui, vous délaisserez tout ce qui peut servir ou agréer. Vous abandonnerez tout, s'il y a lieu, vous perdrez tout. Vous ne garderez pour vous que l'honneur d'agir ainsi. Cette renonciation totale à vos intérêts et à vos plaisirs a une beauté dont vous serez touché. C'est la seule chose à laquelle vous ne renoncerez pas. Vous voudrez exceller dans l'amitié, vous aspirerez à la perfection de la vertu. Les richesses, les honneurs, la renommée, tout ce qui est avantageux ou doux, tout ce qui a du prix ou du charme, vous le rechercherez pour votre ami plus que pour vous-même. Parfois vous semblerez renoncer à la vertu au profit de votre ami, lui laissant délicatement quelque occasion de bien faire. Vous trouverez plus beau d'être aimé comme la cause d'une belle action que de l'accomplir vous-même. Vous regarderez donc en tout votre ami et son bien, vous ne tendrez qu'à cela, vous ferez de cela votre fin, vous ne voudrez que cela. Volontiers vous mourrez pour votre ami, s'il le faut : tant il est vrai que ce que vous aurez en vue, ce sera lui, et non pas vous. Mais, en

---

1. *Eth. Nic.*, VIII, iii, 2. Οὐ γὰρ ᾗ ἐστιν ὅπερ ἐστὶν ὁ φιλούμενος, ταύτῃ φιλεῖται, ἀλλ' ᾗ πορίζουσιν, οἱ μὲν ἀγαθόν τι, οἱ δ' ἡδονήν.
2. *Eth. Nic.*, IX, iv, 1.

agissant de la sorte, combien ne serez-vous pas noble, beau, bon, excellent et par conséquent heureux! Dans cette amitié parfaitement désintéressée vous trouverez la perfection de votre vertu, et, sacrifiant tout à autrui, tout et vous-même, vous serez parfait; vraiment homme de bien, vraiment homme, vraiment vous-même[1]. Sans amitié vous ne pouvez avoir cette vie belle et louable que vous souhaitez; sans amitié, vous avez en vous je ne sais quoi de farouche et d'inhumain, qui n'est pas selon le vœu de la nature[2]; sans amitié, vous manquez de mille occasions d'agir bien, vous ne rendez point de services, vous ne prenez point de peine pour obliger, vous ne vous dépensez point pour autrui. Votre vertu est privée de ce caractère, beau entre tous, de cet honneur singulièrement souhaitable : être l'auteur du bonheur des autres[3]. Pour celui qui a des amis, il y a dans le monde des êtres qui sont, par lui, par son action, ce qu'ils sont, des êtres qui lui doivent leur félicité, des êtres qui sont comme les œuvres de ses mains. L'œuvre est chère à qui en est l'auteur, non moins que son être même[4]. Si vous avez des amis, vous avez cette joie et cet honneur d'aimer ce qui n'est pas vous, comme s'il était vous : aussi bien c'est quelque chose qui est par vous d'une certaine manière. Sans

1. *Eth. Nic.*, IX, iv, 3-10; viii (le chapitre tout entier, mais surtout 9 et 10).
2. *Eth. Nic.*, IX, ix, 2, 6, 10.
3. *Eth. Nic.*, IX, vii, 3-7.
4. *Eth. Nic.*, IX, vii, 4. ... ἐστὶν δ' ἐνεργείᾳ· τῷ ζῆν γὰρ καὶ πράττειν· ἐνεργείᾳ δὴ ποιήσας τὸ ἔργον, ἔστι πως· στέργει δὲ τὸ ἔργον, διότι καὶ τὸ εἶναι... et le reste qui est très remarquable.

amitié, vous ne connaîtrez point ces mystérieuses délicatesses de la vertu. Vous vous ôterez à vous-même un des plus puissants ressorts de l'activité : n'est-il pas plus aisé d'oser beaucoup quand on n'est pas seul ? Il y a des actes difficiles, il y a dans la pratique du bien des obstacles à vaincre. On a plus de courage, plus de force morale à deux[1]. Le commerce habituel avec des hommes légers vous communique quelque chose de leur légèreté. Avec des méchants vous craindriez la contagion du mal. La familiarité des bons ne vous familiarisera-t-elle pas avec le bien ? Vivant avec les bons, ne deviendrez-vous pas meilleur[2] ? Et c'est là la vraie amitié, celle qui unit les bons entre eux. C'est la seule qui puisse être vraiment désintéressée. On ne trouve point ailleurs cette perfection requise pour l'amitié[3]. Or, par un continuel commerce entre hommes vertueux, par un perpétuel échange d'idées et de sentiments entre personnes éprises de la beauté morale, la vertu croît chaque jour. L'ami est pour son ami un spectacle admirable de vertu, et chacun voit comme dans un miroir la vive image de sa propre perfection. Il prend ainsi une conscience plus nette de son excellence, de sa valeur, de sa beauté : se voyant dans cet autre soi-même, il trouve dans la contemplation de l'activité parfaite une parfaite joie, et c'est aussi un stimulant à bien agir : ces deux êtres, si intimement unis par

1. *Eth. Nic.*, VIII, i, 2; IX, ix, 5.
2. *Eth. Nic.*, IX, xii, 3.
3. *Eth. Nic.*, VIII, iii, 6-7, et iv.

cette mutuelle vue et cette mutuelle jouissance qui les fond presque l'un dans l'autre, s'excitent sans cesse au bien et sans cesse se perfectionnent[1]. Alors aimer son ami et s'aimer soi-même, c'est tout un. Et vraiment il faut s'aimer soi-même, ce n'est pas contraire au plus parfait désintéressement. Il y a une manière vulgaire, basse, mesquine ou mauvaise de s'aimer soi-même. On s'aime petitement, si l'on recherche pour soi les petites choses. On s'aime mal si l'on s'aime au détriment d'autrui. Le parfait ami n'a pas d'égoïsme. Mais il a une belle et louable manière de s'aimer. Oui, il recherche pour soi ce qu'il y a de plus grand et de meilleur, il prend pour soi les biens les plus précieux, il a l'ambition la plus noble, il vise à ce qu'il y a de plus haut, il choisit la plus belle part. Tout cela, c'est s'aimer. La vertu, il veut l'avoir; l'excellence morale, il la désire, il la poursuit, il la conquiert. Noble amour de soi, lequel se confond et avec la vertu et avec l'amitié. Façon désintéressée de s'aimer[2]. L'égoïsme veut les biens vulgaires et les veut pour soi seul. Le vrai et noble et légitime amour de soi veut, de tous les biens, les plus grands, mais en les prenant il n'en exclut pas autrui. Ces biens sont l'objet d'une commune

---

1. *Eth. Nic.*, IX, iv, 5. Ἔστι γὰρ ὁ φίλος ἄλλος αὐτός. — IX, ix, 5-10; xi, 5.

2. *Eth. Nic.*, IX, viii. L'auteur de la *Grande Morale* ne veut appeler de ce nom de φίλαυτος que l'égoïste (II, xiii et xiv) : de celui qui s'aime noblement lui-même, il dit qu'il est φιλάγαθος, et non φίλαυτος, puisqu'il ne s'aime que parce qu'il est bon : μόνον γὰρ εἴπερ φιλεῖ αὐτὸς ἑαυτὸν ὅτι ἀγαθός· ὁ δὲ φαῦλος φίλαυτος· οὐδὲν γὰρ ἔχει δι' ὃ φιλήσει αὐτὸς ἑαυτόν, οἷον καλόν τι, ἀλλ' ἄνευ τούτων αὐτὸς ἑαυτὸν φιλήσει ᾗ αὐτός.

possession, d'une commune jouissance, sans se partager, sans s'épuiser. Rivalisant de générosité avec votre ami, plus vous vous dévouez, plus vous prenez pour vous-même de ces suprêmes et incomparables biens, car votre vertu, votre honneur, votre excellence sont d'autant plus grands que vous sacrifiez plus généreusement tout le reste. Mais votre ami peut avoir en même temps le même mérite. En prenant pour vous ce qu'il y a de meilleur, alors que vous l'aimez, lui, jusqu'à vous oublier vous-même, vous ne l'empêchez point de vous aimer de la même manière, vous l'y excitez plutôt[1], et sa générosité pouvant égaler la vôtre, sa perfection pourra aussi être égale à la vôtre[2].

Ainsi l'amitié donne à la vertu plus d'éclat, plus de consistance, plus de force, plus de douceur, et elle-même n'a que par la vertu toute la pureté, tout le désintéressement, toute la générosité qui lui donnent sa perfection et son charme. Point d'amitié véritable sans vertu; point de vertu vraiment humaine sans amitié.

Voilà donc votre vie bien réglée; voilà vos mœurs rendues conformes au beau : la mesure, l'harmonie, l'ordre, la raison règnent en vous. Vos sentiments sont bons. Vous vous plaisez où il faut, vous vous affligez où il faut. Vos amours et vos haines, vos joies et vos tristesses sont selon la raison[3]. Vous leur donnez des

---

1. Ceci n'est pas explicitement exprimé par Aristote, mais résulte de sa théorie.
2. *Eth. Nic.*, VIII, v, 5.
3. *Eth. Nic.*, X, ɪ, 1-3; ɪɪɪ, 8 et 13.

objets convenables, et vous en modérez les mouvements. Vous savez que la passion communique de la vigueur à l'acte raisonnable où elle se mêle[1], vous ne redoutez pas la passion, mais vous ne permettez pas qu'elle soit maîtresse[2]. Dans certaines occasions, vous vous élevez au-dessus de vous-même. Votre vertu devient héroïque[3]. Comme il y a des sortes d'excès d'infortune qui semblent passer les forces humaines, il faut aussi, pour supporter ces misères étranges, une extraordinaire énergie, un courage surhumain, ce semble[4], et il n'y a plus de nom dans la langue pour désigner cette merveilleuse chose, une vertu presque divine. L'homme, par la sensualité ou par la cruauté, descend au-dessous de lui-même : on appelle cet excès dans le mal, brutalité (θηριότης)[5], et celui qui y tombe n'est plus un homme, c'est une bête brute (θηρίον). Mais il y a un excès contraire qui rend les choses, de bonnes qu'elles étaient, meilleures encore[6] : l'homme héroïque est presque un dieu[7].

---

1. *Eth. Nic.*, VII, XII, 5. Αἱ ἀπὸ τοῦ θεωρεῖν καὶ μανθάνειν (ἡδοναὶ) μᾶλλον ποιήσουσι θεωρεῖν καὶ μανθάνειν. — X, v, 2. Συναύξει γὰρ τὴν ἐνέργειαν ἡ οἰκεία ἡδονή· μᾶλλον γὰρ ἕκαστα κρίνουσι καὶ ἐξακριβοῦσιν οἱ μεθ' ἡδονῆς ἐνεργοῦντες.

2. *Eth. Nic.*, III, VIII, 12.

3. *Eth. Nic.*, VII, I, 1-3. Comparez *Magna Moralia*, II, v.

4. *Eth. Nic.*, I, x, 12; III, I, 7-9.

5. *Eth. Nic.*, VII, I, 1-3.

6. Descartes : *Lettres à la princesse Elisabeth*, éd. Garnier, lettre VII; éd. Cousin, t. IX, p. 367.

7. *Eth. Nic.*, VII, I, 1-3. ... ἐξ ἀνθρώπων γίνονται θεοὶ δι' ἀρετῆς ὑπερβολὴν... Ἐπεὶ δὲ σπάνιον καὶ τὸ θεῖον ἄνδρα εἶναι, οὕτω καὶ ὁ θηριώδης ἐν τοῖς ἀνθρώποις σπάνιος. C'est de cette vertu supérieure et tout à fait émi-

En ces occasions extraordinaires, le caractère propre de la vertu et du beau se retrouve. C'est la raison encore qui enseigne à sortir des limites communes; il y a une extrême énergie, il n'y a pas de désordre; la convenance souveraine est observée, on agit comme il convient[1]. Toute vertu d'ailleurs n'est-elle pas, dans un sens, excès, comme, en un autre sens, toute vertu est mesure? Vertu, c'est excellence, c'est perfection, c'est achèvement. Qui n'est point au comble, au faîte, au bout, en un ordre de choses donné, n'a point la vertu que cet ordre de choses comporte. Et en même temps, vertu, c'est mesure, c'est proportion, règle, ordre, milieu bien pris entre trop et trop peu[2]. Qui ne sait se garder du défaut et de l'excès, n'a point la vertu, le but étant manqué ou dépassé. Le bien est un sommet, et la vertu, qui vise au bien, ou qui est le bien réalisé dans l'homme, devenu le bien de l'homme, la vertu est chose haute, étant excellente[3]. Mais le bien est au milieu, si vous considérez les termes opposés où l'homme peut se porter, et la vertu consiste précisément à demeurer dans

---

nente qu'Aristote dit dans la *Politique* qu'elle mérite à celui qui la possède la royauté; car un tel être ne peut être assujetti à aucune loi, il est lui-même loi; c'est comme un dieu parmi les hommes : songer à le soumettre aux lois serait aussi ridicule que de vouloir partager avec Jupiter l'empire du monde. Voir *Polit.*, III, vIII, 7; XI, 10.

1. Nous aurons à expliquer cela dans notre chapitre v.
2. *Eth. Nic.*, II, vi, 17. Κατὰ μὲν τὴν οὐσίαν καὶ τὸν λόγον τὸν τί ἦν εἶναι λέγοντα, μεσότης ἐστὶν ἡ ἀρετή· κατὰ δὲ τὸ ἄριστον καὶ τὸ εὖ, ἀκρότης. — IV, III, 8. Ἔστι δὲ ὁ μεγαλόψυχος τῷ μὲν μεγέθει ἄκρος, τῷ δὲ ὡς δεῖ μέσος· τοῦ γὰρ κατ' ἀξίαν αὐτὸν ἀξιοῖ.
3. *Eth. Nic.*, I, vII, 14. ... Τὸ δ' αὐτό φαμεν ἔργον εἶναι τῷ γένει τοῦδε, σπουδαίου... προστιθεμένης τῆς κατ' ἀρετὴν ὑπεροχῆς πρὸς τὸ ἔργον.

le milieu[1]. Timide ou téméraire, vous manquez également du vrai courage[2].

Toutes les vertus morales tiennent donc de la raison leur valeur. Elles ont pour office de rendre participante de la raison la partie irraisonnable de l'homme[3]. Vous cultiverez en vous la raison[4]. Elle a ses vertus propres. Soyez homme de sens, φρόνιμος, soyez homme de science, σοφός. Ayez tous les savoirs, le savoir-vivre et le savoir-faire, dans la bonne acception du mot, et puis le savoir proprement dit, le savoir par excelllence, celui que nous nommons sagesse, σοφία. Les vertus intellectuelles sont distinctes des vertus morales ou pratiques; mais les vertus intellectuelles sont nécessaires aux vertus morales[5]. La raison pratique discerne ce qui est à faire en toute occurrence; elle tient compte des temps et des lieux et des personnes; elle apprécie les circonstances; elle détermine la conduite à tenir : ce sont des définitions pratiques, en vue non de la science, mais de l'action. Cette prudence ou sagesse pratique, ce n'est point la vertu morale, mais c'en est la condition, parce que c'en est la lumière. Il faut bien penser pour bien

---

1. *Eth. Nic.*, II, vi, 4-10.
2. *Eth. Nic.*, II, vii, 2.
3. *Eth. Nic.*, I, xiii, 15, 17, 18.
4. Voir tout le livre VI des *Eth. Nic.*
5. Non que la fin de la morale soit la connaissance, non que la puissance de l'intelligence ou le talent aient, de soi, une valeur morale. Mais il y a une raison pratique, ὁ λόγος πρακτικός, une pensée ou sagesse pratique, φρόνησις, sans laquelle la vertu proprement morale n'existe plus. Voir surtout *Eth. Nic.*, VI, viii et xiii. Comparez *Rhétorique*, I, ix, 13. Φρόνησις δ' ἐστιν ἀρετὴ διανοίας καθ' ἣν εὖ βουλεύεσθαι δύνανται περὶ ἀγαθῶν καὶ κακῶν τῶν εἰρημένων εἰς εὐδαιμονίαν.

agir. Telle est la nature, tel est le rôle de l'intelligence appliquée au discernement des choses morales et éclairant, dirigeant la vie pratique. C'est la pensée même soutenant l'action, φρόνησις. Elle devient, selon les circonstances, esprit de conseil et de précaution, εὐβουλία, pénétration, sagacité, clairvoyance, vive compréhension des choses, σύνεσις, décision nette et ferme, γνώμη. Ces qualités si précieuses ne sont pas de celles, ce semble, qu'il y a mérite à posséder. La louange ayant caractère moral ne paraît pas être de mise ici. Vous méritez d'être loué si vous êtes courageux ou tempérant. Vous louera-t-on parce que vous êtes intelligent? On estimera en vous, on pourra admirer la vigueur ou la finesse, ou la vivacité de l'esprit : attribuera-t-on à ces dons de la nature une valeur morale? Oui, sans doute[1] : ces qualités ayant avec la conduite de la vie une relation étroite, et la culture qui dépend de vous pouvant les développer, tout caractère moral ne leur est point refusé, et s'il n'y a pas de mérite à être intelligent, absolument parlant, il peut y en avoir à travailler à le devenir de plus en plus. L'exercice, l'application, la réflexion, la méditation, en un mot le soin de prendre de bonnes habitudes d'esprit, cela est louable, cela est moralement bon[2].

---

1. *Eth. Nic.*, I, XIII, 20. Ἐπαινοῦμεν δὲ καὶ τὸν σοφὸν κατὰ τὴν ἕξιν. L'auteur de la *Grande Morale* contredit Aristote, I, v, 3, mais ensuite dit la même chose, et même développe cette manière de voir, I, XXXIV. Nous avons déjà signalé cela dans notre Introduction, p. 13, et nous aurons occasion d'y revenir, chap. v.
2. *Eth. Nic.*, III, v, 8. Ὁμοίως δὲ καὶ ἐν τοῖς ἄλλοις, ὅσα δι' ἀμέλειαν

applications. Elles gardent, malgré leur beauté, je ne sais quoi de mercenaire et de subalterne. Elles sont d'un grand prix, mais elles ne valent pas la vertu[1]. Elles sont moins stables, elles donnent à la nature humaine une moindre satisfaction, et l'homme qui sait beaucoup sans agir bien est moins homme que celui qui agit bien sans savoir beaucoup. Le savoir, en ce sens particulier, est inférieur à l'action. Mais la science suprême, ou plutôt la contemplation, ou sagesse proprement dite, passe la vertu pratique et morale[2]. Les bonnes résolutions et les bonnes actions pâlissent auprès d'elle. C'est la connaissance des choses éternelles et immuables, la science de l'être en tant qu'être, science du divin, divine elle-même[3] ; et en même temps convenant parfaitement à l'homme, puisqu'elle est l'acte le plus élevé, le plus plein, le plus achevé, le meilleur, l'action tout intérieure, mais merveilleusement puissante de l'intelligence, dégagée de tout le reste, affranchie de tout lien étranger, sans regard pour les choses inférieures, fixée en elle-même, action vive, énergique, et repos délicieux, vue sans labeur, intuition sans effort, possession sans langueur du suprême objet, union, commerce intime, contact de l'intelligence et de l'intelligible, toute lumière, toute vie, toute joie[4]. C'est là le terme dernier des aspirations de l'homme. Ce que

---

1. *Eth. Nic.*, I, x, 10.
2. *Eth. Nic.*, I, x, 10.
3. *Eth. Nic.*, X, vii.
4. *Métaph.*, I (A), ii, et IV (Γ), ii.

Dieu est sans cesse, vous le pouvez être quelquefois[1]. En Dieu, la contemplation continue; en vous, des éclairs. Dans ces moments bienheureux, vous avez en vous comme en raccourci l'éternité[2]. Mortel par nature, vous vous immortalisez. Homme, vous participez à la vie divine. N'écoutez pas ceux qui vous conseillent de ne pas porter si haut votre ambition. Ils vous disent, qu'étant homme, vous devez vous contenter de pensées humaines, et que mortel, il faut vous borner aux choses mortelles. Répondez-leur que c'est précisément le propre caractère de l'homme de n'être tout à fait soi qu'en s'élevant au-dessus de soi. Vous savez bien que cette vie contemplative ou vie selon l'intelligence, ὁ κατὰ τὸν νοῦν βίος, est plus qu'humaine; mais vous savez aussi que l'homme est fait pour elle. Ce qu'il y a de meilleur dans l'homme, ce qu'il y a de principal, ce qui domine le reste, n'est-ce donc pas ce qui appartient le plus à l'homme? Tout être n'est-il point caractérisé par ce qu'il a de meilleur, cela étant aussi ce qui constitue son essence? Or, ce qu'il y a de meilleur dans l'homme, c'est l'intelligence : peu

---

1. Voir *Metaph.*, XII (Λ), vi et vii; *Eth. Nic.*, X, vii; *De anima*, I, iii, 15, 17; II, iii, 7; III, iv-vi; x, 7-8.
2. *Eth. Nic.*, VII, xiv, 8. Ὁ θεὸς ἀεὶ μίαν καὶ ἁπλῆν χαίρει ἡδονήν. — X, iv, 9. Πάντα γὰρ τὰ ἀνθρώπεια ἀδυνατεῖ συνεχῶς ἐνεργεῖν· οὐ γίνεται οὖν οὐδ' ἡδονή. — X, vii, 2. Κρατίστη τε γὰρ αὕτη ἐστὶν ἡ ἐνέργεια (τοῦ νοῦ)· ἔτι δὲ συνεχεστάτη· θεωρεῖν τε γὰρ δυνάμεθα συνεχῶς μᾶλλον ἢ πράττειν ὁτιοῦν. — *Metaph.*, XII (Λ), vii, 4 et 6, 1072 B 16-18 et 28-30. Διαγωγὴ δέ ἐστιν, οἵα τε ἡ ἀρίστη, μικρὸν χρόνον ἡμῖν· οὕτω γὰρ ἀεὶ ἐκεῖνο ἐστίν· ἡμῖν μὲν γὰρ ἀδύνατον... Φαμὲν δὲ τὸν θεὸν εἶναι ζῷον ἀΐδιον, ἄριστον· ὥστε ζωὴ καὶ αἰὼν συνεχὴς καὶ ἀΐδιος ὑπάρχει τῷ θεῷ· τοῦτο γὰρ ὁ θεός.

de chose, selon les sens, car elle ne tient point de place : mais combien grande par la dignité, par la puissance, par l'excellence ! Εἰ γάρ καὶ τῷ ὄγκῳ μικρόν ἐστι, δυνάμει καὶ τιμιότητι πολὺ μᾶλλον ὑπερέχει πάντων. C'est elle qui est ce que l'homme a de plus intime, c'est elle qui lui appartient le plus en propre, οἰκεῖον, et cette chose divine est aussi la plus humaine. Ne craignez donc pas, en vous adonnant à la contemplation, de prendre une vie qui ne serait plus celle de l'homme, et de devenir comme un autre être. Ἄτοπον οὖν γίνοιτ᾽ ἄν, εἰ μὴ τὸν αὐτοῦ βίον αἱροῖτο, ἀλλά τινος ἄλλου. Vous allez au-dessus de la nature, non contre la nature, non contre l'essence constitutive de l'homme. Loin de là, vous êtes plus que jamais et mieux que jamais homme, εἴπερ μάλιστα τοῦτο ἄνθρωπος[1]. Ainsi la sagesse, achevant en vous l'œuvre de la vertu morale et sociale, assure, dans la délicieuse paix d'une action incomparable, votre perfection et votre félicité[2].

1. *Eth. Nic.*, X, vii, 8 et 9. — Voir aussi IX, viii, 6. Καὶ φίλαυτος δὴ, μάλιστα ὁ τοῦτο (τὸ κυριώτατον) ἀγαπῶν, καὶ τούτῳ χαριζόμενος· καὶ ἐγκρατὴς δὴ, καὶ ἀκρατὴς λέγεται, τῷ κρατεῖν τὸν νοῦν ἢ μή, ὡς τούτου ἑκάστου ὄντος... Ὅτι μὲν οὖν τοῦθ᾽ ἕκαστός ἐστι μάλιστα, οὐκ ἄδηλον, καὶ ὅτι ὁ ἐπιεικὴς μάλιστα τοῦτο ἀγαπᾷ. Andronicus de Rhodes, dans sa *Paraphrase*, explique bien ce passage, sauf à la fin : Ἄνθρωπός ἐστι μάλιστα τὸ κυριώτατον τῶν ἐν τῷ ἀνθρώπῳ... Τοῦ μὲν νοῦ κρατοῦντος αὐτός τις λέγεται κρατεῖν· τῶν δὲ παθῶν κρατούντων, οὐκ αὐτὸς κρατεῖν, ἀλλὰ μᾶλλον κρατεῖσθαι· ὅθεν φανερὸν ὅτι αὐτός τις ἐστὶ μάλιστα ἕκαστος τὸ αὐτοῦ διανοητικόν. Ici le commentateur s'égare : Aristote a donné l'ἐγκρατής comme un exemple, mais ce n'est pas de la διάνοια, c'est du νοῦς qu'il s'agit.

2. *Eth. Nic.*, X, vii, 3, 6 et 7.

CHAPITRE II

ACCORD DE LA CONCEPTION ARISTOTÉLICIENNE DE LA VIE AVEC LE CARACTÈRE ET LE GÉNIE GREC.

Ce qui frappe tout d'abord dans le portrait de l'honnête homme et du sage, que nous venons de tracer d'après Aristote, c'est la ressemblance avec le Grec de cette grande époque qui va de Périclès à Alexandre. Aristote n'a point copié la réalité, non sans doute ; mais il l'a eue sans cesse en vue, et il nous en présente l'image agrandie, embellie, idéalisée. Il dit dans sa *Poétique* que la tragédie doit représenter les hommes plus grands qu'ils ne sont, avec des qualités plus hautes, avec cette perfection d'intelligence, de cœur, de volonté que la vie réelle n'offre point, βελτίους[1]. C'est ainsi que la tragédie prend ce caractère solennel, auguste, qui en fait la puissance et le charme sévère, σεμνόν τι[2]. Aristote,

---

1. *Poetic.*, II. Voir aussi XV. Βελτίους καὶ καλλίους ἐπιεικείας ποιεῖν παράδειγμα.
2. *Rhetor.*, III, III, ... τὸ σεμνὸν ἄγαν καὶ τραγικόν.

dans sa Morale, procède d'une manière analogue : il peint l'homme tel qu'il doit être, il met sous nos yeux un modèle où toutes les facultés humaines reçoivent leur complet développement, où la nature humaine s'épanouit tout entière. Et c'est pourquoi c'est bien une Morale qu'il compose. Mais Aristote, comme tout à l'heure le poète tragique, demeure fidèle à la réalité en l'épurant. L'homme parfait, c'est encore l'homme réel, moins les défauts inévitables. Ce n'est pas autre chose que ce qui est, c'est mieux : disons que c'est ce qui est, mais dans toute la pureté de son essence [1].

L'homme vertueux d'Aristote, c'est donc l'homme tel qu'Aristote le connaît, c'est le Grec de ce temps-là ; je dirai que c'est Aristote lui-même, tel qu'il souhaite d'être, tel qu'il est dans les bons moments ; ce sont ses contemporains les meilleurs, dans leurs meilleurs jours ; c'est lui et ce sont eux, avec leurs plus nobles aspirations, avec leurs plus belles ambitions. L'esprit grec, le caractère grec est là, et je ne crois pas que nulle part dans la philosophie morale antique il y en ait une plus vive et plus complète image.

Voilà bien ce goût de la mesure, de la proportion, de la beauté. Le Grec est né artiste, et l'art grec est exquis :

---

[1]. Poetic., xv. Καὶ γὰρ ἐκεῖνοι (εἰκονογράφοι) ἀποδιδόντες τὴν οἰκείαν μορφὴν, ὁμοίους ποιοῦντες, καλλίους γράφουσιν· οὕτω καὶ τὸν ποιητὴν μιμούμενον... τἆλλα τὰ τοιαῦτα ἔχοντας ἐπὶ τῶν ἠθῶν, ἐπιεικείας ποιεῖν παράδειγμα ἢ σκληρότητος δεῖ. — Voir aussi Polit., III, vi. 3. Ἀλλὰ τούτῳ διαφέρουσιν οἱ σπουδαῖοι τῶν ἀνδρῶν ἑκάστου τῶν πολλῶν, ὥσπερ καὶ τῶν μὴ καλῶν τοὺς καλούς φασι, καὶ τὰ γεγραμμένα διὰ τέχνης τῶν ἀληθινῶν, τῷ συνῆχθαι τὰ διεσπαρμένα χωρὶς εἰς ἕν.

le sentiment de la vie y est sans exubérance; c'est un mouvement puissant, mais sans fougue; quelque chose d'alerte, d'agile, de noble, de divinement paisible. C'est je ne sais quel mélange heureux de liberté et de raison, de force et de séduisante douceur. Apollon qui lance au loin les traits est aussi le chantre à la lyre d'or et le dieu de la pensée.

> O dieu jeune! dieu libre! ô dieu plein de beauté!
> Montre-nous comme on marche avec grâce et fierté[1].

Le Grec méprise le luxe et les molles délices de l'Orient; il laisse aux barbares les délicatesses excessives de la vie, non moins que les raffinements de la cruauté. Il aime le beau, φιλόκαλος, il est élégant, mesuré, et fait toutes choses noblement, aisément, ἐμμελῶς, εὐσχημόνως[2]. Il ne dédaigne point les plaisirs, mais il ne s'y plonge pas tout entier. Il affronte le danger, mais il ne s'y précipite pas. Il supporte la douleur, mais ne trouve pas honteux de se plaindre. Il aime la lumière du jour, mais il la quitte courageusement, non sans regret. Il apprécie la vie, et il sait mourir. Il a en grande estime les exercices du corps, mais il veut que l'intelligence brille dans ce corps assoupli, et il convie les muses à chanter les victoires de l'athlète. Il est passionné pour la vie politique, mais les entretiens sur les choses d'au-delà l'attirent et le captivent. Citoyen libre et jaloux de ses droits, il entend participer au gouvernement

---

1. Brizeux, *Les deux Statuaires*.
2. *Eth. Nic.*, I, x, 11, 13.

comme à l'obéissance[1], et les affaires publiques lui paraissent le plus bel emploi qu'il puisse faire de son intelligence et de son activité, mais la sagesse lui semble enviable aussi, et quiconque annonce qu'il en est ami trouve la faveur et les applaudissements. Cet homme si actif, si avide de mouvement, se plaît pourtant à demeurer parfois entre ciel et terre, μετέωρος, comme le Socrate d'Aristophane ; il est philosophe à ses heures. L'activité intelligente, libre et réglée, une belle et facile manière de traverser la vie, voilà le caractère dominant du Grec : c'est ce que nous retrouvons dans la morale d'Aristote. Activité, raison, mesure, beauté, ces mots reviennent à chaque page. Il a dit dans la *Poétique* que le beau consiste en deux choses, la grandeur et l'ordre, ἐν μεγέθει καὶ τάξει τὸ καλόν[2]. Il a dit dans le *Métaphysique* que les objets des mathématiques pouvaient avoir leur beauté puisque les principaux éléments de la beauté sont l'ordre, la symétrie, la détermination, τοῦ δὲ καλοῦ μέγιστα εἴδη τάξις, καὶ συμμετρία, καὶ τὸ ὡρισμένον[3]. Que propose-t-il donc à l'homme vertueux, sinon de développer les puissances qui sont en lui d'une manière vigoureuse, large, riche, et en même temps selon l'ordre. Il veut qu'on vive d'une vie pleine, achevée, épa-

---

1. Polit., III, ii,° 7. Πολίτου σπουδαίου ἡ ἀρετή, εἶναι τὸ δύνασθαι καὶ ἄρχειν καὶ ἄρχεσθαι καλῶς... τὸν δὲ πολίτην ἀμφότερα ἐπίστασθαι καὶ μετέχειν ἀμφοῖν.

2. Poetic., vii.

3. Metaph., XIII (M), iii, 1078ᵃ 36. — Comparer Polit., VII, iv, 5-6... Τὸ γὰρ καλὸν ἐν πλήθει καὶ μεγέθει εἴωθε γίνεσθαι· διὸ καὶ πόλις, ἧς μετὰ μεγέθους ὁ λεχθεὶς ὅρος ὑπάρχει, ταύτην εἶναι καλλίστην ἀναγκαῖον. Ἀλλ' ἔστι τι καὶ πόλει μεγέθους μέτρον, ὥσπερ καὶ τῶν ἄλλων πάντων...

nouie, qu'on agisse et qu'on ait conscience qu'on agit, c'est ce qu'implique ce terme remarquable dont il fait un usage si fréquent et si original, ἐνέργεια, l'acte opposé à la virtualité : la fleur et le fruit, productions dernières de cette puissance que renfermait le germe ; le regard, la vision, au lieu de la simple faculté de voir : l'état de veille succédant au sommeil ; toujours l'action réelle, vive, consciente, mais non une action quelconque : entre les modes différents de l'activité humaine il y a subordination, hiérarchie : c'est de la vie la plus haute, la meilleure, qu'il veut qu'on vive, ἐνέργεια κρατίστη, ζωὴ κρατίστη ; il faut développer en soi l'être et les puissances de l'être, en observant une règle, un ordre : que chaque chose soit à sa place, en son rang, et qu'au sommet soit la plus excellente, à laquelle se rapporte tout le reste. Voilà bien les éléments du beau. La vertu met dans l'âme et dans la conduite l'ordre, l'harmonie, la mesure ; elle coordonne les diverses parties de notre être ; elle définit et détermine le rôle de chacune, elle ne laisse rien dans le vague et l'indécision, rien dans le sommeil, dans le rêve, dans un abandon nonchalant ; elle veut que tout soit net, τάξις, συμμετρία, τὸ ὡρισμένον, et cette vie bien réglée a tout à la fois la force et la mesure, l'ampleur et la proportion, c'est quelque chose de grand et quelque chose d'ordonné, μέγεθος καὶ τάξις.

C'est l'intelligence qui, donnant à la matière une *forme*, fait ces œuvres de l'art que nous nommons belles. C'est l'intelligence qui, introduisant dans les sentiments et les actions de l'homme l'ordre dont elle porte en elle-même le principe, et donnant ainsi à la vie humaine une *forme*, produit cette chose merveilleusement belle, un homme vertueux, καλὸς κἀγαθός. Non, ni l'étoile du matin ni l'étoile du soir ne sont admirables comme la justice, comme la vertu, οὔθ' ἕως, οὔθ' ἕσπερος οὕτω θαυμαστός[1], et une belle vie a tant de prix que plutôt que de ne point vivre d'une manière belle, βιῶσαι καλῶς[2], il faut mourir, mourir pour le beau, καλοῦ ἕνεκα, et envisager sans effroi cette mort qui est belle, ἀνδρεῖος ὁ περὶ τὸν καλὸν θάνατον ἀδεής[3].

Mais c'est dans la vie sociale qu'éclate la beauté morale. Aussi l'*Éthique* d'Aristote nous offre-t-elle le spectacle de l'artiste, si je puis ainsi parler, et du citoyen se mêlant sans cesse, et comme se soutenant l'un l'autre. La conception aristotélicienne de la vertu a un caractère qu'on pourrait nommer *esthétique*; elle a aussi un caractère éminemment social. L'intelligence dont le rôle est de régler, d'ordonner, de gouverner, fait plus et mieux dans la cité que dans l'individu; sa puissance organisatrice s'y montre mieux, et son œuvre est plus relevée, plus importante, plus belle[4]. D'ailleurs, les prescriptions de la raison ne reçoivent que dans la cité une valeur vraiment *impérative*[5]; jusque-là, ses décisions ressemblaient à celles d'un homme de goût qui prononce sur les mérites ou les défauts d'une œuvre

1. *Eth. Nic.*, V, i, 15.
2. *Eth. Nic.*, IX, viii, 9.
3. *Eth. Nic.*, III, vi, 5 et 10.
4. *Eth. Nic.*, I, ii, 8. ... μεῖζον, τελειότερον, κάλλιον, θειότερον.
5. *Eth. Nic.*, X, ix, 11-12.

d'art; ici seulement il y a commandement au sens propre du mot. La loi civile bien faite, νόμος ὀρθῶς κείμενος[1], est d'accord avec la droite raison, ὁ ὀρθὸς λόγος[2], en est la parfaite expression, donne force obligatoire à ses conceptions idéales. Puis l'action belle se reconnaît à un signe saillant : elle est louable[3]. Mais où la louange est-elle possible, sinon dans la société? Donner pour indice de la vertu le droit à la louange, c'est marquer fortement le caractère social de la vertu. Sans doute ce qui est louable peut bien n'être pas loué, et n'en est pas moins digne d'être loué : la vertu ne dépend donc pas du témoignage extérieur qui lui rend hommage. Il suffit que l'hommage lui soit dû. Mais constater que cet hommage lui est dû, par un terme qui devient presque synonyme de la vertu même et du beau, mettre très souvent ensemble ces mots ἐπαινετόν et καλόν, les employer indifféremment l'un pour l'autre, et faire sans cesse de cette qualité d'être louable, le propre caractère, la marque distinctive de l'action morale, c'est assurément considérer avec une complaisance singulière la vertu dans la société. L'artiste, l'homme épris du beau, φιλόκαλος, nomme la moralité *beauté*, le citoyen nomme la règle morale *loi*, et l'action

---

1. *Eth. Nic.*, V, 1, 14.
2. Remarquons la similitude des mots : ὁ νόμος ὀρθῶς κείμενος ὀρθῶς (προστάττει), (*Eth. Nic.*, V, 1, 14), et ὁ ὀρθὸς λόγος. — Voir encore *Eth. Nic.*, II, 11, 2; III, v, 21; V, ix, 5; VI, 1, 1, 2, 3; xiii, 4, 5.
3. *Eth. Nic.*, I, xii, 1, 4, 6. — Voir *Rhetor.*, I, ix. Ἐπεὶ δ' ἐκ τῶν πράξεων ὁ ἔπαινος, ἴδιον δὲ τοῦ σπουδαίου τὸ κατὰ προαίρεσιν..., ἔστι δ' ἔπαινος λόγος ἐμφανίζων μέγεθος ἀρετῆς... Et plus haut : καλὸν μὲν οὖν ἐστιν, ὃ ἂν δι' αὑτὸ αἱρετὸν ὄν, ἐπαινετὸν ᾖ.

morale, action *louable*. Or, l'œuvre morale par excellence, c'est la vertu sociale, ἀρετὴ πολιτική. En tout cela, Aristote ne reproduit-il pas les traits essentiels du génie grec?

L'intelligence gouverne la vie humaine et la société, et les rend belles. Mais l'intelligence a sa fonction propre, et elle se repose en elle-même, repos actif qui est la meilleure et la plus douce des choses. Aristote, artiste et citoyen, est encore philosophe ; et c'est la sagesse qu'il met au-dessus de tout, parce qu'il y voit, non l'effet et le rayonnement ou l'œuvre de l'intelligence, mais l'acte immédiat de la pensée jouissant d'elle-même dans des hauteurs sereines et dans une absolue indépendance[1]. Certes, en proposant à l'homme ce but suprême, il se place fort au-dessus des idées communes, il le sait, il le dit : les âmes vulgaires, les petits esprits n'y comprendront rien, cet ordre supérieur leur semblera un rêve, une chimère, et il recommande, nous l'avons vu, de ne point écouter leurs vaines plaintes et leurs inintelligentes réclamations[2]. Toutefois cet idéal est en harmonie avec l'esprit grec. Ne pas épuiser dans les nécessités de la vie quotidienne toutes les forces de l'âme, ne pas s'absorber tout entier dans les occupations de la vie courante, si intéressantes et si importantes qu'elles puissent être, ne pas s'engager sans réserve, demeurer toujours libre par quelque endroit, garder pour soi quelque chose, pouvoir, non se

1. Remarquer ce mot αὐτάρκεια. *Eth. Nic.*, X, vii, 11.
2. *Eth. Nic.*, X, vii, 8; viii, 11.

reprendre, mais se recueillir et se contempler; déployer, par exemple, dans l'administration de la cité, l'activité la plus ardente, et cependant ne faire que passer dans les fonctions publiques, et s'assurer des loisirs, où l'influence demeure, non l'application constante à des devoirs précis, non le labeur; faire œuvre de soldat et savoir souffrir et mourir pour la patrie, mais ne point faire métier de la vie militaire; quoi qu'on fasse enfin, n'être point tellement attaché à son ouvrage qu'à un certain moment on ne se dégage et ne se retrouve maître de soi : n'est-ce point là un des plus remarquables caractères du Grec, et surtout du Grec d'Athènes? Les gens les plus occupés ont du temps pour parler, pour écouter, et, s'ils ont quelque force d'esprit, pour penser[1]. Et c'est encore une sorte d'activité. On se détend, on ôte de l'action l'effort; au discours succède la causerie, et l'on parle ou l'on pense comme en se jouant, mais on ne rêve pas. Nous aimons la sagesse, dit Périclès dans Thucydide, nous l'aimons sans mollesse, φιλοσοφοῦμεν ἄνευ μαλακίας[2]. Il y a ce qu'Aristote appelle σχολή, διαγωγή[3], non l'indolence ou la langueur, mais l'allègement après la tâche remplie, le plaisir de s'appar-

---

1. Aristote dit lui-même que la race grecque est à la fois ardente à l'action et puissante par la pensée, καὶ γὰρ ἔνθυμον καὶ διανοητικόν ἐστι. *Polit.*, VII, VI, 1.

2. Thucydide, II, XLI.

3. *Polit.*, VII, XIII, 16-20. Πόλεμον μὲν εἰρήνης χάριν, ἀσχολίαν δὲ σχολῆς, τὰ δ' ἀναγκαῖα καὶ χρήσιμα τῶν καλῶν ἕνεκεν... — VII, VIII, 2. Δεῖ γὰρ σχολῆς καὶ πρὸς τὴν γένεσιν τῆς ἀρετῆς καὶ πρὸς τὰς πράξεις τὰς πολιτικάς. — VII, XIII, 18. Ἀνδρείας καὶ καρτερίας δεῖ πρὸς τὴν ἀσχολίαν, φιλοσοφίας πρὸς τὴν σχολὴν καὶ διαγωγήν. — VIII, II, 2 et 3. Les arts mécaniques et serviles, βάναυσοι τέχναι, ôtent à l'esprit sa liberté et l'hu-

tenir, une action aisée, paisible, sans secousse, sans tension, non sans direction pourtant ni sans objet, σχολή, une occupation libre, qui récrée, qui amuse, sans être futile, une manière agréable de passer le temps, de le laisser passer, sans en ramasser péniblement les instants fugitifs, διαγωγή. Où Aristote a-t-il trouvé le type de ces choses, sinon dans le Grec d'Athènes qui vient sur la place publique demander s'il n'y a point de nouveautés intéressantes, ou qui, mieux avisé, répond aux questions de Socrate, dans la rue, dans l'atelier d'un sculpteur, dans la boutique d'un marchand, jamais pressé, toujours de loisir, s'il le veut? Les rapsodes charment l'Athénien; les sages, rapsodes à leur manière, ou plutôt poètes merveilleux, ont des chants qui entraînent les esprits à leur suite, et l'éloquence des philosophes exerce cet empire que Platon nomme si bien une évo-

---

milient, ἄσχολον ποιοῦσι τὴν διάνοιαν καὶ ταπεινήν; or la nature elle-même n'aspire pas seulement à un emploi régulier de l'activité, elle cherche encore à se procurer un noble repos, οἱ δ' ἐξ ἀρχῆς ἔταξαν ἐν παιδείᾳ (τὴν μουσικήν), διὰ τὸ τὴν φύσιν αὐτὴν ζητεῖν, ὅπερ πολλάκις εἴρηται, μὴ μόνον ἀσχολεῖν (n'avoir pas de loisir, être occupé, avoir à faire, déployer de l'activité) ὀρθῶς, ἀλλὰ καὶ σχολάζειν (avoir du loisir, être dans le repos) δύνασθαι καλῶς. — VIII, ɪɪ, 5 et 6. ... τὴν ἐν τῇ διαγωγῇ σχολήν... τὴν ἐν τῇ σχολῇ διαγωγήν. — VIII, vɪɪ, 4. ... πρὸς διαγωγήν, πρὸς ἄνεσίν τε καὶ πρὸς τὴν τῆς συντονίας ἀνάπαυσιν. — Aristote veut que le commandement même n'absorbe pas le citoyen. Il accuse Platon de n'avoir pas assez compris, dans sa *République*, cette belle liberté et cette félicité qui doivent être assurées aux gardiens de l'État. Polit., II, ɪɪ, 16. — Comparer, au sujet de ce qu'Aristote nomme σχολή, aux textes de la *Politique* le passage suivant de la *Métaphysique*, I (A), ɪɪ, 982 B 22, et 983 A 11. Σχεδὸν γὰρ πάντων ὑπαρχόντων τῶν ἀναγκαίων, καὶ πρὸς ῥᾳστώνην (commoditatem vitæ) καὶ διαγωγήν, ἡ τοιαύτη φρόνησις ἤρξατο ζητεῖσθαι. ... αὕτη μόνη ἐλευθέρα οὖσα τῶν ἐπιστημῶν· μόνη γὰρ αὕτη αὑτῆς ἕνεκέν ἐστι... ἀναγκαιότεραι μὲν οὖν πᾶσαι αὐτῆς, ἀμείνων δ' οὐδεμία.

cation des âmes, une magie, ψυχαγωγία τις[1]. Et, au fond de tout cela, qu'y a-t-il? La pensée, qui aime à jouir d'elle-même, qui regarde cette jouissance comme la chose la plus libérale et la plus noble, qui trouve dans cette suffisance, dans cette indépendance, quelque chose de divin?

Aristote nous rend bien tous les traits du génie grec, de l'âme grecque, seulement il les idéalise. La pensée ne jouit pas encore pleinement d'elle-même quand, dégagée de tous les soins de la vie, elle se plaît aux belles causeries, aux chants harmonieux, aux leçons des philosophes. Elle n'a la pleine indépendance, αὐτάρκεια[2], elle ne se suffit pleinement à elle-même que si elle contemple elle-même les choses immuables et éternelles, et, prenant pour objet le divin, devient en quelque sorte divine.

Et combien Aristote n'est-il pas, en ceci encore, vraiment Grec! Quel vif sentiment de la valeur de l'homme chez le Grec antique, et quel besoin de trouver partout, en tout, quelque chose de divin! Quand la religion sort peu à peu du naturalisme, la beauté humaine éclate, et on l'attribue aux dieux, on la déclare divine : la beauté humaine sous tous les aspects, celle du visage et de la démarche, celle de l'adresse, de l'habileté, celle de l'éloquence; c'est la jeunesse, c'est l'intelligence, c'est le charme de l'esprit ou l'empire de la

---

1. Platon, *Phèdre*, 261 A.
2. Et c'est aussi un loisir : δοκεῖ τε ἡ εὐδαιμονία ἐν τῇ σχολῇ εἶναι. *Eth. Nic.*, X, vii, 6.

raison, c'est tout ce que l'homme a de plus séduisant ou de plus majestueux, c'est tout cela qui est donné aux dieux. On se les représente avec ces admirables qualités à un degré supérieur. Tout ce qui est grand, fort, beau, aimable, est divin. L'homme est divinisé. Naturalisme d'un autre genre, ou anthropomorphisme [1]. C'est encore la nature, mais la nature humaine, qui reçoit les honneurs divins. Toutes les grandes et belles choses qu'on admire dans l'homme apparaissent alors comme venant de plus haut et comme ayant, dans cette région supérieure, leur entière perfection; mais en l'homme même elles sont déjà divines, et l'infirmité de la condition humaine, vivement sentie, n'exclut ni la confiance ni la fierté, tant l'homme est convaincu d'une sorte de communauté de nature avec les dieux! Seule l'immuable Destinée domine tout de si haut, que tout est petit et faible devant elle, et ce sont les dieux, aussi bien que les hommes, qu'elle assujettit à ses lois inflexibles. Soit qu'elle se dérobe dans une ombre mystérieuse, soit qu'elle se personnifie presque dans Jupiter, roi et père des dieux et des hommes, elle semble désigner ce qu'il y a dans la Divinité de tout à fait incommunicable et insaisissable, ce qui passe absolument la portée humaine; et comme peut-être ce nom redoutable (ἡ εἱμαρμένη, ἡ πεπρωμένη, μοῖρα θεῶν, Διὸς αἶσα) exprime confusément la sagesse souveraine et la suprême justice non moins que la toute-puissance, rien n'est plus au-

---

[1]. Polit., I, 1, 7. ... ὥσπερ δὲ καὶ τὰ εἴδη, ἑαυτοῖς ἀφομοιοῦσιν οἱ ἄνθρωποι, οὕτω καὶ τοὺς βίους τῶν θεῶν.

guste, rien n'est, si je puis parler ainsi, plus proprement divin. En tout le reste, l'humain et le divin se mêlent : tout déploiement d'énergie, toute brillante qualité dans l'homme est chose divine, et chaque dieu est un homme agrandi. Aussi l'homme a beau appeler les dieux ses maîtres, il ose se mesurer avec eux : attendant beaucoup de leur secours, il compte en définitive sur lui-même surtout ; reconnaissant leur grandeur et craignant d'attirer par son insolence leur envie formidable, il est pourtant avec eux dans une sorte d'égalité : il se sent de race divine, quoique mortel. Voilà ce qu'il me semble retrouver dans les plus hautes théories philosophiques d'Aristote. Socrate disait, dans Xénophon, que les hommes, grâce aux bienfaits de la Providence, vivaient dans le monde comme des dieux, ὥσπερ θεοὶ βιοτεύοντες¹. Aristote attend de la vertu et surtout de la sagesse cette grandeur et cette félicité toutes divines. Comme tous les Grecs, il appelle divines les nobles qualités de l'homme. Celles-là lui paraissent les plus divines, qui sont les plus hautes. La contemplation, la sagesse est ce qu'il y a de plus divin. Commentez ce langage par les doctrines d'Aristote. Dieu, moteur immobile du monde², fin suprême à laquelle sont suspendus et le ciel et toute la nature, et l'homme même, Dieu est dans un ordre à part, au-dessus de tout, lui qui est le bien, l'excellent, τὸ ἀγαθόν, τὸ ἄριστον. Mais l'homme, qui pense, fait quelque chose de divin, quand il gouverne sa vie selon

---

1. Xénophon, *Memor.*, I, iv.
2. *Metaph.*, XII (Λ), v.

la raison. De même que l'univers tenant de la nature son bel ordre, on peut dire que ce qui le maintient, ce qui le gouverne, ce qui y fait conspirer toutes choses vers des fins hiérarchiquement ordonnées entre elles, c'est la nature et Dieu, ἡ φύσις καὶ ὁ θεός[1] : de même la vie humaine étant organisée par la vertu, c'est-à-dire par l'intelligence, cette belle ordonnance est divine, qu'est-ce à dire? Belle comme une chose divine, oui, sans doute, mais divine aussi en ce sens que, tout en étant propre à l'homme, lui appartenant, venant de lui, née de son activité, de son choix en même temps que conforme à sa fin, elle suppose en lui cependant un principe plus haut que l'homme même, un principe divin, qui précisément est l'intelligence. En sorte qu'on pourrait dire de la vertu humaine, comme de l'univers : ce qui fait cela, c'est l'homme et Dieu. Là où rien n'est en vain, là où une fin est poursuivie avec constance, et chez l'homme il y a de plus clairvoyance et libre préférence, là est un principe divin. Intime pénétration, et, si je l'ose dire, compénétration de l'humain et du divin, si bien que l'on ne sait pas au juste où l'un commence, où l'autre finit, ce qu'il y a de plus propre à l'homme, par exemple, οἰκειότατον, étant aussi ce qu'il y a de plus divin, θειότατον, et pour la même raison, parce que c'est ce qu'il y a de meilleur, de plus excellent, de plus éminent, κράτιστον, ἄριστον, βέλτιστον. Et

---

[1]. *De Cælo*, I, iv. Ὁ θεὸς καὶ ἡ φύσις οὐδὲν μάτην ποιοῦσιν. — *Polit.*, VIII (V), v, 5 (1326ᵃ); ... θείας γὰρ δὴ τοῦτο δυνάμεως ἔργον, ἥτις καὶ τόδε συνέχει τὸ πᾶν.

c'est ce qu'on voit surtout dans la contemplation, dans la sagesse : c'est un privilège divin, c'est une vie divine, οὐ κατ' ἄνθρωπον βίος, ἀλλὰ κατὰ θεόν; c'est une *suffisance* et indépendance divine, αὐτάρκεια : comme Dieu on a assez de soi et de sa pensée pour être heureux. Mais, si c'est là une vie divine, est-ce simplement parce que vivant ainsi on est *comme* Dieu? N'est-ce pas parce qu'on a en soi le même principe de vie, l'intelligence? La question n'est point approfondie. En quel sens l'intelligence est-elle un principe divin? Comment survient-elle en quelque sorte du dehors, θύραθεν ἐπεισιέναι[1], et comment est-elle ce qui constitue essentiellement l'homme? Quelle portée précise ont les métaphores employées par Aristote? Quels sont les mots qui rendent le mieux ses pensées profondes, de ceux qui marquent comme une intervention étrangère et une influence surajoutée, ou de ceux qui désignent une sorte d'identité entre le divin en soi et le divin en l'homme? Rien de plus complètement transcendant que l'intelligence : elle est séparée, χωριστὸς νοῦς[2]. Rien de plus réellement immanent, elle est l'homme même, τοῦτο δὲ ἄνθρωπος[3]. Est-ce donc que Dieu prend dans l'homme qui pense une nouvelle conscience de soi? Tout cela demeure indécis, et Aristote ne paraît pas avoir souci de décider. Conformément au génie grec, il nomme divin tout ce qui excelle; si ce qui excelle, c'est l'homme

---

1. *De Generat. Animal.*, II, III, 10.
2. *De Anima*, III, IV, 6; V, 2.
3. *Eth. Nic.*, X, VII, 9.

même, l'homme est divin. Or, ce qu'il y a de plus excellent et du même coup de plus divin, c'est l'intelligence. Vue conforme encore au génie grec. L'intelligence, en soi, dans sa pureté essentielle, dans sa plénitude absolue, c'est Dieu. L'intelligence, en acte, non pas continuellement, éternellement, mais au moins par instant et comme par éclair, c'est l'homme, c'est le sage. Comment? par quel mode de participation, par quelle influence, par quelle présence du divin? on ne sait, mais enfin la sagesse est divine : cela est certain. Le sage est mortel, mais quand il pense l'éternel, lui-même est éternel. La formule de Spinoza trouve ici une application inattendue. La sagesse, c'est, dans un court espace de temps, la même chose que l'éternelle pensée : une intuition vive, toute action, absolue, bienheureuse. Cette conception n'est-elle pas en harmonie avec la façon dont l'âme grecque envisage les choses divines? N'est-ce point cette même manière de distinguer et de confondre en même temps l'homme et Dieu, d'élever le divin au-dessus de l'homme et de le mettre dans l'homme même? Et si Aristote ne semble pas voir toutes les difficultés qu'entraîne sa conception, n'est-ce point parce que, si nouvelle qu'elle paraisse, elle a cependant une parenté intime avec les conceptions les plus familières à la race grecque?

Ainsi, dans sa manière de considérer et de régler la vie humaine, Aristote rend avec une fidélité singulière l'esprit de la Grèce antique. Aucun autre moraliste n'a tracé de la vie une peinture idéale, où ce qu'il y a de plus profond et plus vivace dans l'âme grecque soit si heureusement exprimé. Cette morale, où l'artiste, le citoyen et le philosophe se retrouvent, s'animant et se soutenant par une mutuelle influence, c'est le résumé de ce que ce peuple, à Athènes surtout, a produit de plus délicat, de plus mesuré, de plus achevé. Je dis à Athènes : non que tout ce qui a cette empreinte soit athénien, Aristote lui-même n'était point d'Athènes, mais c'est là le propre de l'esprit d'Athènes ; c'est ce qu'on y prenait comme dans une atmosphère heureuse, encore que l'on n'y fût point né, et, si Thucydide a fait dire à Périclès qu'Athènes était l'école de la Grèce, on peut ajouter que là toutes les qualités grecques apparaissent dans leur perfection. Or, c'est Aristote qui représente le mieux ce mélange d'amour du beau, de vertus civiques, de sagesse presque mystique, sans ivresse, avec une sobriété constante, μετ' εὐτελείας[1], avec cette clairvoyance qui vient de l'intelligence ennemie de tout excès.

Certes, c'est bien un Grec, un vrai Grec, que l'Athénien Socrate. Toutefois il a dans sa personne je ne sais quoi d'étrange qui s'éloigne des mœurs, des vues, des goûts de ses compatriotes, et que lui-même attribue à la présence d'un Dieu. C'est une figure singulière, un type tout à fait à part. Il est unique. La grande nouveauté de ses idées et de son rôle lui fait des amis enthousiastes, des ennemis acharnés, mais sans doute il étonne les uns et les autres. Cette attitude est faite pour déconcerter qui-

[1] Thucydide, II, XLI, Discours de Périclès, φιλόκαλοι μετ' εὐτελείας.

conque le regarde : partisans et détracteurs se demandent d'où vient que cet homme est à la fois si semblable à ses concitoyens et si différent même des meilleurs et des plus renommés. Il porte bien le caractère de sa race, mais avec une originalité qui ne permet pas de dire qu'il la personnifie.

Certes encore, c'est bien un Grec, un vrai Grec, que l'Athénien Platon. Mais aux qualités du génie national, éminentes en lui, s'ajoute et se mêle ce que j'appellerai une manière presque chrétienne par avance de penser et de parler. La hauteur de l'inspiration, le souffle religieux, le mysticisme puisé à des sources antiques, les enchantements de la poésie unis à la sévérité de la science, tout cela communique à sa physionomie une gravité et un charme qui n'appartiennent qu'à lui, et c'est ce qu'on veut exprimer en le nommant le divin Platon. Ce Grec admirable est trop élevé au-dessus des autres pour qu'on trouve dans sa morale la fidèle représentation du caractère de sa race.

Après Aristote, Épicure, Athénien, enseigne dans Athènes, et le Cypriote Zénon inaugure sous un portique d'Athènes la plus célèbre philosophie morale de l'antiquité. Mais ni l'un ni l'autre ne nous fournit l'image de l'esprit grec considéré en ce qu'il a de plus exquis. Épicure descend au-dessous du niveau où se tient sans effort le Grec de la grande époque ; il ôte à l'âme les larges horizons, éteint les nobles flammes et les gracieux sourires, relâche tous les ressorts, et le calme auquel il aspire est morne, triste, sans douceur et sans attrait.

Faire de l'insensibilité le but de la vie, est-ce donc d'un Grec? Oui, d'un Grec pris de lassitude, à une époque de stérile agitation ; mais alors c'est la décadence qui commence, et ce Grec a dégénéré. Ni la vie politique, ni la spéculation ne le tentent. Il n'a plus le goût des grandes choses. Il borne la sagesse à se contenir pour ne souffrir pas. Ce qu'il y a de grec encore en lui, c'est le sentiment de l'élégance, c'est je ne sais quelle discrétion et décence dans le plaisir, c'est ce désir de régler, d'ordonner la vie ; mais si le plaisir n'a plus d'aiguillon et si la raison ne fournit qu'une règle mesquine, il faut dire qu'il n'y a plus ici qu'une image diminuée des belles qualités dont la Grèce s'honore.

Dans le stoïcisme, au contraire, c'est une énergie, une rigueur, une hauteur de vertu, où le véritable esprit grec ne se reconnaît pas non plus. La doctrine a délaissé les sommets chers à Aristote. Le divin n'a plus rien de transcendant : il est tout dans la nature, et surtout dans l'homme, et l'homme même ne place plus dans les sereines douceurs de la contemplation la plus grande perfection, la plus pure félicité : tout se réduit à la vertu pratique, sociale. Mais là c'est une sévérité morale qui semble contraire à la vivacité, à la gaieté de l'esprit grec[1]. La vertu semble excessive et comme intempé-

---

1. Il me faut justifier ce mot. M. Jules Girard, dans son livre si remarquable sur *Le sentiment religieux en Grèce* (deuxième édition, 1879), se plaint qu'on parle trop de la gaieté et de l'insouciance des Grecs. « Il y a, en réalité, chez le Grec, dit-il (p. 7), un souci de lui-même, de sa condition et de sa destinée, qui s'éveilla en même temps que sa brillante imagination. » Tout ce que dit M. Jules Girard à ce sujet est très frappant ; il faut

rante. Les avantages de la vie ne sont plus des biens, les misères ne sont plus des maux. Il n'y a plus qu'un seul bien, l'honnête, c'est-à-dire le beau. Il est bien grec de définir la moralité par la beauté, et de faire consister la beauté dans la convenance, dans l'ordre, dans l'harmonie. Mais pratiquement l'harmonie n'est plus celle qu'Aristote recommandait. Les passions sont déclarées des maladies de l'âme. Elles en troublent l'équilibre. A force de les assagir on les détruit presque; et si les calmes mouvements qui sont permis au sage sont réguliers, ils n'ont plus cette allure vive, aisée et gracieuse que leur laissait la vertu moins farouche d'autrefois. Tout est quelque peu contraint et tendu ; et au lieu d'une direction souple, nous avons une discipline rude. La vertu est fière, âpre. Les délicatesses de l'esprit grec se sont perdues, bien que toutes les sub-

se tenir en garde contre l'exagération qu'il signale avec raison; mais la sobre et noble gaieté dont nous parlons n'est point de l'insouciance, et je crois pouvoir conserver ce mot « gaieté ». Certaines écoles religieuses ont pu inspirer à leurs adeptes et propager ensuite de très graves pensées; l'orphisme, par exemple, a eu une profonde influence, admirablement étudiée par M. Jules Girard. Le génie grec a-t-il été assombri par là? Il ne le semble pas. Le Grec pleure et gémit : il n'est pas triste. De même les hautes questions morales et religieuses sollicitent sa curiosité, retiennent son attention, provoquent chez lui de sérieuses pensées : elles ne lui causent point de tourments intérieurs, elles ne le jettent point dans ce que nous nommons d'un mot grec, mais en un sens nullement ancien, *mélancolie*. Le propre caractère du génie hellénique, c'est bien cette joie de vivre, cette allégresse dans l'action, que les plus tragiques aventures et les plaintes les plus désolées interrompent sans en tarir la source. J'ai une remarque analogue à faire pour le « renoncement » dont je parlerai plus loin : les Orphiques ont pu prescrire et Platon conseiller une *mort*, vrai apprentissage de la vie; mais, si l'on considère les choses d'une manière générale, rien n'est moins grec que la *mortification* et le *renoncement*.

tilités qui lui sont familières se retrouvent dans la dialectique. On est fort, et cette force est belle, car elle est réglée, mais le sourire s'est évanoui. D'un autre côté, le stoïcisme a sur l'autorité de la loi morale des paroles nettes, précises, qu'aucune doctrine n'avait encore fait entendre. Il nomme le devoir τὸ δέον, et au mot δεῖ, *il faut, on doit,* quelquefois employé auparavant, il donne un sens arrêté, fixe, définitif. Cicéron pourra dire, en traduisant une formule stoïcienne : *Oportere declarat perfectionem officii*[1]. Aux convenances, le stoïcisme ajoute le devoir. C'est son honneur, et cela même semble assez étranger aux habitudes du génie grec pour qu'on ait cherché à l'expliquer par des influences du dehors. Envisager dans la vie l'effort, le combat, la lutte, et cela le dire expressément commandé, en faire un devoir, c'est plus conforme, a-t-on dit, aux idées et aux sentiments des Sémites qu'aux idées et aux sentiments des Grecs. Ceux-ci s'épanouissent librement. Ils ne savent ce que c'est que se renoncer. Cela est vrai, à parler généralement, mais on peut se demander si les premiers stoïciens ont donné à la vertu l'aspect sévère que la vertu stoïcienne devait avoir plus tard ; et puis, l'on peut penser que si les Phéniciens, les Carthaginois et les autres peuples sémites ont quelque chose de dur, leurs idées morales n'offrent point après tout une pureté si grande, une

---

1. Cicéron, *Orat.*, 22. Oportere perfectionem declarat officii, quo et semper utendum est et omnibus; decere, quasi aptum esse, consentaneumque tempori et personæ.

sévérité si remarquable. Est-ce donc aux Hébreux que l'on songe quand on oppose la conception souriante des Grecs et la conception sévère des Sémites au sujet de la vie et des mœurs humaines? Mais la sublimité même des conceptions hébraïques s'explique-t-elle par le caractère du peuple juif? N'est-ce point à des influences d'un autre ordre et plus hautes qu'elle est due? Le Juif, laissé à lui-même, a des penchants moins relevés, et les mœurs dissolues ne lui déplaisent pas plus que l'idolâtrie. La force qui le ramène à une loi meilleure n'est pas en lui. Au reste, le stoïcisme n'a pas sa première origine dans les idées hébraïques. Les stoïciens primitifs sont pour la plupart des Syriens, des Phéniciens, des Grecs Orientaux : qu'en peut-on conclure? Quoique ces peuples eussent avec les Juifs de fréquentes relations, relations commerciales surtout, l'infiltration des idées est peu appréciable pendant longtemps. Il vient une époque où les Juifs ont manifestement avec les peuples d'alentour des rapports intellectuels, mais c'est après la naissance du stoïcisme. Alors une influence sortie des doctrines hébraïques a pénétré dans les écoles des philosophes; alors des Hébreux éminents par l'esprit, le savoir, l'éloquence, ont philosophé. Tarse, par exemple, a pu voir dans son sein des Juifs et des Grecs enseignant dans la synagogue et dans l'école. Alexandrie a donné un spectacle pareil, avec plus d'éclat. Chez les Juifs mêmes, si l'on en croit Philon, la secte des Pharisiens n'était pas sans analogie avec le stoïcisme. Mais le stoïcisme primitif ne tire point de sources hébraïques son origine. Bien que son auteur et ses premiers adeptes fussent tous des étrangers, ce qui est fort digne de remarque, c'est de la doctrine des cyniques que procède leur philosophie; et si la doctrine des cyniques à son tour a je ne sais quoi qui semble provenir originairement de l'Orient, si elle tient peut-être des vieux mystères un caractère qui n'est pas en harmonie parfaite avec l'esprit grec, si surtout elle manque de mesure, de souplesse, ce qui n'est point grec certainement, le stoïcisme, en recueillant son héritage, la transforme : il la rend plus humaine, la réconcilie avec la société, la ramène aux règles de la bienséance, joint à la vigueur la beauté, et accommode aux mœurs grecques cette étrange vertu en y apportant un heureux tempérament emprunté précisément à Platon et surtout à Aristote. Quoi qu'il en soit, le stoïcisme, qui est grec à bien des égards, convient à une époque de décadence : il a quelque enflure, quelque raideur, et ses hautes conceptions morales, celles qui marquent un progrès, ne s'expliquent pas tout entières par le seul développement de l'esprit grec. En tout cas, ce n'est pas là qu'il faut chercher le type du Grec, considéré à l'époque où il est le plus complètement lui-même, avant la décadence ou la réaction contre la décadence.

Ce type, c'est Aristote qui nous le présente. Sa morale, c'est, avec une pureté idéale, la pratique des meilleurs de ses contemporains. Les voilà bien, ces hommes comme il faut, bien élevés, distingués, οἱ χαρίεντες, ni riches à l'excès, ni pauvres jusqu'à la gêne; on ne voit pas qu'ils aient besoin de travailler pour vivre; du moins, ils n'ont pas beaucoup de peine à se donner, et les soins vulgaires leur laissent des loisirs. Ce sont gens à leur aise, appartenant aux *classes dirigeantes,* citoyens d'Athènes, amis de la liberté et de l'égalité, dans une cité où abondent les esclaves, traités d'ailleurs avec douceur, et les étrangers enrichis par le négoce. Ils forment donc une élite ; et dans cette élite même, ils sont, si je l'ose dire, la fine fleur. De ce peuple servile ou mercenaire qui peine autour d'eux et en définitive pour eux, ils ne s'inquiètent guère. Sans rudesse et sans morgue, mais à peu près indifférents, ils ont des sentiments qui ressemblent à ceux de Descartes à Amsterdam, sauf que les affaires publiques les intéressent. Dans la sphère supérieure où ils se tiennent, ils n'ont pour les occupations illibérales que du mépris. Sans vastes désirs, sans ambition démesurée, sans activité fiévreuse, mais jaloux de leurs droits et de leur influence, ils aiment, goûtent, recherchent, dans la vie privée, dans les relations sociales, dans le mouvement des affaires publiques, dans la philosophie, tout ce qui est beau et noble, tout ce qui a du prix pour une âme bien née, tout ce qui flatte un amour-propre délicat, tout ce qui fait honneur à l'esprit, au cœur, au caractère. Ils ont de l'empire sur eux-mêmes, mais cette domination de la raison sur les sens n'est point de l'austérité. Ce qui, dans la vertu, consiste à se contrarier soi-même, ce qui est renoncement, détachement, humilité, n'a aucune signification pour eux. Platon avait dit des choses approchantes, et il avait enseigné que bien vivre c'est bien mourir. Ici, il n'y a de cet enseignement aucune trace. Ils sont bienfaisants, et ils estiment le dévouement dans l'amitié : la charité leur est inconnue. Ce n'est point une vertu antique ; toutefois Platon avait montré le sage, parvenu au faîte des choses intelligibles, redescendant au fond de la caverne pour détromper et délivrer ses compagnons de captivité ; ici, il n'y a pas de la charité le moindre pressentiment. Je résumerai d'un mot l'impression que me laisse cette morale : elle s'adresse à des gens *heureux ;* elle dit ce qu'est le bonheur pour le Grec d'Athènes contemporain d'Aristote, pour l'*honnête homme* d'alors, comme on eût pu dire au dix-septième siècle. Bonheur qui n'est ni mesquin ni vulgaire ; il consiste dans la réunion de ce qu'il y a de plus brillant, de plus exquis, de plus aimable : une libre et noble activité accompagnée de pures jouissances ; le mépris des choses insignifiantes, quoique les plaisirs humbles ne manquent pas et que le cortège des biens inférieurs ne soit pas rejeté ; l'amour du beau inspirant la conduite ; l'exercice viril des vertus sociales, civiles et politiques ; les calmes spéculations de la sagesse : quel mélange, quel juste tempérament ! et partout la pensée, guide et comme ouvrière de la vertu, puis suprême objet de la contemplation, pénétrant, animant, soutenant, gouvernant toutes choses, et enfin jouissant d'elle-même et trouvant dans cette jouissance une souveraine et divine douceur : une telle félicité était la plus haute qu'un Grec, purement Grec, pût concevoir, et c'est celle qu'Aristote, dans son *Éthique,* propose aux hommes.

CHAPITRE III

DU BEAU, OU DE LA RÈGLE MORALE SELON ARISTOTE.

Nous n'avons encore que tracé l'esquisse ou le tableau de la vie vertueuse et sage selon Aristote, et nous avons remarqué entre les idées du philosophe et le génie grec une constante conformité. Cherchons maintenant quels sont les principes de sa morale, et entrons un peu plus avant dans le fond des choses.

D'abord, quelle est la valeur de cette conception que nous trouvons partout présente, la conception du *beau*, du beau moral? C'est une règle : mais quelle espèce de règle? Elle vient de la droite raison : mais comment? Et puis, qu'est-ce au juste que la droite raison, et en quoi consiste son autorité?

Le beau est pour Aristote le nom propre de la moralité. Il trouve cette expression dans Platon, dans Xénophon, dans la langue commune. Parler du bien, ce n'est pas, chez les Grecs d'alors, faire penser d'emblée à la moralité; nommer le beau au sujet des actions humaines, c'est nommer ce qui en fait la valeur morale. Les Latins traduiront cela par *honestum*, par *decorum*, mots où l'idée de beauté est toute vive; le français, *honnête*, malgré l'origine latine, perdra à peu près toute signification esthétique : en grec, le beau moral a le nom même du beau, τὸ καλόν. Aristote accepte cette manière de parler. Il n'ajoute aucune épithète, aucune explication au mot καλόν. Il dit souvent τὰ καλά ou encore αἱ καλαὶ πράξεις. Ce qu'il joint à ces termes en plusieurs endroits, c'est un détail destiné à indiquer les formes de la beauté morale, ce n'est pas un commentaire ni un éclaircissement. Il juge superflu d'expliquer ce qui s'entend très bien, ou plutôt il n'y songe pas. Il n'a même pas la pensée d'étudier, d'approfondir ou de discuter la notion que le mot exprime. C'est pour lui une de ces notions parfaitement nettes qu'il suffit d'énoncer. Les belles choses dans l'ordre des actions humaines, τὰ καλά, ce sont les choses justes, tempérantes, courageuses, τὰ δίκαια, τὰ σώφρονα, τὰ ἀνδρεῖα[1]. Les belles actions, ce sont celles qui sont faites en vue du beau, καλοῦ ἕνεκα[2], pour le beau ou par l'attrait du beau, διὰ τὸ καλόν[3], selon le beau et par rapport au beau, πρὸς τὸ καλόν[4]. Le beau, c'est la fin même de la vertu, τέλος τῆς ἀρετῆς[5], et ce par quoi est définie l'ac-

1. *Eth. Nic.*, IX, viii, 5.
2. *Eth. Nic.*, III, vii, 6.
3. *Eth. Nic.*, III, vii, 1, 11, 12.
4. *Eth. Nic.*, IX, viii, 7; IV, i, 35.
5. *Eth. Nic.*, III, vii, 2.

tion vertueuse ; ce qui en détermine la valeur morale et permet de la qualifier, ὁρίζεται γὰρ ἕκαστον τῷ τέλει¹. Aristote, voulant exprimer les exigences de la moralité, emploie encore de préférence ce même mot : le beau. Et quelles exigences ! L'homme plein de vie et d'espoir, ouvert à toutes les nobles jouissances, va, pour l'amour du beau, affronter la mort, sachant ce qu'il perd, heureux pourtant. Un je ne sais quel charme l'emporte, charme que la raison approuve, charme divin. Il est beau d'endurer les dernières souffrances plutôt que de trahir sa parole, ou de violer la justice, ou d'abandonner un ami : il endurera les dernières souffrances². Il est beau de mourir pour la patrie : il mourra³. Quelle est donc l'étrange puissance de cette beauté que la raison découvre dans certaines actions ? Puissance incomparable, et, pour emprunter le langage de Bossuet, beauté exquise, agrément immortel de l'honnêteté : Aristote rend cela avec une vive et forte simplicité. On a un vrai courage quand on meurt là où il est beau de mourir⁴. En vue du beau, le courageux souffre et agit courageusement⁵. Il faut avoir du courage, non parce qu'on ne peut faire autrement, mais parce que cela est beau⁶. Il y a des choses dont l'homme a peur : il les doit affronter parce que c'est beau,

---

1. *Eth. Nic.*, III, vii, 6.
2. *Eth. Nic.*, III, 1, 7, 8.
3. *Eth. Nic.*, IX, viii, 9.
4. *Eth. Nic.*, III, vi, 12.
5. *Eth. Nic.*, III, vii, 13 ; viii, 11.
6. *Eth. Nic.*, III, viii, 5. Οὐ δι' ἀνάγκην, ἀλλ' ὅτι καλόν.

et que ne pas oser les affronter serait laid[1]. S'abandonner aux plaisirs, c'est ne vivre point selon le beau[2] : le tempérant ne veut pas de ces plaisirs qui sont contre le beau[3]. Mentir est laid : l'homme de bien dit la vérité, il est vrai, ἀληθεύει, et cela est beau[4]. Il y a une manière de donner qui n'est pas libérale : c'est celle qui n'est pas belle, n'ayant pas en vue le beau[5]. Il y a une façon mesquine d'agir tout en faisant de grandes dépenses : la petitesse de l'esprit se montre dans un petit détail, et cela fait disparaître, fait périr le beau[6]. Dans l'adversité parfois le beau éclate, διαλάμπει τὸ καλόν, car il y a une manière noble et pour ainsi dire gracieuse de porter les plus grandes misères, alors qu'on est patient, non par insensibilité, mais par générosité et par grandeur d'âme[7]. Pratiquer la tempérance, le courage, la justice, les différentes vertus, aimer ses amis[8], et les aimer jusqu'à se dévouer pour eux, c'est s'attacher au beau par un libre choix[9]. Celui qui meurt, estimant que mieux vaut vivre d'une manière belle, βιῶσαι καλῶς, que vivre plus longtemps, celui-là choisit, prend, se donne à lui-même une chose

1. *Eth. Nic.*, III, viii, 14.
2. *Eth. Nic.*, IV, i, 35. Καὶ διὰ τὸ μὴ πρὸς τὸ καλὸν ζῆν, πρὸς τὰς ἡδονὰς ἀποκλίνουσιν.
3. *Eth. Nic.*, III, xi, 8. Παρὰ τὸ καλόν.
4. *Eth. Nic.*, IV, vii, 6.
5. *Eth. Nic.*, IV, ii, 17; ii, 23.
6. *Eth. Nic.*, IV, ii, 21. Ὁ μικροπρεπὴς .... ἐν μικρῷ τὸ καλὸν ἀπολεῖ.
7. *Eth. Nic.*, I, x, 12. Ἐπειδὰν φέρῃ τις εὐκόλως πολλὰς καὶ μεγάλας ἀτυχίας, μὴ δι' ἀναλγησίαν, ἀλλὰ γεννάδας ὢν καὶ μεγαλόψυχος.
8. Ce qu'Aristote nomme φιλόφιλος. *Eth. Nic.*, VIII, i, 5, et viii, 4.
9. *Eth. Nic.*, IX, viii, 5... τὸ καλὸν ἑαυτῷ περιποιοῖτο.

grandement belle, αἱρεῖται μέγα καλὸν ἑαυτῷ. Si, en mourant, il assure à autrui de précieux avantages, à un ami la vie, à la patrie la liberté, lui a pour lui-même le beau, αὐτῷ δὲ τὸ καλόν, le beau, c'est-à-dire l'honneur de mourir et la beauté de la mort acceptée par amour du beau [1].

On pourrait multiplier les citations. Je n'oublie pas néanmoins qu'Aristote se sert quelquefois d'un autre mot, bien fort, bien expressif : il dit qu'il y a des choses qu'il faut faire ou subir, δεῖ πράττειν, δεῖ ὑπομένειν. Et ce n'est point l'inévitable nécessité des événements qu'il désigne par là. Ce qui nous est imposé par le cours fatal des choses, ce à quoi nous ne pouvons pas échapper, ce qui, dans une circonstance donnée, ne peut pas ne pas être pour nous, c'est ce qu'il nomme *nécessaire*, ἀναγκαῖον [2]. La force fatale contre laquelle se brise notre volonté impuissante, c'est l'ἀνάγκη. Dans ce qui est subi nécessairement il n'y a aucune beauté, nous l'avons vu : au nécessaire, τὸ ἀναγκαῖον, il oppose le beau, τὸ καλόν. Mais ce qu'il nomme δεῖ, c'est en beaucoup d'endroits cela même qu'il est beau de faire. Il *faut* faire ce qui est beau, c'est-à-dire on *doit* le faire. Ce que ce mot δεῖ exprime, c'est donc cette nécessité morale, cette sorte de contrainte morale, d'un caractère à part, que notre langue appelle le *devoir* [3]. Il y a des choses qu'il faut craindre, par exemple le

1. *Eth. Nic.*, IX, VIII, 7, 9.
2. *Eth. Nic.*, IV, 1, 17. — *Polit.*, VIII (V), III, 1 (1338ᵃ). Ἀναγκαῖον est opposé ici à ἐλευθέριον et à καλόν. Sur l'ἀνάγκη, voir *Phys.*, II, IX, 1.
3. Δεῖ, peut-être de δέω, lier, enchaîner. Platon, *Cratyle*, 418 E.

déshonneur, ἔνια γὰρ καὶ δεῖ φοβεῖσθαι καὶ καλόν [1]. Le tempérant désire ce qu'il faut, ἐπιθυμεῖ ὧν δεῖ, et comme il faut, καὶ ὡς δεῖ, et quand il faut, καὶ ὅτε, et c'est ce que prescrit la raison, οὕτω δὲ τάττει καὶ ὁ λόγος [2]. Il n'y a pas de vertu à donner, si l'on donne, non parce que c'est beau, οὐχ ὡς καλόν, mais parce qu'on ne peut faire autrement, ἀλλ᾽ ὡς ἀναγκαῖον : pour bien donner, donnez à qui il faut, quand il faut, et où cela est beau, διδόναι ὡς δεῖ, καὶ ὅτε, καὶ οὗ καλόν [3]. Les divers sentiments de l'âme sont vertueux, si l'on aime ou hait, si l'on se réjouit ou s'attriste, comme il faut, quand il faut, et autant qu'il faut, ἃ δεῖ φιλεῖ ἢ μισεῖ, οἷς δεῖ τέρπεται ἢ λυπεῖται [4]. Il y a des choses qu'aucune menace ne doit nous amener à faire : si la violence est telle qu'aucun homme ne la pourrait soutenir, alors faire ce qu'il ne faut pas (ὅταν διὰ τοιαῦτα πράξῃ τις ἃ μὴ δεῖ) est digne de compassion, d'excuse, de pardon; mais on doit résister le plus qu'on le peut, on doit ne pas se laisser forcer à mal faire, il faut plutôt mourir, ἔνια δ᾽ ἴσως οὐκ ἔστιν ἀναγκασθῆναι, ἀλλὰ μᾶλλον ἀποθνητέον, et mourir après avoir subi les dernières extrémités, παθόντα τὰ δεινότατα [5]. Certes, ce langage est d'une énergique précision, malgré la restriction inspirée par le sentiment de la faiblesse humaine (ἴσως, peut-être). Le mot δεῖ, et les termes

---

1. *Eth. Nic.*, III, vi, 3.
2. *Eth. Nic.*, III, xii, 9.
3. *Eth. Nic.*, IV, i, 17.
4. *Eth. Nic.*, X, i, 1. — II, iii, 2.
5. *Eth. Nic.*, III, i, 7-8.

analogues qui ont la même force, οὐκ ἔστιν, ἀποθνη-
τέον; désignent ce que nous appelons *devoir* et *obligation*. Voici encore une phrase où tous les caractères de l'action mauvaise sont résumés, et le trait saillant, c'est le manquement au devoir : par malice, préférer, choisir librement ce qu'il ne faut pas, διὰ κακίαν δ'αἱρεῖσθαι οὐχ ἃ δεῖ[1] : que peut-on dire de plus net?

Et pourtant, c'est bien la beauté qui demeure le propre caractère de la moralité. C'est le beau qu'Aristote considère le plus volontiers dans l'action morale. Il sait que cette beauté fait faire des choses qui coûtent beaucoup, et que la volonté, acceptant le sacrifice, endure pour l'amour du beau ce qu'on aimerait mieux ne pas avoir à subir : il démêle par une pénétrante et délicate analyse ce mélange de consentement et de regret, de ferme vouloir et d'involontaire souffrance. Mais il ne se demande pas ce qu'est l'*obligation*, ce qu'est le *devoir*, et le mot même qu'il emploie quand il envisage parfois les choses morales par ce côté, le mot δεῖ n'a pas chez lui un sens très précis. Ce qu'il faut faire, c'est ce qu'on *doit* faire, assurément, mais c'est aussi ce qu'il *convient* de faire, à peu près comme en français lorsque nous disons : voilà un homme *comme il faut*, ou : voilà une chose très bien faite, c'est tout à fait *comme il faut*, ou encore : nous *devons* agir ainsi, non pas précisément par un motif proprement moral, mais par un motif quelconque[2].

1. *Eth. Nic.*, III, 11, 14.
2. Voir dans Platon, *Rep.*, I, 336 D, le mot δέον semblant signifier ce

Maintenant, ce qu'il faut faire, ce qu'il convient de faire, ce qu'il est beau de faire, c'est ce que la raison prescrit, οὕτω δὲ τάττει ὁ λόγος[1]. La raison, la droite raison donne pour ainsi dire la *forme* à la vie humaine. Agir courageusement, par exemple, c'est agir en vue du beau, pour le beau, διὰ τὸ καλόν, c'est agir aussi en mettant aux choses leur vrai prix ou peut-être d'une manière digne de l'homme, ce qui revient au même, κατ' ἀξίαν[2], et cela, c'est agir selon la raison, καὶ ὡς ἂν ὁ λόγος[3]. Remarquons ces mots fréquents chez Aristote, ὡς ἂν ὁ λόγος, ὡς ὁ λόγος, point de verbe exprimé : *comme* la raison..... mais que fait-elle, la raison ? Là où Aristote nomme ce qu'elle fait, il dit qu'elle définit, ὁρίζει, qu'elle ordonne, τάττει. L'action morale est donc celle que demande la raison, ὡς ὁ λόγος, et la raison demande qu'on agisse de cette manière, parce qu'elle trouve dans cette action les caractères de la beauté humaine, la forme qui convient à l'homme, une détermination de l'activité conforme à la notion, à l'essence de l'homme, enfin un harmonieux arrangement des éléments fournis à la volonté par la nature et les circonstances, c'est-à-dire encore et toujours la

---

que l'on *doit* aux autres, mais non en un sens proprement moral, à en juger par le contexte et par ce qui est dit pages 331-332. Voir encore un curieux passage du *Cratyle*, 418 et suiv. sur les étymologies possibles du mot δέον. Aristote, *Top.*, II, III, 4, mentionne ce mot parmi les πολλαχῶς λεγόμενα, et il indique deux sens : οἷον εἰ τὸ δέον ἐστὶ τὸ συμφέρον ἢ τὸ καλόν.

1. *Eth. Nic.*, III, XII, 9.
2. *Eth. Nic.*, IV, II, 13. Περὶ τὴν ἀξίαν καὶ τὸ δέον, κατ' ἀρετὴν δὲ τὸ ὀρθῶς. — III, XI, 8... μᾶλλον ἀγαπᾷ τὰς τοιαύτας ἡδονὰς τῆς ἀξίας.
3. *Eth. Nic.*, III, VII, 2. Ὁ ἀνδρεῖος... ὡς ὁ λόγος ὑπομένει... κατ' ἀξίαν καὶ ὡς ἂν ὁ λόγος, πάσχει καὶ πράττει ὁ ἀνδρεῖος.

beauté. Aristote dit souvent que la raison est droite, ὁ ὀρθὸς λόγος. L'action morale, vertueuse, est selon la droite raison, κατὰ τὸν ὀρθὸν λόγον. Les vertus sont choses qui dépendent de nous, ἐφ' ἡμῖν, choses volontaires, ἑκούσια, et cette volontaire, cette libre activité reçoit sa forme de la droite raison, καὶ οὕτως ὡς ἂν ὁ ὀρθὸς λόγος προστάξῃ[1]. C'est dire que l'action vertueuse est comme un essai de réaliser un idéal. Elle est ce que la droite raison, la raison dans son absolue rectitude, demanderait qu'elle fût, ὡς ἂν προστάξῃ.

Est-ce l'obligation, au sens parfaitement précis du mot actuel, que désigne ce langage remarquable? Assurément, la notion d'obligation est là : qui en peut douter? Mais combien Aristote y insiste peu, même quand c'est d'elle qu'il parle, et combien il se soucie peu de l'analyser, de la définir! Il n'en parle, ce semble, que d'une manière commune, sans recherche de la précision philosophique, technique, et il ne demande point à la réflexion savante d'en déterminer les caractères. Veut-on presser ses paroles et y trouver un sens qui lui soit propre, un sens en relation étroite avec ses théories? Alors l'idée dominante exprimée par tous les mots dont il use, c'est l'idée d'ordre, de convenance, d'harmonie, de beauté, et la raison, la droite raison, c'est ce qui conçoit l'idéal de l'homme, de la vie humaine. Dirons-nous donc que les ordres de la raison, si nous traduisons ainsi ces termes, οὕτω τάττει, οὕτως

---

[1]. *Eth. Nic.*, III, v, 19-22.

ὡς ἂν προστάξῃ, dirons-nous que ces *ordres* sont des commandements exprès, *obligeant* la volonté, et penserons-nous avoir affaire ici à ce que Kant appelle l'*impératif catégorique?* Non, pas précisément : si nous perdons le sentiment des nuances et des délicatesses du langage d'Aristote, si nous le traduisons presque brutalement en langue moderne, la théorie se trouve dénaturée, faussée. Cette droite raison ordonne, τάττει, mais, sans jouer aucunement sur les mots, je dirai qu'elle a pour office bien moins de *donner des ordres* que de *mettre de l'ordre*. Elle *ordonne* moins à l'homme ceci ou cela, qu'elle n'*ordonne l'homme*, non *jubet*[1], dirai-je en latin, *sed ordinat*. Même quand elle *prescrit* une action, προστάττει, elle prescrit plutôt un bel arrangement, une belle disposition de l'âme et de la vie, qu'elle n'énonce un article de loi. La *forme* qu'elle donne est *esthétique* plutôt que *légale*. Elle *range* l'esprit, le sentiment, assignant à chaque chose sa place, déterminant ainsi la conduite, beaucoup moins analogue en cela à une loi qui commande qu'à un principe intime d'harmonie. *Régulatrice*, sans être à proprement parler *impérative*, elle est l'homme même se connaissant tel qu'il est dans la vérité de sa nature idéale-

---

[1]. Le mot κελεύει (*jubet*) n'est jamais employé dans les *Nicomachea* avec le mot raison pour sujet. Il est dit de la loi, V, 1, 14; V, xi, 1. Dans les *Eudemea*, au contraire, nous trouvons ceci (II, iii, 2) : Ἐν πᾶσι δὲ τὸ μέσον τὸ πρὸς ἡμᾶς βέλτιστον, τοῦτο γάρ ἐστιν ὡς ἡ ἐπιστήμη κελεύει καὶ ὁ λόγος. Mais ce n'est pas le sens kantien, ce n'est encore qu'un emploi analogue à celui que nous remarquons dans les *Eth. Nic.*, VI, 1, 2 : ὅσα ἡ ἰατρική κελεύει, et de plus il faut remarquer que dans les livres appartenant en propre aux *Nicomachea* le mot ne se trouve pas.

ment considérée. Elle est l'homme réel prenant pour ainsi dire conscience de son idéal et voulant donner à toutes ses actions la forme vraiment humaine. Si donc cette droite raison juge et décide, ses décisions mettent en évidence la beauté ou la laideur des actions, plutôt qu'elles ne commandent ou n'interdisent expressément ceci ou cela. Ce sont des définitions *pratiques*[1], ayant toujours un caractère *esthétique,* et c'est dans la société seule qu'elles deviendront des injonctions ou des prohibitions.

Il faut remarquer encore que la droite raison, exprimant en quelque sorte l'idéal de l'homme, ne procède point comme la raison spéculative, appliquée à la définition et à la démonstration des choses mathématiques. Celles-ci sont de pures abstractions. Les règles qui y président sont rigoureuses et ne souffrent point d'exception : elles ont, peut-on dire en traduisant Aristote par un mot de Leibniz, cette parfaite généralité qui vient de la nécessité[2]. Les choses réelles sont d'un autre ordre. Une si complète exactitude ne s'y trouve point, et comme elles sont elles-mêmes mobiles et souples, elles requièrent dans les règles qu'elles reçoivent une sorte de mobilité et de souplesse. Un corps vivant ne se traite pas comme un objet géométrique[3]. Une dé-

---

1. *Eth. Nic.*, II, vi, 15. Ἔστιν ἄρα ἡ ἀρετὴ ἕξις προαιρετική, ἐν μεσότητι οὖσα τῇ πρὸς ἡμᾶς, ὡρισμένη λόγῳ, καὶ ὡς ἂν φρόνιμος ὁρίσειε.
2. *Eth. Nic.*, VI, iii, 2. — *Anal. post.*, I, ii et iii, v. — *Metaph.*, XI (K), 1061ᵃ28; XIII (M), ii et surtout iii.
3. *Phys.*, II, ii, chapitre très remarquable. — *De Anima*, I, 1, 17. — *De Cælo*, III, 1, 299ᵃ16.

finition courte et précise n'en détermine pas l'essence ; une suite de raisonnements enchaînés les uns aux autres n'en épuise pas la nature et les propriétés. L'expérience révèle la réalité, qu'aucun artifice de raisonnement ne saurait deviner [1], et la raison, s'ajoutant à l'expérience pour l'interpréter, garde, dans ses conceptions universelles, quelque chose non pas d'incertain et d'indécis, mais de flexible en quelque manière, et, si on l'ose dire, de vivant [2]. Les choses humaines, les choses pratiques, plus complexes encore que les choses de la nature, offrent à un degré supérieur ce caractère remarquable. Elles sont indéterminées, peut-on dire, et ne souffrent que des règles indéterminées [3]. Elles n'ont pas la rigide simplicité de l'abstraction [4], elles ne tiennent pas dans le raccourci d'une formule. Les règles les mieux établies ne peuvent ni tout prévoir ni pourvoir à tout. Quelques cas se dérobent à leur empire. Personne d'ailleurs ne connaît bien ces choses sans en avoir l'expérience ; personne n'en juge bien si l'usage, si l'éducation, si la pratique personnelle ne lui en fournit le sens [5]. Or, rien n'est plus variable que cette connaissance propre à chacun, qui dépend de tant de choses, que tant d'influences diverses modifient. Où sera donc, dans le domaine des choses morales, la fixité, la consistance, l'universalité ? et qu'est-ce que

---

1. *Eth. Nic.*, I, IV, 7 ; VI, XI, 6. — *Phys.*, II, I, 6 ; VIII, III, 2, 3.
2. *Eth. Nic.*, I, VII, 19-21 ; VI, III, 3.
3. *Eth. Nic.*, V, X, 7. Τοῦ γὰρ ἀορίστου ἀόριστος καὶ ὁ κανών ἐστιν.
4. *Eth. Nic.*, II, II, 4, et en beaucoup d'autres endroits.
5. *Eth. Nic.*, I, III, 4, 5. — VI, VIII, 5.

cette raison, qu'on appelle droite, et qui semble changer de direction avec les humeurs des hommes et les circonstances extérieures?

Il faut entrer dans le fond des théories d'Aristote. Comprenons bien l'idée qu'il se fait de la raison dans la science même [1] : nous entendrons assez aisément le reste.

Pour Aristote, le point de départ de tout savoir, c'est l'individuel, et le même Aristote déclare que de l'universel seul il y a science. Mais l'universel dont il parle n'est point *séparé*, κεχωρισμένον, selon le mot qu'il emploie si souvent ; l'universel n'existe point à part, en soi ; il est dans chaque être, dont il exprime précisément ou dont il est même en un sens la forme, l'essence, j'allais dire l'idée directrice; il est dans chaque esprit qui le conçoit en considérant les choses et en y découvrant cette essence, cette forme, cette idée. Il est ce qui rend l'objet intelligible, et il est ce que l'intelligence saisit ou plutôt tire en quelque sorte d'ellemême en même temps que de l'objet, quand elle entre en acte et est proprement intelligente. Ainsi l'universel est au sein de l'individuel, et c'est comme une double évolution qui l'en fait sortir, celle de la vie qui le réalise, celle de la pensée qui l'abstrait du réel même. Engagé dans ce qui vit, il se manifeste cependant en se réa-

---

1. Nous nous appuyons ici sur la *Métaphysique*, le *Traité de l'Ame* et les *Analytiques*. Les textes de la *Métaphysique* sont très nombreux : voir surtout XI (K), XII (Λ), XIII (M). Dans le *De Anima*, voir notamment III, iv-viii, et dans les *Analyt. poster.*, I, xviii et surtout xix : ce dernier chapitre est très important. Consulter aussi le *De Memoria*, 449^{b}30.

lisant ; mais l'esprit qui sait comprendre cette manifestation, le dégage de la réalité et se donne, de ce qui est la raison profonde de la réalité, un spectacle idéal. L'abstraction est donc le procédé propre de l'intellect humain, procédé nécessaire, mais procédé seulement, ou moyen, transitoire par conséquent, et sans autre valeur que de préparer autre chose. Si l'abstrait fait perdre de vue le réel, on n'a pas la vraie science. Si l'abstrait, conçu à part, et prenant une sorte d'existence propre, se substitue au réel, la fiction envahit tout, fiction spéculative, fantôme de science, vaine et vide manière de penser et de parler, κενολογεῖν[1]. Hors des mathématiques, le pur abstrait est sans prix, et dans les mathématiques mêmes, il faut le tenir pour ce qu'il est, c'est-à-dire l'abstrait, et se garder de lui prêter une existence réelle. L'extrême rigueur de la géométrie ou de l'arithmétique vient de l'extrême simplicité des conceptions abstraites qu'on y considère. Mais l'origine de ces conceptions est dans la réalité, dans les qualités et propriétés des corps réels. Toujours la pensée, quoi qu'elle étudie, est ramenée à l'individu. Ce n'est pas sa faiblesse qui la condamne à ne voir l'universel que dans l'individu : plus puissante, elle l'apercevrait plus vite et le saisirait d'un regard plus sûr, mais elle ne le trouverait pas ailleurs, je veux dire, existant comme une chose en soi, puisqu'il n'a pas et ne peut avoir une telle existence. Nulle part il n'y a quelque chose de *sé-*

---

1. *Metaph.*, I (A), ix, 991ᵃ21 ; XIII (M), v, 1079ᵇ26.

paré qui soit l'humanité : il y a des hommes, des hommes réels, et en chacun se réalise, d'une manière plus ou moins complète, l'essence de l'homme, laquelle est universelle. Encore moins y a-t-il quelque chose de *séparé* qui soit la cause, l'essence, la fin : chaque être a un principe d'action ou moteur, une essence propre, une fin, en un mot une nature qui est sa nature. Les différents êtres sont reliés entre eux par des analogies que l'esprit remarque, et ainsi la théorie des causes ou principes de l'être en tant qu'être est possible. Il y a aussi une échelle hiérarchique des êtres, et ainsi la théorie de l'univers se construit. On comprend comment chaque degré d'être est à la fois *puissance* et *acte,* puissance par rapport à ce qui le suit, acte par rapport à ce qui le précède, à l'exception de je ne sais quelle matière, absolument informe, puissance pure, réceptivité primitive, à l'exception aussi de l'être immobile, éternel, parfait, acte pur, forme sans matière, Dieu. Savoir, c'est donc, non pas placer au-dessus du monde réel un autre monde, idéal, intelligible, mais pénétrer en quelque sorte le secret de la composition et de l'existence du monde réel, saisir ce qui le soutient, l'explique, en rend raison, apercevoir les éléments qu'il suppose et les principes intelligibles qui en sont comme l'âme. L'idéal est dans le réel, l'idéal est ce qui constitue le réel, et les infirmités de la réalité consistent en ce que l'idéal qui la constitue est comme empêché par quelque obstacle. Le réel et l'idéal, dans le fond des choses, ne s'opposent pas : avoir des défauts, c'est être moins soi-même, au-dessous de son idéal, sans doute, et aussi et par cela même, moins réel. Dans les hauteurs de l'existence, si je puis parler ainsi, comme dans les hauteurs de la spéculation, c'est encore la même manière de comprendre la réalité. Aristote sortant de la physique ou considération de la nature, c'est-à-dire de l'existence mobile, entre dans la métaphysique ou considération de ce qui passe la nature, c'est-à-dire de l'existence immobile. Ici le réel et l'idéal, l'universel et l'individuel coïncident. Et comment? parce que l'être n'a rien qui ne soit que virtuellement et en puissance : ce qu'il possède, il ne le possède pas d'une manière morne ; ce n'est pas un *état*, ni même une *disposition*, c'est une action vive et continue : ce qu'il a, il l'a actuellement, il l'est actuellement, ἐνεργεῖ δ'ἔχων[1]. En lui donc aucune disproportion entre l'idée et le fait, entre ce qui doit être et ce qui est, entre l'idéal et la chose même ; et voilà pourquoi, n'étant ni un abstrait ni une collection d'abstractions, il a pourtant la vraie universalité, comme aussi, n'ayant point les limites des individus toujours plus ou moins chétifs dont se compose la nature, il a pourtant la vraie individualité. Il ne se perd point dans le vague de la notion indéfinie, dont l'extension est vaste parce que la compréhension en est nulle. Il ne se resserre point dans les bornes étroites de l'existence telle que notre expérience nous la fait connaître, existence précise, mais toujours courte par quelque endroit. Il a, dans sa riche simpli-

---

1. *Métaph.*, XII (Λ), vii, 1072b.

cité, de quoi suffire à tout et de quoi se suffire à lui-même. L'esprit humain, quand il connaît, est en quelque sorte toutes choses [1], parce qu'il tient dans ses notions les formes intelligibles des êtres. A peu près aussi, et beaucoup mieux, Dieu, suprême idéal et suprême réalité, est, non par des notions imparfaites et par une science diffuse, mais par son être même et sa perfection, la raison d'être de tout, le principe de tout; et, sans sortir de son éternel repos, il est, non par une action semblable à celle d'un artiste, mais par son être encore et par sa perfection, la fin qui attire tout et où tout aspire : donc la source et le terme, donc ce qui explique tout, donc ce qui fait que les choses sont : et par conséquent, en ce sens, on peut le dire sans fausser la pensée d'Aristote, l'universel véritable est tout être, en même temps que l'individu le plus individuel, l'être singulier et unique, une personne, au sens le plus parfait du mot.

La raison humaine a pour office de penser l'universel dans l'individuel. Appliquée aux choses de la vie, aux choses morales, si diverses, si complexes, elle ne peut enfermer l'universel en des formules d'une rigueur géométrique. Ce n'est pas que l'universel fasse ici défaut. Au fond, l'universel, en morale, c'est l'idée même ou l'idéal de l'homme. Chacun porte en soi cet idéal, partout le même, mais sans cesse diversifié par toutes sortes de circonstances. A chacun de le chercher, de le retrou-

---

1. *De Anima*, III, viii, 1. Ἡ ψυχὴ τὰ ὄντα πώς ἐστι πάντα.

ver, de le reconnaître sous ce qui le cache, le déguise, le dissimule. A chacun de refaire, de faire l'homme en soi-même, et de dégager, en le faisant, le type d'après lequel il le fait. On le possède, ce type, puisqu'on est homme; on se dirige d'après ce type, dès qu'on s'efforce d'être bien un homme; mais plus on s'y conforme, mieux on le connaît. A mesure qu'on se parfait, on se sait davantage. Qui aurait une vertu parfaite, aurait un parfait savoir. On ne se connaît aux choses, on n'est compétent pour en juger, que si on a avec elles un commerce immédiat et continuel. Là où il s'agit non de spéculation, mais de pratique, le jugement n'est ferme et sûr que grâce à la pratique, laquelle seule lui fournit les données indispensables [1]. La raison, la saine raison, celle qui discerne l'idéal de l'homme κρίνει ὀρθῶς ou καλῶς [2], c'est celle de l'homme qui conforme sa vie à cet idéal. Et il n'y a point ici de cercle. La raison, n'est-ce pas l'homme? La raison ne manque à personne; les premiers éléments de la vertu sont en vous, en moi, en tous, par cela seul que nous sommes hommes. Selon ce

---

1. C'est en ce sens qu'Aristote dit que les principes de la morale sont connus par l'habitude, ἐθισμῷ, *Eth. Nic.*, I, vii, 21. Comparer X, ix, 6. Ces « principes accoutumés » comme l'on pourrait dire d'après Pascal, sont conformes à la nature et à la raison : on les découvre en en usant : l'habitude, la pratique, les mettant en œuvre, les met en relief : car ils sont l'homme même. Ἠθική, (ἀρετή) vient de ἔθος, dit Aristote, le caractère moral supposant la nature, II, i, 1-4. Ni la vie morale ni la morale ne sont toutes faites en nous : c'est notre part d'activité que l'ἔθος représente.

2. *Eth. Nic.*, I, iii, 5. Ἕκαστος κρίνει καλῶς ἃ γινώσκει. — I, viii, 13. — III, iv, 4. Κρίνει ὀρθῶς ὁ σπουδαῖος. — X, ix, 20. Τὸ κρίναι ὀρθῶς μέγιστον, ὥσπερ ἐν τοῖς κατὰ μουσικήν· οἱ γὰρ ἔμπειροι περὶ ἕκαστα κρίνουσιν ὀρθῶς τὰ ἔργα.

que nous ferons de ces germes de lumière et de moralité, nous serons de plus en plus hommes, ou nous le serons de moins en moins. La raison deviendra plus nette ou s'obscurcira. Nous serons clairvoyants ou aveugles. Notre sens sera sain ou corrompu. Nous serons donc aptes à juger ou incapables de juger, en même temps que nous serons bons ou mauvais. En toutes choses le jugement appartient à celui qui, étant sain et ayant pour ainsi dire des organes intacts, est en état de voir ce qui est tel qu'il est. Le bon juge est, dans l'ordre des choses visibles, par exemple, celui qui a de bons yeux. Quiconque est en bon état, pourvu d'un bon organisme, d'un bon esprit, σπουδαῖος, ἀγαθός, a ce qui est requis pour juger droitement, κρίνει ὀρθῶς, il est à même de discerner la réalité de l'apparence, le vrai du faux, il est bon juge, ἀγαθὸς κριτής[1]. L'homme vertueux est, dans l'ordre des choses morales, le seul vraiment compétent : c'est que seul il est l'homme complet, bien organisé, bien fait, σπουδαῖος, ἀγαθός. La bonté de son jugement vient de la bonté de l'objet qu'il considère sans que rien offusque ou fausse sa vue. Portant en soi le vrai homme, il est à la fois l'objet à voir dans sa perfection, et le sujet capable de voir, également dans sa perfection.

De là ces propositions qui reviennent si souvent dans l'*Éthique* d'Aristote. L'homme de bien est comme la règle et la mesure des choses qu'il voit, καὶ διαφέρει

---

[1]. *Eth. Nic.*, III, IV, 3, 4. — I, III, 5. — Voir encore X, V, 9 et 10.

πλεῖστον ἴσως ὁ σπουδαῖος τῷ τἀληθὲς ἐν ἑκάστοις ὁρᾶν, ὥσπερ κανὼν καὶ μέτρον αὐτῶν ὤν¹. En chaque chose, il semble bien que la mesure, c'est la vertu et l'homme bon, ἔοικε γὰρ μέτρον ἑκάστῳ ἡ ἀρετὴ καὶ ὁ σπουδαῖος εἶναι². Ce qui est la mesure de chaque chose, c'est la vertu, et celui qui est bon, en tant qu'il est tel, καὶ ἔστιν ἑκάστου μέτρον ἡ ἀρετή, καὶ ὁ ἀγαθός, ᾗ τοιοῦτος³. Chacun a en soi comme un sentiment juste, fin, délicat de ce qui est bon et de ce qui ne l'est pas, chacun, je veux dire par là non le premier venu, non l'homme incomplet, mais tout homme en qui la nature humaine est développée, complète, vraiment comme elle doit être, vraiment elle-même, ni corrompue, ni abaissée, ὁ σπουδαῖος, ὁ ἀγαθός, ὁ ἐπιεικής, par opposition à κακός ou φαῦλος : ainsi le musicien se plaît aux beaux chants et est péniblement affecté par les mauvais⁴. La raison de chacun est donc juge, mais parce qu'elle est l'expression de l'universelle vérité; le plaisir même de chacun est l'indice de la valeur des choses, mais parce que ce plaisir est lui-même selon la vérité. La droite raison ne rend pas des sentences abstraites : elle est cette vive et nette intelligence qui saisit en chaque chose ce qui est à faire, ὀρθὸς δὲ λόγος περὶ τῶν τοιούτων ἡ φρόνησις

---

1. *Eth. Nic.*, III, IV, 5.
2. *Eth. Nic.*, IX, IV, 2.
3. *Eth. Nic.*, X, V, 10. — Voir un passage fort curieux, *Eth. Nic.*, II, VI, 9. Εἰ δή, οἱ ἀγαθοὶ τεχνῖται πρὸς τοῦτο (τὸ μέσον) βλέποντες ἐργάζονται, ἡ δὲ ἀρετὴ πάσης τέχνης ἀκριβεστέρα καὶ ἀμείνων ἐστὶν ὥσπερ καὶ ἡ φύσις, τοῦ μέσου ἂν εἴη στοχαστική.
4. *Eth. Nic.*, IX, IX, 6. Καθάπερ ὁ μουσικὸς τοῖς καλοῖς μέλεσιν ἥδεται, ἐπὶ δὲ τοῖς φαύλοις λυπεῖται.

ἐστί¹. Un sentiment l'accompagne. On peut mettre son plaisir dans ce qui est mauvais², et s'abstenir, par peur de la peine, de ce qui est beau³. Mais dans l'homme bon, le sentiment est d'accord avec la raison : d'une âme bonne, saine, bien réglée, il ne s'élève rien qui ne soit de même sorte ; ou si quelque chose de discordant se produit, la dissonance est péniblement sentie. Le plaisir du sage est le plaisir vrai⁴. Aussi bien, en celui qui est bon, la partie passionnée de l'âme est elle-même toute pénétrée de raison : de concert avec la raison, elle porte, elle aussi, par ses mouvements non moins droits que vifs, vers les choses les meilleures, ὀρθῶς γὰρ καὶ ἐπὶ τὰ βέλτιστα παρακαλεῖ⁵.

N'est-ce point la conscience qu'Aristote décrit en tout ceci ? Il semble étonnant qu'il ne l'ait pas nommée, d'autant plus qu'il a fortement marqué le rôle de la volonté dans l'action morale. Il trouvait dans la langue un mot tout prêt, il n'avait qu'à le prendre. Démosthènes ne parlait-il pas de ce qu'il appelait τὸ συνειδός⁶ ? Ce n'était pas tout à fait la conscience morale, mais d'un sens à l'autre la distance était-elle donc si grande ? Et qui semblait mieux préparé qu'Aristote à la franchir ? Comment ses profondes analyses du volontaire et de l'involontaire, jointes à cette conception si re-

---

1. *Eth. Nic.*, VI, XIII, 4, 5. Comp. *Rhetor.*, I, IX, 13.
2. *Eth. Nic.*, X, V, 10.
3. *Eth. Nic.*, II, III, 1. Διὰ τὴν λύπην τῶν καλῶν ἀπεχόμεθα.
4. *Eth. Nic.*, I, VIII, 10-13 ; X, V, 9-11.
5. *Eth. Nic.*, I, XIII, 15.
6. Démosthènes, *De Corona*, § 110.

marquable de la raison pratique, mesure et juge du bien, ne l'ont-elles pas amené à nommer ce qu'il connaissait et décrivait si admirablement? Dans l'acte moral et dans l'état d'âme qui en est la suite, n'avait-il pas noté la part du sentiment, et sa théorie du plaisir naissant de l'action, du plaisir le plus doux naissant de l'action la plus belle et la plus parfaite, ne le rendait-elle pas très particulièrement apte à faire de la conscience morale une complète étude ? D'où vient que pour trouver le nom de conscience, il faut passer par-dessus Aristote et aller jusqu'aux stoïciens, et encore, selon toute apparence, aux stoïciens d'une époque relativement avancée ? Le mot συνείδησις se trouve dans la traduction de la Bible par les Septante [1]. Plus tard, les Épîtres des Apôtres en offrent plusieurs exemples [2]. Parmi les écrivains profanes, Diodore de Sicile et Denys d'Halicarnasse [3] sont les premiers où nous le rencontrions, et, avec eux, nous sommes au temps de César et d'Auguste. Sans doute, si des historiens et des critiques littéraires, comme Diodore et Denys, lui donnent l'acception proprement morale, c'est que les philosophes avaient inauguré et consacré cette acception : elle devait se rencontrer dans les stoïciens de la seconde période du stoïcisme grec, dont il ne nous reste que peu de fragments, et Cicéron

---

1. *Ecclesiastici liber*, XIII, 30. — *Sapient.*, XVII, 10.
2. Saint Paul, *Rom.*, II, 15, et XIII, 5; I *Cor.*, VIII, 7; II *Cor.*, I, 12; I *Tim.*, I, 5; *Tit.*, I, 15. — Saint Pierre, I, III, 21.
3. Diodore de Sicile, *Biblioth. Histor.*, IV, 65. Διὰ τὴν συνείδησιν τοῦ μύσους εἰς μανίαν περιέστη. — Denys d'Halicarnasse, *De Thucydide Judicium*, 825, 15. Κράτιστον δὲ πάντων τὸ μηδὲν ἑκουσίως ψεύδεσθαι μηδὲ μιαίνειν τὴν αὑτοῦ συνείδησιν.

qui les a tant étudiés et qui en a tant profité, employant souvent le mot latin *conscientia* en ce sens, atteste par cela même que le mot grec συνείδησις devait être devenu commun[1]. Quoi qu'il en soit, l'apparition en est tardive, et Aristote, qui a si bien fouillé dans la conscience, n'a pas su, pour la dénommer, s'emparer d'un nom désignant déjà une chose voisine et analogue. Qu'on y regarde bien, on verra qu'il n'y a là rien qui doive étonner. Ce qu'exprime la συνείδησις, c'est une vue proprement morale de soi-même et de ses actes, c'est une recherche des motifs d'action et du degré de culpabilité surtout, c'est un compte rendu intérieur rigoureux, sévère, c'est la déposition d'un témoin devant un juge qui instruit un procès et doit prononcer une sentence. Ce que l'on considère en soi, c'est ce qu'on a été eu égard à la loi morale : l'a-t-on observée, on mérite l'approbation du juge intérieur, l'a-t-on enfreinte, on mérite les secrets reproches de ce même juge. Ce n'est pas dans ces dispositions que l'homme se regarde dans Aristote. La droite raison juge, mais c'est à la façon d'un artiste. Elle décide ce qu'il y a à faire pour réaliser l'idéal; et quand l'œuvre est faite, elle prononce sur la valeur de l'œuvre, c'est-à-dire qu'elle décide si l'idéal est réalisé ou non, et jusqu'à quel point. L'idée qu'Aristote se fait de la responsabilité dans le for intérieur, est, peut-on dire, *esthétique* plutôt que proprement *morale*.

[1]. Diogène Laërce, VII, 85, l'attribue aux stoïciens dans le sens psychologique.

On s'explique par là comment, dans la langue de ce grand moraliste, si attentif à déterminer dans les actes humains la part et le rôle de la libre volonté (τὸ κατὰ προαίρεσιν[1]), il n'y a pas encore de mot propre pour désigner la *faute* ou le *péché*. Platon semblait bien avoir donné au mot ἁμάρτημα une signification morale[2], sans écarter néanmoins l'idée originale de méprise, de méconnaissance, d'erreur, puisque aussi bien dans les théories platoniciennes l'erreur et la faute se confondent. Aristote emploie ce même mot en des sens différents, et, dans chaque passage, c'est le contexte seul qui peut fixer l'acception précise. Il s'en sert quelque part pour qualifier des actes odieux que le terme d'injustice ne suffirait pas à flétrir[3]. Ailleurs, et c'est dans son *Éthique*, il nomme ἁμάρτημα ce qui n'est guère qu'un accident malheureux, ἀτύχημα, avec cette différence que l'auteur de l'acte est alors l'homme même, tandis que l'accident proprement dit suppose une cause extérieure; au reste, rien qui soit prévu ni voulu par l'agent; ce qu'il fait, il le fait sans intention, et s'il n'y a pas absence complète de connaissance, il n'y a au moins aucune malice[4]. Aristote n'a-t-il pas de mots pour désigner la faute? De celui qui fait tort à autrui avec intention (ὅταν δ' ἐκ προαιρέσεως ἡ βλάβη), il dit qu'il

---

1. *Rhetor.*, I, ix, 1367b 21.
2. Platon, *Lois*, V, 731 et suiv. Ὅτι τὸ πάντων ἁμαρτημάτων αἴτιον ἑκάστῳ γίγνεται ἑκάστοτε διὰ τὴν σφόδρα ἑαυτοῦ φιλίαν.
3. *Rhetor.*, II, xxii, 1396a 21.
4. *Eth. Nic.*, V, viii, 6, 7. Comparer VI, viii, 7, ix, 3, et VII, iv, 2, où le mot ἁμαρτία se trouve nettement défini : c'est l'*erreur*.

est injuste, ἄδικος, et puis il ajoute encore un autre mot, μοχθηρός[1]. L'injustice, ἀδίκημα, voilà le nom de la faute sociale. Que signifie μοχθηρός, ou μοχθηρία? L'étymologie fait penser à ce qui est pénible ; mais l'usage va plus loin : ce qui cause de la peine ici, c'est la volontaire dépravation, la volontaire dégradation de l'être qui a mal agi ; plus précisément encore, c'est la mauvaise et odieuse direction de la volonté, la *coupable* disposition du cœur, la *coupable* intention[2]. Aristote dit qu'il y a des torts commis διὰ μοχθηρίαν[3]. C'est à peu près le synonyme de κακία, avec une sorte de précision plus grande peut-être, le terme ayant moins d'usage hors de la morale. Κακία, c'est la mauvaise qualité de l'acte ou plus généralement de l'âme même, c'est la méchanceté et la malice. Agir ἄνευ κακίας, c'est agir sans malice[4]. Agir διὰ κακίαν, c'est agir par malice[5]. Quand on est l'auteur conscient d'une action mauvaise, αὐτῷ αἴτιος τοῦ κακὰ ποιεῖν, ou d'une disposition mauvaise de l'âme, ἕκαστος ἑαυτῷ τῆς ἕξεως ἐστί πως αἴτιος, on est mauvais, κακός[6]. Les mauvais états de l'âme, αἱ κακίαι, sont volontaires comme les vertus mêmes[7]. Dans un passage très remarquable, nous voyons que l'intempérance est blâmée, non pas seulement comme une erreur, οὐχ ὡς ἁμαρτία μόνον, mais aussi comme

1. *Eth. Nic.*, V, viii, 9.
2. *Rhetor.*, I, xiii. Ἐν τῇ προαιρέσει ἡ μοχθηρία.
3. *Eth. Nic.*, V, viii, 8.
4. *Eth. Nic.*, V, viii, 7.
5. *Eth. Nic.*, III, ii, 14.
6. *Eth. Nic.*, III, v, 17.
7. *Eth. Nic.*, III, v, 20.

κακία τις : comment traduire sinon en disant comme une faute¹? Voilà donc les termes qui désignent la faute morale, μοχθηρία, κακία, et Aristote les trouve dans la langue commune. Mais pourquoi et en quoi celui qui est déclaré mauvais est-il tel? C'est que volontairement il se déforme : n'ayant ni le sentiment ni le souci du beau, il offre au regard le spectacle choquant du désordre et de l'impuissance, du laisser-aller sans grâce, de l'anarchie intérieure². En lui ne se reconnaît plus l'homme véritable, l'homme tel qu'il doit être. C'est laid, c'est mal³. Et lui-même souffre de cette laideur. Mais est-ce là la culpabilité telle que nous l'entendons? Y a-t-il, comme dans le stoïcisme, violation d'une loi? Y a-t-il faute morale en ce sens tout à fait précis où la faute est *péché?* Ne parlons pas de la conscience chré-

1. *Eth. Nic.*, VII, iv, 2.
2. Στασιάζει γὰρ αὑτῶν ἡ ψυχή,... *Eth. Nic.*, IX, iv, 9.
3. Un tel homme est au-dessous de son rang d'homme, il est φαῦλος (οἱ δὲ φαῦλοι κατὰ προαίρεσιν λέγονται, *Top.*, iv, 5), et étant tel il commet une erreur, il manque son but, περὶ πάντα μὲν ταῦτα ὁ ἀγαθὸς κατορθωτικός ἐστιν, ὁ δὲ κακὸς ἁμαρτητικός : le bon va droit, le mauvais fait fausse route (*Eth. Nic.*, II, II, 7). Quant au sens du mot φαῦλος, il est facile à saisir si l'on remonte à l'étymologie. Φαῦλος, φαῦρος (dialecte dorien), παῦρος, tout cela marque indigence, manque, insuffisance : c'est ce qui est peu et trop peu, c'est ce qui est au-dessous du niveau désirable : donc ce qui est mesquin, bas, vil, ou de mauvaise qualité, et on oppose φαῦλος à ἐπιεικής, lequel marque ce qui est convenable et comme il faut, ou à σπουδαῖος, lequel désigne une chose faite avec soin, sérieusement, bien constituée, de bonne qualité, et, par suite, noble et digne d'estime et d'intérêt. Il y a dans la *Poétique*, xv, un texte curieux où le sens primitif de φαῦλος se voit bien : Aristote dit que la femme et l'esclave eussent-ils toutes les qualités que demande leur condition et fussent-ils moralement bons (χρηστή, χρηστός), cela n'empêcherait pas la femme d'être inférieure à l'homme, et l'esclave d'être chose absolument vile : καίτοι γε ἴσως τὸ μὲν χεῖρον, τὸ δὲ ὅλως φαῦλόν ἐστι. La moralité, dans ce sujet infime, serait d'ordre inférieur. Voir *Rhet.*, I, ix, 1367ᵃ17. Καὶ αἱ τῶν φύσει σπουδαιοτέρων ἀρεταὶ καλλίους.

tienne : ceci en est manifestement trop loin[1]; mais la conscience stoïcienne n'a-t-elle pas un caractère *moral* que nous ne trouvons pas ici? Les jugements de la droite raison, telle que l'entend Aristote, posent les conditions de la beauté humaine, plutôt que de la moralité proprement dite. Si nous interprétons ses formules dans leur sens propre et original, selon ses idées plus que selon les nôtres, c'est toujours l'ordre, la convenance, la proportion, l'harmonie, enfin, qu'il s'agit de reconnaître dans les actions humaines : cette raison pratique dont il est parlé, c'est la conscience assurément, mais non la conscience avec le sentiment de la responsabilité proprement morale, avec les sublimes terreurs qu'inspirent le péché et ses suites, avec le respect profond, absolu, pour une loi souveraine, impérieuse, inflexible, en même temps que sage et bonne, c'est la conscience, avec d'exquises délicatesses d'artiste, avec le dégoût pour la laideur, avec un vif amour de tout ce qui est noblesse, grâce, beauté.

C'est dans la société que l'idéal, règle tout intellectuelle, devient *loi* proprement dite, νόμος. La raison s'exprime, s'arme aussi, en quelque sorte, et là nous trouvons l'autorité et les sanctions. L'approbation devient là louange, la désapprobation, le blâme, et des récompenses sont proposées pour les belles actions, des peines sont édictées contre les transgressions de la loi.

---

1. Dans le *Nouveau Testament*, ἁμαρτία a le sens de péché. Les exemples abondent. Voir notamment Saint Paul, *Rom.*, vi, 1; Saint Pierre, I *Ep.*, ii, 22; Saint Jean, I *Ep.*, i, 9.

Mais, si l'on se souvient que la société, c'est, selon Aristote, l'état naturel de l'homme, et que plus la société est civilisée, plus cette perfection, qui vient du temps et de l'art, est conforme à la nature vraie[1], on comprendra que la *loi*, tout en ayant un caractère proprement social, tienne de la raison, de la droite raison, ce qui la constitue essentiellement, et que, considérée seulement dans l'ordre social, civil, politique, elle y ait presque la valeur de ce que nous appelons la *loi morale*, avec cette différence toutefois que le caractère *esthétique* de la règle idéale est toujours prédominant. Rien de plus curieux, rien de plus instructif que l'histoire de ce mot νόμος et que l'emploi qui en est fait dans Aristote.

On cite très souvent un fragment de Pindare, bien remarquable en effet. Νόμος πάντων βασιλεύς[2]. La loi c'est la reine du monde; c'est la maîtresse souveraine de tous. On reconnaît là cette fierté du citoyen grec, que rendra si bien Aristote lui-même dans sa *Politique*, quand il déclarera que mieux vaut l'empire des lois que celui des hommes[3]. Mais qu'est-ce que Pindare entend par ce

---

1. *Polit.*, I, 1, 8, 1252b. Πᾶσα πόλις φύσει ἐστί... ἡ δὲ φύσις τέλος ἐστίν· οἷον γὰρ ἕκαστόν ἐστι τῆς γενέσεως τελεσθείσης, ταύτην φαμὲν τὴν φύσιν εἶναι ἑκάστου. — I, 12, 1253a. Φύσει μὲν οὖν ἡ ὁρμὴ ἐν πᾶσιν ἐπὶ τὴν τοιαύτην κοινωνίαν· ὁ δὲ πρῶτος συστήσας, μεγίστων ἀγαθῶν αἴτιος· ὥσπερ γὰρ καὶ τελεωθὲν βέλτιστον τῶν ζώων ὁ ἄνθρωπός ἐστιν, οὕτω καὶ χωρισθὲν νόμου καὶ δίκης χείριστον πάντων. — Voir encore II, v, 11, 12.

2. Cité par Hérodote, III, 38, et par Platon, *Gorgias*, 484 B, où nous lisons: Νόμος δὲ πάντων βασιλεὺς θνατῶν τε καὶ ἀθανάτων. Voir Grote, *Plato and the others companions of Sokrates* (3e édit., Londres, 1875), t. I, p. 253 et suiv., avec les notes qui sont très curieuses.

3. *Polit.*, III, xi, 3 et 10, 1286.

mot νόμος? Est-ce la loi non écrite, la loi éternelle? Probablement, du moins entrevue comme ordre suprême des choses. Est-ce aussi la loi écrite? Oui, mais pas toute seule. La loi, νόμος, c'est cette chose sociale, cette puissance publique, cet ensemble des coutumes et des usages non moins que des institutions et des prescriptions proprement légales, c'est tout ce en quoi se résume la vie de la cité, ce qui vient de la tradition et que consacre une origine antique, ce qui vient des législateurs et qui trouve dans les récompenses ou dans les peines publiques une sanction, ce qui vient de la religion, des mœurs, des habitudes, et qui s'exprime dans la louange ou dans le blâme, dans les sentences de l'*opinion*, mélange singulier, réseau immense et serré, pouvoir vague, règle mobile, mais impérieuse, quelquefois maudite, toujours consultée, rarement désobéie.

Singulière destinée de ce mot νόμος. Tantôt nous le voyons opposé à la nature, φύσις, et tantôt c'est ce qu'il y a d'intelligible et de réglé dans la nature même qu'il semble exprimer.

Recourons à l'étymologie du mot. Il vient de νέμω, et l'idée d'une distribution régulière est au fond de tous les sens que nous lui reconnaissons. S'il devient dans la langue musicale terme technique désignant le *rythme*, le *mode*, n'est-ce point qu'un arrangement, une certaine combinaison, une certaine distribution réglée des sons constitue précisément un *mode* musical et distingue celui-ci de celui-là? Tout ce qui est ordre, rangement, est loi. Aristote pourra dire avec vérité : ὁ δὴ νόμος τάξις τις¹. La loi met chaque chose en son rang, à sa place, mais comment? Par un caprice, une fantaisie, une détermination arbitraire de l'esprit imparfaitement renseigné, ou, au contraire, conformément à l'essence vraie des choses, en vertu d'une vue nette et exacte de la réalité, et par une décision de la pensée qui possède la science? Dans le premier cas, la loi est en contradiction avec la nature, dans le second elle s'accorde avec elle; dans le premier cas, elle exprime ce qui semble, ce qui paraît, et elle est née de 'opinion, δόξα², elle n'a d'autre origine que la volonté qui la pose, θέσις³, elle est convention pure et simple, συνθήκη⁴; dans le second cas, elle exprime ce qui est, elle est par nature, φύσει, et selon la nature, κατὰ τὴν φύσιν⁵.

Les sophistes attribuent l'origine du beau et du juste à la *loi*. Veulent-ils dire que dans la *nature* tout est mêlé ou confondu, en sorte que la nature est indifférente au beau et au laid, au bien et au mal, au juste et à l'injuste, et que ces distinctions supposent un travail de la pensée établissant entre les choses telles que la nature nous les offre, une sorte de partage, une distribution, non pas fictive, mais idéale? Deux textes remarquables pourraient autoriser cette explication.

---

1. *Polit.*, III, xi, 3, 1287; VII (IV), iv, 5, 1326ᵃ.
2. Aristote et surtout Platon, et avant lui Parménide, opposent la δόξα à la science.
3. *Polit.*, IV (VI), xi, 4, 1298.
4. *Rhetor.*, I, xiii, 1-2. — *Eth. Nic.*, V, vii, 4-5.
5. *Rhetor.*, I, xiii, 1-2. — *Eth. Nic.*, V, vii, 2-5.

Archélaüs, disciple d'Anaxagore, n'était pas un sophiste : or, voici un fragment qui nous est parvenu sous son nom. Il disait que le juste et le laid sont non par la nature, mais par la loi, je traduis à dessein littéralement : Καὶ τὸ δίκαιον εἶναι καὶ τὸ αἰσχρὸν οὐ φύσει, ἀλλὰ νόμῳ[1]. Rapprochons cela d'un autre fragment, où il est dit que, selon Archélaüs, il y avait dans l'intelligence un mélange primitif[2]. Qu'est-ce à dire, sinon qu'à première vue, les choses telles que les présente la nature, sont indistinctes, et que la pensée y introduit ensuite la distinction en y mettant l'ordre, en les partageant et distribuant, non pas à son gré, mais du moins par un acte à elle propre, νόμος? Et c'est apparemment dans un sens analogue que Démocrite a pu dire que le chaud et le froid, le doux et l'amer, et en général toutes les qualités sensibles existent par ce qu'il nomme νόμος[3]. Ces distinctions supposent la sensation, qui est, comme la pensée, une sorte de distribution d'éléments confus, un partage entre ceci et cela ; et n'est-il pas remarquable que la proportion et la mesure, qui sont des caractères de la loi (ὁ νόμος τὸ μέσον, pourra dire Aristote[4]), se rencontrent déjà dans la sensation ; tout ce qui est ou trop fort ou trop faible échappant aux prises des sens.

---

1. Diogène Laërce, II, 16.
2. Οὗτος δὲ τῷ νῷ ἐνυπάρχειν τι εὐθέως μίγμα.
3. Sextus Empiricus, adv. Math., VII, 135. — Voir sur ce passage et sur les deux fragments d'Archélaüs La Philosophie de Socrate, par Alfred Fouillée, Paris, 1874, t. I, p. 57-59. Nous reproduisons l'interprétation ingénieuse et profonde qu'il donne de ces textes.
4. Polit., III, xi, 6, 1287b.

et ne donnant lieu à aucune perception distincte [1] ?

Si l'on attribuait au mot νόμος une signification analogue dans les discours des Sophistes, leurs propositions les plus choquantes pourraient recevoir une interprétation favorable. On ne peut nier cependant qu'ils n'aient été enclins à rendre la pensée en quelque sorte maîtresse des choses, non par cette prise de possession légitime qui est la *science*, ἐπιστήμη, mais par cette usurpation qui est l'*opinion*, δόξα. C'est en ce sens qu'ils ont dit, selon Platon, que s'il y a des choses belles, ce n'est point de par la nature, mais seulement de par la loi [2]. C'est en ce sens qu'ils ont déclaré que le laid n'a d'autre origine que l'opinion et la loi [3]. Et ce qui n'est qu'opinion leur a paru science ; et la volonté du législateur s'est identifiée pour eux avec la justice.

Mais voici que la loi va se réconcilier avec la nature. Aux lois écrites on oppose les lois non écrites. Et ce ne sont pas seulement les coutumes, les habitudes, les mœurs, cette discipline domestique et sociale qui s'établit par l'usage et se transmet par une sorte de marche continue : règles sans formules, et sur lesquelles reposent et dont dépendent les lois elles-mêmes [4]. Nous voyons éclater dans une pleine indépen-

---

1. *De Anima*, II, II, 13. Καὶ διὰ τοῦτο κρίνει τὰ αἰσθητά· τὸ γὰρ μέσον κριτικόν. — III, IX, 1... τῷ κριτικῷ ὃ διανοίας ἔργον ἐστὶ καὶ αἰσθήσεως. — Comparer *Eth. Nic.*, III, IV. Il faut remarquer comment κρίνειν se trouve ainsi rapproché de αἰσθάνεσθαι dans Aristote.

2. Platon, *Gorgias*, 482E. Ἃ φύσει οὐκ ἔστι καλὰ, νόμῳ δέ. — *Protagoras*, 337C. Φύσει, οὐ νόμῳ.

3. Platon, *République*, II, 359C. Δόξῃ... μόνον καὶ νόμῳ αἰσχρόν.

4. Thucydide, II, XXXVII, *Disc. de Périclès*, pense sans doute à cela quand il parle de lois, ὅσοι ἄγραφοι ὄντες αἰσχύνην ὁμολογουμένην φέρουσιν. —

DU BEAU OU DE LA RÈGLE MORALE.

dance et avec un empire souverain des lois non écrites, infaillibles, éternelles : ce n'est pas assez de dire d'elles qu'elles sont aujourd'hui et qu'elles étaient hier : elles *vivent* toujours, et personne ne sait quand elles ont commencé d'être. Voilà comment parle un poète ; on connaît cet admirable passage de l'*Antigone* de Sophocle[1]. Et Socrate disait la même chose : il montrait au sophiste Hippias qu'il y a des lois non écrites, partout les mêmes, et ayant pour origine la sagesse des dieux[2].

Platon ne donne guère aux mots νόμος et νόμιμα que leur signification usuelle[3]. S'il dit dans le *Timée* que certains mouvements se produisent contre les lois de la nature, κατὰ τοὺς τῆς φύσεως νόμους[4], l'expression est tout à fait digne de remarque, tant elle paraît moderne plutôt qu'antique ; mais partout ailleurs, ce que Platon place dans la région des choses divines

---

Platon, *Lois*, VII, 793 A, dit : Τὰ καλούμενα ὑπὸ τῶν πολλῶν ἄγραφα νόμιμα. Ces mots ne désignent pas autre chose, et plus loin, 807 et 823, il montre comment ce qu'il nomme ἐπιτηδεύματα contribue, non moins que les lois proprement dites, à régler l'esprit et la conduite des citoyens. (Voir Grote, *Plato*, t. I, p. 251, note et t. III, p. 378). — Aristote dit aussi dans le même sens ἀγράφων νόμων, dans ce dernier chapitre des *Eth. Nic.* (X, IX, 14), qui sert de transition à la *Politique*, et où le rôle de la tradition, de l'habitude et de l'éducation est si fortement marqué.

1. Sophocle, *Antigone*, v. 440. Aux ordres du tyran, Antigone oppose ce qu'elle appelle ἄγραπτα κἀσφαλῆ θεῶν νόμιμα, et elle ajoute :

Οὐ γάρ τι νῦν γε κἀχθές, ἀλλ' ἀεί ποτε
Ζῇ ταῦτα, κοὐδεὶς οἶδεν ἐξ ὅτου 'φάνη.

2. Xénophon, *Mémorables*, IV, IV.
3. Platon, *Lois*, I, 644 D. Ὁ νόμος... λογισμὸς γενόμενος δόγμα πόλεως κοινόν. Remarquons ce λογισμός. Nous allons trouver quelque chose d'analogue dans Aristote. Voir les textes des *Lois* cités note 4, page précédente.
4. Platon, *Timée*, 83 E.

et ce qu'il considère comme la raison et le principe de tout le reste, et en particulier comme l'origine de toute fixité, de toute règle constante, de tout ordre, ce sont les *idées :* il ne parle point de *lois.*

Cette histoire du mot νόμος nous ramène à Aristote : elle nous a préparés à bien comprendre les propositions que nous trouvons dans son *Éthique,* dans sa *Politique,* dans sa *Rhétorique.*

La loi est ordre et rangement, τάξις τις[1], non un ordre quelconque, mais un ordre conforme à la vérité et à la réalité, partant à la droite raison, τάξις ὀρθή[2]. Voilà du premier coup la loi mise d'accord avec la nature, et cela précisément parce que la loi est chose rationnelle : elle est raison, λόγος ὤν[3], mais raison qui s'impose, qui a assez de force pour prévaloir. Elle est raison, λόγος, c'est-à-dire arrangement et distribution raisonnable des choses, conformément à leur vraie nature et à leur essence, c'est-à-dire encore discours ou définition et décision raisonnable, exprimant et déterminant la conduite à tenir selon la valeur vraie des choses[4] : elle est donc justice et droit, δίκαιόν τι[5], elle est mesure et proportion, τὸ μέσον[6]; elle ne met pas dans les choses une chimérique unité qui, effaçant

1. *Polit.,* III, xi, 3, 1287ᵃ; VII (IV), iv, 5, 1326ᵃ.
2. *Eth. Nic.,* X, ix, 11.
3. *Eth. Nic.,* X, ix, 12.
4. *Eth. Nic.,* II, iii, 5. Aristote parle des plaisirs et des peines, et il dit qu'on est mauvais en les recherchant ou en les fuyant, ἢ ἇς μή, δεῖ, ἢ ὅτε οὐ δεῖ, ἢ ὡς οὐ δεῖ, ἢ ὁσαχῶς ἄλλως ὑπὸ τοῦ λόγου διορίζεται τὰ τοιαῦτα.
5. *Polit.,* I, ii, 18, 1253ᵃ.
6. *Polit.,* III, xi, 6, 1187ᵃ.

toutes les différences, ferait consister l'harmonie dans l'unisson et la cadence dans la répétition d'une note unique [1] : elle établit, entre des êtres divers et pourtant égaux à certains égards, une heureuse harmonie [2] : bonnes lois, bon ordre, c'est la même chose, εὐνομία, εὐταξία [3]. Elle vient donc de la pensée : elle a son origine dans la sagesse pratique et dans l'intelligence, elle est expression et effet de ce principe supérieur, λόγος ὢν ἀπό τινος φρονήσεως καὶ νοῦ [4]. Et elle impose une sorte de contrainte aux êtres qu'elle régit : elle ne les laisse pas suivre leur propre pente, elle les redresse et les ramène à elle, c'est-à-dire à la raison ; par une espèce de violence qui lui est propre, elle les ajuste et les assujettit à la règle, les maintient dans la droite ligne qu'elle leur trace, et ainsi les conforme d'une certaine manière à l'intelligence, les met et les garde dans l'ordre, les force à la rectitude, étant tout cela

1. *Polit.*, II, ɪɪ, 9, 1263ᵇ. A propos de l'unité que poursuit Platon dans sa *République*, Aristote dit : ὥσπερ κἂν εἴ τις τὴν συμφωνίαν ποιήσειεν ὁμοφωνίαν, ἢ τὸν ῥυθμὸν βάσιν μίαν.
2. *Polit.*, I, v, 7, 1260ᵃ. Ὁ δὲ λόγος ἀρχιτέκτων, comme tel il subordonne les choses les unes aux autres.
3. *Polit.*, VII (IV), ɪv, 5, 1326ᵃ. Καὶ τὴν εὐνομίαν ἀναγκαῖον εὐταξίαν εἶναι.
4. *Eth. Nic.*, X, ɪx, 12. Remarquer ce mot τινος. Déjà plus haut, § 11, il y a κατά τινα νοῦν. Ce langage tient sans doute à ce qu'il ne s'agit pas là de l'acte propre et essentiel de l'intelligence, mais d'une dérivation, d'une application soit de cette intelligence, soit de la sagesse pratique, en sorte qu'il y a là une chose produite par *quelque* intelligence, par *quelque* sagesse. Aristote entend peut-être aussi par là l'esprit du législateur qui est tel ou tel ; cette interprétation reviendrait d'ailleurs à la première par un détour. C'est l'œuvre de quelque intelligence, dirait-il : ce n'est pas l'acte de l'Intelligence souveraine, et qu'on ne suppose pas non plus je ne sais quelle raison générale, impersonnelle, que ne comportent point les théories d'Aristote.

elle-même, intelligence, ordre, droiture, avec la force pour faire prévaloir tout cela, ταῦτα δὴ γίγνοιτ' ἂν βιουμένοις κατὰ τινα νοῦν καὶ τάξιν ὀρθήν, ἔχουσαν ἰσχύν. Elle a donc un empire qui lui est propre, une puissance de contrainte, une force obligatoire, dirions-nous en langage moderne, et en nous souvenant que Kant ne craint pas de nommer le devoir une contrainte morale, ὁ δὲ νόμος ἀναγκαστικὴν ἔχει δύναμιν¹. Voilà ce qu'est la loi dans la société, si l'on en considère la raison d'être, le principe, la vraie origine.

Si un être se rencontrait qui eût la plus haute excellence concevable, la supériorité tout à fait éminente que lui donnerait sa vertu le mettrait au-dessus de la loi. Il serait lui-même la loi. Les autres n'auraient qu'à révérer une si haute dignité et à se soumettre à ce légitime empire. Un tel homme serait comme un dieu. Sa raison et sa volonté parfaitement droites le feraient roi². Aristote, en examinant la question au point de vue social

---

1. *Eth. Nic.*, X, ix, 11 et 12.
2. *Polit.*, III, viii, 1, 2, 7, 1284... Ὥσπερ γὰρ θεὸν ἐν ἀνθρώποις εἰκὸς εἶναι τὸν τοιοῦτον· ὅθεν δῆλον ὅτι καὶ τὴν νομοθεσίαν ἀναγκαῖον εἶναι περὶ τοὺς ἴσους καὶ τῷ γένει καὶ τῇ δυνάμει· κατὰ δὲ τῶν τοιούτων οὐκ ἔστι νόμος· αὐτοὶ γάρ εἰσι νόμος... ἄν τις γένηται διαφέρων κατ' ἀρετήν, τί χρὴ ποιεῖν;... οὐδ' ἄρχειν γε (φαῖεν ἂν δεῖν) τοῦ τοιούτου· παραπλήσιον γὰρ καὶ εἰ τοῦ Διὸς ἄρχειν ἀξιοῖεν μερίζοντες τὰς ἀρχάς. Λείπεται τοίνυν, ὅπερ ἔοικε πεφυκέναι, πείθεσθαι τῷ τοιούτῳ πάντας ἀσμένως, ὥστε βασιλέας εἶναι τοὺς τοιούτους ἀϊδίους ἐν ταῖς πόλεσιν. Cela s'accorde avec ce qu'Aristote dit dans l'*Éthique* de l'homme de bien règle et mesure des choses, nous l'avons vu. Il dit encore, *Eth. Nic.*, IV, viii, 10, que l'homme qui a l'âme bien placée, délicate, noble, libérale, ὁ δὴ χαρίεις καὶ ἐλευθέριος, garde en tout ce qu'il dit ou fait ce beau caractère, ces heureuses dispositions, οὕτως ἕξει, non en vertu de certaines règles précises et comme étrangères à lui, mais comme s'il était lui-même pour lui-même la loi, οἷον νόμος ὢν ἑαυτῷ.

et politique, et d'une manière tout antique, semble pourtant devancer Kant, et attribuer à la raison pure et à la volonté pure, affranchies de toute passion, l'*autonomie* et la *royauté*. Hors ce cas singulier d'une vertu absolument suréminente, c'est la loi qui doit être maîtresse dans les cités[1]. La volonté humaine n'est pas une règle sûre, οὐ γὰρ ἀσφαλὴς ὁ κανών[2]. Toute âme d'homme est nécessairement susceptible d'affection et de passion. La loi en est exempte. Quoique faite par des hommes, elle prend un caractère tout impersonnel, elle n'a que des prescriptions générales, où les intérêts particuliers n'ont point de part[3]; elle n'exprime plus que la pensée seule, la raison seule, dépouillée de tout le sensible et tout l'affectif, et on peut dire d'elle qu'elle est intelligence sans passion, sans inclination, ἄνευ ὀρέξεως νοῦς ὁ νόμος ἐστί. Vouloir que la loi commande, c'est vouloir que Dieu en quelque sorte commande : mettre dans le commandement la passion, c'est y introduire la bête[4].

1. *Polit.*, III, x, 3, 1287ᵇ; xi, 10, 1286ᵃ.
2. *Polit.*, II, vii, 7, 1272ᵇ.
3. *Polit.*, III, x, 4, 1286ᵃ. Ἀλλὰ μὴν κἀκεῖνον δεῖ ὑπάρχειν τὸν λόγον τὸν καθόλου τοῖς ἄρχουσι· κρεῖττον δ' ᾧ μὴ πρόσεστι τὸ παθητικὸν ὅλως ἤ ᾧ συμφυές· τῷ μὲν οὖν νόμῳ τοῦτο οὐχ ὑπάρχει, ψυχὴν δ' ἀνθρωπίνην ἀνάγκη τοῦτ' ἔχειν πᾶσαν.
4. *Polit.*, III, xi, 4, 1287ᵃ. Ὁ μὲν οὖν τὸν νόμον κελεύων ἄρχειν δοκεῖ κελεύειν ἄρχειν τὸν θεὸν καὶ τὸν νοῦν μόνους· ὁ δ' ἄνθρωπον κελεύων, προστίθησι καὶ θηρίον· ἥ τε γὰρ ἐπιθυμία τοιοῦτον, καὶ ὁ θυμὸς ἄρχοντας διαστρέφει καὶ τοὺς ἀρίστους ἄνδρας· διόπερ ἄνευ ὀρέξεως νοῦς ὁ νόμος ἐστί. J'adopte la correction de M. Richard Congreve dans sa belle édition de la *Politique*, Londres, 2ᵉ édition, 1874 (τὸν νοῦν μόνους au lieu de τοὺς νόμους). — Aristote, se faisant de la loi cette haute idée, veut que les magistrats en soient les gardiens et les ministres, νομοφύλακας καὶ ὑπηρέτας τοῖς νόμοις, III, xi, 3. Ces mots se trouvent d'ailleurs dans Platon, *Lois*, IV, 715B; VIII, 840B, et en plusieurs autres endroits. — Aristote dit encore,

On ne peut dire avec plus de force que la loi est essentiellement raison. Dans la cité bien ordonnée, la loi proprement dite, émanant de législateurs sages, consentie par le peuple, remaniée quand c'est nécessaire, mais avec prudence et précaution, dominant toute la vie sociale et même toute la vie individuelle, c'est l'expression aussi parfaite que possible de la droite raison. Mais la loi écrite ne suffit pas à tout. Il y a la loi non écrite ; il y a les décisions de l'équité, qu'aucun texte positif n'inspire. Où prend-on cette hardiesse de corriger la loi positive? Dans une loi supérieure, et Aristote cite par deux fois les beaux vers de Sophocle que nous rappelions plus haut[1]. Chose remarquable il ne fait ici aucune allusion à Socrate. C'est du poète qu'il parle, et il montre l'équité s'appuyant, pour porter ses sages arrêts, sur ces lois éternelles et infaillibles dont la formule n'est nulle part ; c'est la loi commune, κοινὸς νόμος, car c'est la loi conforme à la nature, τὸν κατὰ φύσιν νόμον, et il dit que c'est ce que tous entendent par cette justice commune et naturelle, par ce *droit* naturel, φύσει κοινὸν δίκαιον[2], φυσικὸν δίκαιον[3], auquel il assigne ailleurs pour caractère d'être immuable, ἀκίνητον, et d'avoir partout la même puissance, καὶ πανταχοῦ τὴν αὐτὴν ἔχει δύναμιν[4].

Eth. Nic., V, vi, 5, ces remarquables paroles : Διὸ οὐκ ἐῶμεν ἄρχειν ἄνθρωπον, ἀλλὰ τὸν νόμον.

1. *Rhetor.*, I, xiii, au début, et xv, aussi au début.
2. *Rhetor.*, I, xiii, 1.
3. *Eth. Nic.*, V, xiii, 1.
4. *Eth. Nic.*, V, vii, 12.

Où est donc l'origine de cette loi non écrite, loi naturelle, loi telle que là où elle inspire la législation positive, c'est Dieu qui semble le maître, et non l'homme ? Aristote ne le dit pas. N'insistons pas non plus, car ce n'est pas le lieu. Il suffit que la loi soit d'une certaine manière rattachée à l'ordre des choses divines, et cela parce qu'elle est raison et émane de l'intelligence. C'est toujours à la droite raison, ὀρθὸς λόγος, que nous sommes ramenés. La loi, c'est la raison elle-même avec un caractère impératif, parce qu'elle a un caractère social, mais sans perdre ce caractère esthétique qui lui est propre. La loi est ordre, et la beauté aussi est ordre. La raison reconnaît le beau et pose la loi ; et c'est se reconnaître, pour ainsi dire, et s'exprimer elle-même. Ordre et mesure, nature vraie et idéale, loi et raison, tout cela est lié, et c'est par l'intelligence qu'en définitive tout cela s'explique [1].

Après Aristote, la *loi* garde chez les premiers stoïciens cette signification esthétique. Ils aiment à se représenter l'univers comme la maison ou la cité de Jupiter, et c'est la raison du Dieu suprême qui administre le monde. Cléanthe, dans son hymne célèbre [2], rend admirablement

1. Aristote examine dans les *Topiques*, VI, II, 3 et 6, deux manières inexactes de caractériser la loi ; il dit que ce ne sont pas des métaphores, car la métaphore suppose quelque ressemblance et ici il n'y en a point ; ce ne sont pas non plus des termes propres et il les repousse donc comme contraires à la précision et à la netteté, mais il n'indique aucune définition exacte et ne substitue rien à ces images. Voici ces deux expressions : ὁ νόμος μέτρον, ἢ εἰκὼν τῶν φύσει δικαίων. Il explique comment la loi n'est pas εἰκὼν : εἰκὼν γάρ ἐστιν οὗ ἡ γένεσις διὰ μιμήσεως· τοῦτο δ' οὐχ ὑπάρχει τῷ νόμῳ. Mais ne dit-il pas lui-même ὁ νόμος τὸ μέτρον. Polit., III, XI, 6 ?

2. Stobée, *Eclog.*, I, 30.

cette idée, et en attribuant, ce semble, au principe dirigeant un caractère personnel qui ne se retrouve peut-être pas ailleurs dans l'école stoïcienne[1]. Il salue Jupiter comme le maître et le chef de la nature, qui gouverne toutes choses *avec une loi*, selon l'énergie du texte grec.

Ζεῦ, φύσεως ἀρχηγέ, νόμου μετὰ πάντα κυβερνῶν,

avec une loi, c'est-à-dire avec cette mesure, cet ordre, cette constance régulière qui est l'effet et le signe de la raison. Plus loin Cléanthe parle de la loi commune de Dieu, Θεοῦ κοινὸν νόμον, et il se plaint que les méchants ne sachent ni la voir ni l'entendre : s'ils lui obéissaient avec intelligence, ils mèneraient une vie vertueuse,

Ὧ κεν πειθόμενοι σὺν νῷ βίον ἐσθλὸν ἔχοιεν.

Mais ils vont où les entraîne la fougue de leurs désirs, ils vont, au mépris du beau :

Αὐτοὶ δ' αὖθ' ὁρμῶσιν ἄνευ καλοῦ ἄλλος ἐπ' ἄλλα.

Ils méconnaissent Jupiter qui gouverne tout avec justice, δίκης μετὰ πάντα κυβερνᾷς, avec justice, c'est-à-dire en mettant chaque chose à sa place, c'est toujours la même idée : la loi tout à l'heure, la justice maintenant, c'est tout un, c'est l'ordre, et avec l'ordre, la beauté, et tout cela vient de l'intelligence. Jupiter est le principe de cette droite et commune raison, qui pénètre partout,

---

1. Ni sans doute dans Cléanthe lui-même. Voici une formule qui lui est attribuée : οὕτως ἐξ ἑνός τε πάντα γίνεσθαι. Stobée, *Eclog.*, I, 372.

mêlée aux êtres petits ou grands, véritablement maîtresse et reine dans l'univers :

Ὦ σὺ κατευθύνεις κοινὸν λόγον, ὃς διὰ πάντων
Φοιτᾷ μιγνύμενος μεγάλοις μικροῖς τε φάεσσιν,
Ὡς τόσσος γεγαὼς ὕπατος βασιλεὺς διὰ παντός.

Et il n'y a rien de plus grand, rien de meilleur que de célébrer sans cesse dans la justice cette commune loi,

Ἦ κοινὸν ἀεὶ νόμον ἐν δίκῃ ὑμνεῖν.

L'usage que Cléanthe fait ici de ce mot νόμος nous aide à mieux entendre encore le sens où le prend Aristote. L'analogie est frappante : mais Aristote ne parlait de loi qu'à propos des relations sociales; Cléanthe étend la signification et la portée du terme. Il dit indifféremment loi commune et commune raison, et il applique ces termes synonymes à tout, à la conduite de l'univers gouverné par Dieu, à la conduite de la vie humaine gouvernée par chaque homme. Plus tard, et surtout chez les Romains, où le stoïcisme fera avec la science du droit une alliance étroite, la signification juridique du mot loi reparaîtra et prédominera, mais appliquée aux choses morales. La règle morale sera considérée uniquement comme loi morale. Cicéron dira qu'il y a une loi éternelle, la droite raison du Dieu suprême, *recta ratio summi Jovis*, loi universelle, loi absolue et immuable, qui, présente en chacun, a une souveraine autorité pour appeler au devoir par ses prescriptions et détourner du mal par ses défenses, *quæ jubendo vocet ad officium, quæ vetando a fraude deterreat*[1]. C'est alors que nous serons loin d'Aristote. Malgré les analogies si remarquables que nous avons trouvées entre son langage et celui de Kant, la loi ne perd jamais à ses yeux ni le caractère social, ni le caractère esthétique que, selon lui, elle a essentiellement, toute loi supposant un ensemble d'êtres à régir, et toute loi venant de la raison qui a pour objet l'ordre et la beauté. Toutefois, comme la raison, selon lui, saisit la vraie nature des choses et même est en un sens ce qui la constitue, Aristote a ouvert la voie au stoïcisme qui a cherché dans la nature propre de chaque être la loi de chaque être, et le jour où Aristote a parlé d'une justice naturelle, il a presque parlé le langage stoïcien.

Concluons. De quelque côté que nous envisagions les choses, c'est donc toujours au beau et à la droite raison que nous sommes ramenés, quand nous cherchons en quoi consiste, selon Aristote, la valeur des actions morales et ce qui détermine cette valeur. Toute théorie métaphysique sur le premier principe et l'origine première des choses étant écartée pour le moment dans le domaine de la pure morale, nous n'avons affaire qu'à la droite raison ou raison pratique. C'est elle, nous l'avons vu, qui fournit la règle morale, c'est elle qui l'applique. Nous avons expliqué comment elle est universelle, et pourquoi

---

1. Cicéron, *De Republica*, fragment conservé par Lactance. Voir encore *De Legibus*, II, IV, et aussi I, VI, où nous lisons : « Lex est ratio summa insita in natura, quæ jubet ea quæ facienda sunt, prohibetque contraria : eadem ratio quum est in hominis mente confirmata et perfecta, lex est. » Chrysippe disait déjà (Stobée, *Eclog.*, II, 190, 204) : Λόγος ὀρθὸς, προστακτικὸς μὲν τῶν ποιητέων, ἀπαγορευτικὸς δὲ τῶν οὐ ποιητέων.

elle est, en même temps, individuelle. Nous avons montré en quoi consiste son autorité et quel caractère elle présente. Les choses belles donnent lieu à tant de disputes, à tant de controverses, qu'elles semblent, si l'on n'y regarde pas bien, n'avoir qu'une beauté de convention, et l'on pourrait croire la justice fondée sur la loi positive toute seule, non sur la nature, ὥστε δοκεῖν νόμῳ μόνον εἶναι, φύσει δὲ μή[1]. C'est une erreur. Les hommes ne s'entendent pas entre eux précisément parce qu'ils suivent leurs vues particulières au lieu de suivre la nature. Le beau véritable, le juste véritable, comme aussi ce qui est vraiment agréable, ce n'est pas ce qui paraît à chacun, c'est ce que l'homme sain, l'homme bien constitué, l'homme en qui la nature n'est ni corrompue, ni abaissée, ni faussée, reconnaît et goûte comme beau, bon, agréable. Les amants du beau savent où sont les vrais plaisirs, les plaisirs conformes à la nature[2]. Ce n'est point tout homme qui est, comme le prétendait Protagoras[3], la mesure des choses, ce n'est point la sensation, ni l'opinion fondée sur la sensation; c'est la raison, la droite raison, c'est l'homme *bon*, l'homme sain, l'homme complet : étant vraiment homme, réalisant de son mieux l'idéal, l'essence, la vraie nature de l'homme, il discerne

---

1. *Eth. Nic.*, I, III, 2. Notons ce δοκεῖν qui exprime non la pensée d'Aristote, non une vraisemblance par lui admise, mais simplement l'opinion d'autrui, et l'opinion vulgaire. Nous avons déjà fait cette remarque plus haut dans notre *Introduction*, p. 5, où nous avons signalé et expliqué la différence entre ces trois expressions, φαίνεται, ἔοικε, δοκεῖ.

2. *Eth. Nic.*, I, VIII, 11. Τοῖς μὲν οὖν πολλοῖς τὰ ἡδέα μάχεται διὰ τὸ μὴ φύσει τοιαῦτ' εἶναι, τοῖς δὲ φιλοκάλοις ἐστὶν ἡδέα τὰ φύσει ἡδέα.

3. Aristote a réfuté Protagoras, *Metaph.*, IV (Γ), IV, et XI (K), VI.

sûrement le bien du mal, le beau du laid ; il se plaît où il faut, et il est vraiment, en tant qu'il est bon, il est, lui et sa vertu, règle vivante et mesure des choses. La loi, digne d'un tel nom, c'est cette règle même dans la société, et avec cette majesté qui appartient à l'ordre social, plus relevé, plus noble et plus divin que l'ordre purement individuel. La loi alors n'est pas opposée à la nature : elle lui est parfaitement conforme, elle a son fondement dans la nature. L'idéale beauté humaine, découverte, mais non créée par la pensée, telle est la règle de l'activité, telle est la forme qu'il faut communiquer à la vie, tâchant de faire, avec les éléments tels quels dont on dispose, l'ouvrage le meilleur et le plus beau possible.

CHAPITRE IV

DE LA FIN PRATIQUE OU DU BONHEUR SELON ARISTOTE.

Nous savons en quoi consiste la vie morale, selon Aristote, et quelle est la règle morale. Examinons maintenant la fin suprême qu'il propose à l'homme. Il déclare expressément que c'est le bonheur, ou la félicité, ou la béatitude, εὐδαιμονία. Qu'entend-il par là?

Il faut d'abord chercher ce qu'est pour lui la fin, τὸ τέλος;[1].

Dans l'art humain, la fin est ce en vue de quoi l'œuvre est commencée et poursuivie; la fin est ce que l'artisan ou l'artiste se propose dans son travail; la fin est donc la raison même et, en un sens très vrai, le principe de l'action qui doit la réaliser. C'est pour la fin que ce qui se

---

1. *Metaph.*, I (A) II, 982^b; III, 983^{a}32; — III (B), II, 996^{a}24; — V (Δ), I, 1013^{a}13 et sq; — XVI (explication du mot πέρας); — XI (K), I et II; — XII (Λ), VII et VIII. — *Phys.*, II, I, III et VIII. — *De Partib. Animal.*, I, v. — *De Motu Animal.*, passim, notamment VI, I; VII, I et IV. — *De General. Animal.*, II, VI, 742^{a}22 et sq.

fait se fait, et précisément quand c'est fait et parfait, la fin est atteinte ; la chose, quelle qu'elle soit, où l'œuvre est parvenue à sa fin. Dans la nature, c'est aussi en vue de la fin que ce qui se fait se fait. Il n'y a point de délibération, de choix, de recherche, de travail proprement dit; mais rien ne se fait en vain, οὐδὲν μάτην, et il n'y a rien qui n'ait un but. La fin de l'être naturel, c'est son achèvement, son développement complet, sa perfection, et en quelque sorte sa pleine maturité. Il suit de là que la fin et le bien sont la même chose. L'être est *bon* quand il a tout ce qu'il est dans sa nature d'avoir ; or, il a tout ce qu'il est dans sa nature d'avoir, quand il est achevé, parfait, ou qu'il est parvenu à sa fin.

Considérons la marche de la nature, et comme les degrés d'êtres par où elle s'avance et monte de plus en plus. Il y a les éléments avec leurs combinaisons ou séparations diverses : là on ne trouve encore ni vie ni sentiment. Aussi ne parle-t-on pas encore de bien au sujet des éléments, quoique pourtant ils aient déjà une naturelle constitution qu'il leur est bon de garder parce que c'est leur fin. Mais les plantes ont proprement un bien et une fin : elles vivent de cette vie qu'on appelle végétative, et posséder cette vie ou plutôt en user, c'est-à-dire agir en la manière qui leur est marquée par leur nature, c'est leur fin, et c'est leur bien. Ajoutons à cela le sentiment de la vie, la puissance de sentir, la puissance de tendre vers les choses par une inclination naturelle, puis la puissance de se déplacer dans l'espace : nous aurons l'animal, lequel non seulement a une fin et un bien propre, mais est capable de sentir qu'il a atteint cette fin et qu'il possède ce bien[1]. Si la vie, ζωή, est l'opération interne, propre à chaque animal selon sa nature, et déployée pour ainsi dire au dehors dans une carrière plus ou moins longue, βίος[2], il y aura pour tout animal une distinction à faire entre vivre, ζῆν, et vivre bien, εὖ ζῆν[3], et que sera-ce que vivre bien, sinon développer pleinement ce qui est en puissance, de telle sorte que ce qui est en germe, s'épanouissant, tout l'être soit comme réalisé, effectué, *actué*, ou comme en *exercice*, κατ' ἐνέργειαν[4]. Mais comment ce plein et parfait développement ne serait-il pas pour cet être sa fin en même temps que son bien, et ce qu'il y a de plus doux pour lui en même temps que ce qu'il y a de meilleur[5] ? Vivre bien est bon en soi, absolument parlant, ἁπλῶς, mais c'est aussi chose bonne pour qui se sent vivre ainsi, et le bien de chacun, τὸ ἀγαθὸν ἑκάστῳ, s'accorde, se confond avec le

---

1. Voir *De Anima*, II et III. — *Eth. Nic.*, I, vii, 12. *Metaph.*, XII (Λ), vii.
2. *Eth. Nic.*, I, vii, 12, 13, 15. — X, iv, 10.
3. *Metaph.*, IX (Θ), viii, 1050ᵇ... ἡ εὐδαιμονία· ζωή γάρ ποιά τις ἐστίν. D'ailleurs vivre a déjà sa douceur. Si vivre bien, ζῆν καλῶς, est vraiment la fin, on peut aussi avoir en vue de vivre purement et simplement, et s'attacher à la vie par la douceur qui s'y trouve au milieu même de la misère, καρτεροῦσι πολλὴν κακοπάθειαν οἱ πολλοὶ τῶν ἀνθρώπων γλιχόμενοι τοῦ ζῆν ὡς ἐνούσης τινὸς εὐημερίας ἐν αὐτῷ καὶ γλυκύτητος φυσικῆς. Et d'où vient cela ? De ce que vivre est déjà une chose belle, ἴσως γὰρ ἔνεστί τι τοῦ καλοῦ μόριον. *Polit.*, III, iv, 3, 1278ᵇ. Et comment cela s'explique-t-il à son tour ? C'est que vivre c'est déjà être en acte. *Eth. Nic.*, X, iv, 10. ἡ δὲ ζωὴ ἐνέργειά τίς ἐστι.
4. *Eth. Nic.*, I, vii, 13. Le mot *exercice* a dans notre langue du dix-septième siècle un sens analogue. Bossuet dit : « A ce premier exercice de l'âme raisonnable, qui n'eût été que de connaître et d'aimer Dieu, il en faut ajouter un autre... » *Lettres à la Sœur Cornuau*, 1ᵉʳ octobre 1691.
5. *Eth. Nic.*, X, iv, 10 (texte très remarquable).

bien en soi, τὸ ἁπλῶς ἀγαθόν¹. C'est l'achèvement ou la perfection de la nature, et c'est cela même que souvent on appelle la nature². Le bien, la fin, la perfection, la nature vraie, c'est tout un. Et le plaisir naît de cela³. Le plaisir parachève l'acte, non qu'il en soit partie intégrante, mais c'est un complément qui, sans le constituer, lui donne sa dernière perfection, car il s'y ajoute « comme à la jeunesse sa fleur », ὡς τοῖς ἀκμαίοις ἡ ὥρα⁴. Le fruit mûr, le fruit qui est à point, a sans doute atteint sa fin; il est parfait, il est bon, et pourtant cette fleur de beauté qu'il a comme par surcroît, tant que rien n'en a terni la délicate et exquise fraîcheur, cet éclat, ce charme, ce je ne sais quoi d'analogue à ce qu'ailleurs nous appelons grâce ou sourire, n'est-ce donc pas le dernier achèvement du bien? Ainsi du plaisir. L'activité est parfaite, ayant atteint son développement complet; elle est comme plus parfaite, le plaisir s'y ajoutant. C'est que le plaisir, c'est la conscience de soi et la jouissance de soi. Comment l'activité qui se connaît ne vaudrait-elle pas mieux que celle qui ne se connaît pas? et comment serait-elle vraiment activité, activité vive et éveillée, si elle ne se connaissait pas⁵? Quelque chose d'elle-même, et le meilleur,

1. *Eth. Nic.*, III, IV, 3, 4.
2. *Met.*, IX (Θ), VIII, 1050ᵃ32: ἐνέργεια, ἐντελέχεια. — *Pol.*, I, I, 8, 1252ᵇ.
3. *Eth. Nic.*, X, I-V.
4. Ces mots sont de M. Ravaisson (*Ess. sur la Mét. d'Arist.*, t. I, p. 443): ils rendent admirablement la très belle expression grecque. *Eth. Nic.*, X, IV, 8.
5. Aussi Aristote dit-il que plaisir et acte sont étroitement liés ensemble et ne peuvent se séparer (συνεζεῦχθαι μὲν γὰρ ταῦτα φαίνεται καὶ χωρισμὸν οὐ δέχεσθαι): sans acte point de plaisir, et tout acte est achevé par le plaisir. L'union est telle qu'on peut se demander si c'est le plaisir qui fait aimer la vie, ou la vie le plaisir. *Eth. Nic.*, X, IV, 11.

demeurant enseveli dans le sommeil, où serait la perfection que nous cherchons? Mais si l'activité se connaît, comment se connaissant telle qu'elle est, c'est-à-dire pleine, développée, achevée, comment ne jouirait-elle pas d'elle-même? et comment une telle jouissance ne la perfectionnerait-elle pas encore, puisque ce n'est point là un mol et languissant état, mais comme une augmentation d'intensité dans l'activité même par cela seul qu'elle se répercute et se reflète? Puis, jouissant de soi, elle ne laisse rien perdre de soi, elle se recueille en soi, elle s'achève donc en cette délicieuse complaisance qui la tient comme tout entière ramassée dans l'être d'où elle sort sans cesse. Or, si le plaisir est la conscience de l'activité déployée et jouissant d'elle-même, plus l'activité est haute et excellente, plus doux aussi est le plaisir. Vivre bien ne va pas sans plaisir ; mais si le vivant est un être raisonnable, quel ne sera pas pour lui le plaisir de vivre bien! Non seulement il se sentira, mais il se connaîtra vraiment : la conscience ne sera pas simple perception, elle sera réflexion, regard jeté sur soi, fixé sur soi. Un tel être pourra tenir embrassé son présent, son passé, son avenir[1] : il ressaisira le temps qui n'est plus par la mémoire, il anticipera le temps qui n'est pas encore par l'espérance, et capable de s'étendre ainsi au delà et en deçà de l'instant présent, il aura de ce présent même une conscience vive, et tout cela lui sera doux

---

1. *Metaph.*, XII (Λ), vii, 6, 1072ᵇ16. — *Eth. Nic.*, IX, vii, 6. Πεῖρα δ' ἐστὶ τοῦ μὲν παρόντος ἡ ἐνέργεια, τοῦ δὲ μέλλοντος ἡ ἐλπὶς, τοῦ δὲ γεγενημένου ἡ μνήμη· ἥδιστον δὲ τὸ κατὰ τὴν ἐνέργειαν.

parce que tout cela sera acte, vie éveillée, sensation ou sentiment, pensée. Toutes les fois qu'il agira conformément à sa vraie nature, le plaisir sera vrai, profond, intense. Si son activité tout entière est réglée d'une manière conforme à sa nature, il y aura là pour lui une source continue de joie [1]. Si de tous les actes dont sa nature le rend capable il accomplit le plus relevé et le plus essentiel à cette même nature, sa joie sera de toutes les joies la plus pure et la plus grande [2]. Donc, vivre bien et vivre heureux, c'est la même chose. Et le bonheur est la fin de l'être intelligent, puisque c'est son bien. Mais quand est-ce que l'être vit bien, encore une fois, si ce n'est quand il vit selon sa nature vraie, ou quand il est complètement développé, ou quand il est parfait? Or, cela c'est le beau, et c'est la vertu. Le bonheur consiste donc à vivre selon la vertu, et selon la vertu la plus parfaite. La vertu d'une chose consiste en ce que cette chose accomplit excellemment l'œuvre à laquelle elle est destinée, l'œuvre qui lui est propre [3]. La vertu de l'homme consiste à faire le plus possible et le mieux

---

1. *Eth. Nic.*, I, VIII, 4. Συνᾴδει δὲ τῷ λόγῳ καὶ τὸ εὖ ζῆν καὶ τὸ εὖ πράττειν τὸν εὐδαίμονα· σχεδὸν γὰρ εὐζωία τις εἴρηται καὶ εὐπραξία. — *Phys.*, II, VI, 1. Ἡ δ' εὐδαιμονία πρᾶξίς τις· εὐπραξία γάρ. — *Polit.*, VII (IV), III, 3 (1325a). Ἡ γὰρ εὐδαιμονία πρᾶξίς ἐστιν. — Comparer ce que Socrate dit de l'εὐπραξία, dans Xénophon, *Memor.*, I, VI, et III, IX, 14.

2. *Eth. Nic.*, I, VIII, 15. Ἄριστον ἄρα καὶ ἥδιστον... Et ayant rappelé un distique de Délos où se trouvent ces mots κάλλιστον, λῷστον, ἥδιστον, Aristote ajoute : Ἅπαντα γὰρ ὑπάρχει ταῦτα ταῖς ἀρίσταις ἐνεργείαις· ταύτας δὲ ἤ, μίαν τούτων τὴν ἀρίστην εἶναί φαμεν τὴν εὐδαιμονίαν.

3. *Eth. Nic.*, I, VII, 15. Ἕκαστον δὲ εὖ κατὰ τὴν οἰκείαν ἀρετὴν ἀποτελεῖται... — II, VI, 2. Πᾶσα ἀρετή, οὗ ἂν ᾖ ἀρετή, αὐτό τε εὖ ἔχον ἀποτελεῖ, καὶ τὸ ἔργον αὐτοῦ εὖ ἀποδίδωσιν.

possible l'œuvre de l'homme[1]. Trouvez donc l'œuvre la plus propre à l'homme, vous pourrez affirmer que ce sera aussi la plus haute, la plus excellente, la plus belle, et, par cela même, la plus douce[2]. Activité propre et essence, nature vraie et idéal, perfection et excellence, fin et bien, bonté et vertu, vie belle, bonne, et vie douce, heureuse, tous ces termes s'expliquent, s'éclairent les uns par les autres, et le bonheur ou la félicité apparaît comme l'objet propre de toute aspiration humaine, de toute intention, de toute action, objet pratique par excellence, le plus désirable, le plus digne de choix, tel enfin qu'à cause de lui tout le reste peut être voulu et que lui-même n'est point voulu pour autre chose : tout se rapporte à lui, et lui-même ne se rapporte à aucun terme supérieur[3].

Nous entendons maintenant ces profondes formules : Ce qui est propre à chaque être par sa nature est aussi ce qu'il y a de plus relevé et de plus doux pour chaque être[4]. Pour connaître la nature d'un être, il faut chercher, non ce qu'il a de commun avec les autres, mais ce qui lui est particulier[5].

Le bonheur, qui est le terme des choses pratiques, c'est ce qu'il y a de meilleur, τὸ ἄριστον, c'est une chose

---

1. *Eth. Nic.*, I, vii, 1-5. — X, vii, 7; viii, 6, 7.
2. *Eth. Nic.*, X, iv, 5. ... ἡδίστη δὲ ἡ τελειοτάτη (ἐνέργεια)· τελευταίη δὲ ἡ τοῦ εὖ ἔχοντος πρὸς τὸ σπουδαιότατον τῶν ὑφ' αὐτήν. — *Metaph.*, XII (Λ), vii, 1072b 24. Καὶ ἡ θεωρία τὸ ἥδιστον καὶ ἄριστον.
3. *Eth. Nic.*, I, ii, 1; vii, 1-9.
4. *Eth. Nic.*, X, vii, 9.
5. *Eth. Nic.*, I, vii, 12.

achevée, complète, parfaite, τέλειον, une chose qui se suffit pleinement à soi-même, αὔταρκες [1], car c'est le déploiement de l'activité, selon la vertu propre de l'homme, et selon la meilleure et la plus parfaite vertu. Il faut faire toutes choses pour vivre selon ce qu'on a de plus excellent et de plus haut en soi [2]. L'homme heureux est celui qui fait de très belles choses [3]. Et enfin vivre selon l'intelligence, κατὰ τὸν νοῦν, ce qui est vivre d'une vie divine, c'est le suprême bonheur, parce que l'intelligence est à la fois ce qu'il y a de plus excellent dans l'homme et ce qui lui est le plus propre et le plus essentiel [4].

Le bonheur, tel que le conçoit Aristote, est chose singulièrement noble et précieuse. Il le place au nombre des biens qui sont dignes d'un religieux respect. La louange ici ne suffit plus : ce qu'il faut, c'est l'honneur, τιμή [5], l'honneur semblable à l'hommage qu'on rend aux dieux [6]. C'est qu'il s'agit d'un bien parfait, ἔστιν ἡ εὐδαι-

1. *Eth. Nic.*, I, vii, 8-9, 16.
2. *Eth. Nic.*, X, vii, 8.
3. *Eth. Nic.*, X, viii, 11. Πεπραγότας τὰ κάλλιστα.
4. *Eth. Nic.*, X, vii, 8. — *Metaph.*, XII (Λ), vii, 1072^{b}15-25.
5. Quand Pascal dit, dans le *Discours sur les passions de l'Amour* : L'on a de la vénération pour ce que l'on aime... On ne reconnaît rien au monde de grand comme cela, » cette vénération a bien de l'analogie avec ce qu'Aristote nomme τιμή.
6. *Eth. Nic.*, IV, iii, 16. Μέγιστον δὲ τοῦτ' ἂν θείημεν ὃ τοῖς θεοῖς ἀπονέμομεν, καὶ οὗ μάλιστα ἐφίενται οἱ ἐν ἀξιώματι · καὶ τὸ ἐπὶ τοῖς καλλίστοις ἆθλον, τοιοῦτον δὲ ἡ τιμή. — *Rhetor.*, I, v. Τιμὴ δέ ἐστι μὲν σημεῖον εὐεργετικῆς δόξης· τιμῶνται δὲ δικαίως μὲν καὶ μάλιστα οἱ εὐεργετικοί· οὐ μὴν ἀλλὰ τιμᾶται καὶ ὁ δυνάμενος εὐεργετεῖν. —Voir *Metaph.*, I (Α), ii, 982^{b}75. Ἡ θειοτάτη καὶ τιμιωτάτη (ἐπιστήμη). — XII (Λ), ix, 1074^{b}20. Τὸ θειότατον καὶ τιμιώτατον νοεῖ, et plus loin, ἄλλο τι ἂν εἴη τιμιώτερον. ἢ νοῦς...

μονία τῶν τιμίων καὶ τελείων¹. Comment parfait? sinon, parce que n'étant jamais moyen, il est uniquement fin, fin en soi, *suprême fin*, τέλος τελειότατον². Et n'est-ce point là le caractère de ce qui est divin? Ce qui est source ou principe et cause par rapport aux autres biens, étant la fin à laquelle tous se ramènent, cela doit être regardé comme quelque chose d'adorable en quelque sorte et de divin, τὴν ἀρχὴν καὶ τὸ αἴτιον τῶν ἀγαθῶν τίμιόν τι καὶ θεῖον τίθεμεν³. On honore, on célèbre les dieux, on les déclare bienheureux, on les félicite, τούς τε γὰρ θεοὺς μακαρίζομεν καὶ εὐδαιμονίζομεν, et l'on en fait autant pour ceux d'entre les hommes qui sont les plus divins : l'éclat de leur mérite extraordinaire leur attire la vénération et les hommages d'une admiration presque religieuse ; on les célèbre, on les félicite, on les proclame bienheureux, καὶ τῶν ἀνδρῶν τοὺς θειοτάτους μακαρίζομεν. C'est là le tribut d'honneur qui est dû au bonheur même, il le faut célébrer et féliciter et vénérer comme une chose qui est plus divine et meilleure que le reste, même que la vertu, τὴν εὐδαιμονίαν ὡς θειότερόν τι καὶ βέλτιον μακαρίζει⁴. Ce mot

---

1. *Eth. Nic.*, I, xi, 7.
2. Toute action complète est fin. Ὀρθῶς δὲ καὶ ὅτι πράξεις τινὲς λέγονται καὶ αἱ ἐνέργειαι τὸ τέλος. *Eth. Nic.*, I, VIII, 3. L'εὐδαιμονία est τέλος τελειότατον. I, VII, 3 ; XI, 8. Il faut noter soigneusement ces mots, τέλειον, τελειότερον, τελειότατον, qui marquent la subordination des fins. Voir *Métaph.*, V (Δ), XVI, la définition du mot τέλος.
3. *Eth. Nic.*, I, XII, 8.
4. *Eth. Nic.*, I, XII, 4. Andronicus de Rhodes, dans sa *Paraphrase*, dit : Ἐπαινετὰ γάρ ἃ μετέχει τινὸς ἀγαθοῦ… τὴν ἀρετὴν ἐπαινοῦμεν διὰ τὸ ποιεῖν τινὰς τοὺς ἀγαθοῦ μετέχειν, καὶ χρῆσιν ἔχειν πρὸς ἀγαθόν τι καὶ σπουδαῖον. Διὰ τοῦτο καὶ οἱ τοὺς θεοὺς ἐπαινοῦντες, γελοῖοί εἰσιν, ἡμῖν αὐτοὺς ἐξισοῦντες· τοῦτο δὲ συμβαίνει διὰ τὸ γίνεσθαι τοὺς ἐπαίνους ἕνεκα τῆς πρὸς τὸ

μακαρίζειν est remarquable. Il fait penser aux choses d'ordre divin, c'est là l'usage auquel on a coutume de le réserver ; et, d'autre part, Aristote le fait venir de χαίρειν, se réjouir [1]. Ce serait donc la joie divine qu'il exprimerait ; et c'est bien en effet le caractère de la félicité qui est, selon Aristote, le terme suprême de tous les vœux.

La même distinction entre la louange et l'honneur est expliquée dans les *Magna Moralia* d'une manière qu'il importe de noter [2]. Il y est dit que ce qui est digne d'honneur, τὸ τίμιον, c'est tout ce qui est divin, tout ce qui a une excellence singulière, τὸ θεῖον, τὸ βέλτιον, par exemple, l'âme, ψυχή, l'intelligence, νοῦς : ainsi le divin proprement dit d'abord, et puis ce qui y ressemble le plus, ayant quelque chose de plus haut, de meilleur, de supérieur : supérieur à quoi ? à ce que les hommes sans doute envisagent le plus communément : donc quelque chose d'ordre immatériel, intellectuel, spirituel, moral, et les exemples l'indiquent bien : c'est l'âme, c'est l'intelligence. Voilà l'ordre des choses sensibles dépassé. Mais continuons. C'est encore tout ce qui, plus que le reste, est principe, par exemple le pouvoir suprême, et les choses analogues, τὸ ἀρχαιότερον, ἡ ἀρχή, τὰ τοιαῦτα. Le grec ici est intraduisible. Le mot ἄρχω a les deux sens de *commencer* et de *commander* : qui commence est le premier ; qui commande, est aussi le premier. Ainsi du

---

ἀγαθὸν ἀναφορᾶς καὶ χέσεως... ἡ εὐδαιμονία οὐ τοιοῦτον... οὐ γὰρ πρός τι ἀναφέρεται τὸ ἀγαθόν.

1. *Eth. Nic.*, VII, xi, 2. L'étymologie est bizarre. Le radical μακ semble marquer une idée de longueur, de grandeur.

2. *Magna Moral.*, I, ii.

latin *princeps, principatus*. On est à la tête et au principe des choses, quand on est la source d'où elles prennent leur cours ; mais le chef qui commande avec un souverain pouvoir, n'est-il donc pas aussi à la tête et au principe des choses ? n'est-ce pas de lui que tout part? n'est-ce pas de lui que les affaires dont il dispose prennent leur cours ? Et cette primauté, comme l'autre, a je ne sais quoi qui exige le respect, l'honneur ; c'est quelque chose de divin, étant quelque chose de premier et comme une cause première. Voilà pourquoi l'on honore, l'on vénère, l'on adore presque ce qui est antique ou ce qui est puissant. L'honneur, dit Aristote lui-même [1], c'est la plus grande chose que nous puissions donner aux dieux, et c'est aussi ce qu'ambitionnent le plus ceux qui sont dans une grande place, οἱ ἐν ἀξιώματι, et enfin c'est le prix des plus belles choses, καὶ τὸ ἐπὶ τοῖς καλλίστοις ἆθλον. Mais revenons au texte des *Magna Moralia*. La vertu est chose digne d'honneur, c'est-à-dire chose d'une excellence singulière, d'ordre supérieur, chose divine, quand par elle l'homme est placé dans cette perfection que réclame sa nature, οὐκοῦν καὶ ἡ ἀρετὴ τίμιον, ὅταν γε δὴ ἀπ' αὐτῆς σπουδαῖός τις γένηται. C'est qu'alors il a pris la forme même de la vertu, ἤδη γὰρ οὗτος εἰς τὸ τῆς ἀρετῆς σχῆμα ἥκει. Jusque-là il n'y a en lui que des actes de vertu, ou des dispositions vertueuses, et cela n'est digne que de louange. Aux actions faites selon les vertus, la louange ; à la vertu achevée, complète, qui a

---

1. *Eth. Nic.*, IV, III, 10.

pénétré l'homme et l'a comme transformé en lui donnant une entière perfection, l'honneur, la vénération, un hommage presque divin. Les vertus sont choses humaines : ici apparaît une excellence divine.

Nous reviendrons sur l'effort qui est fait dans les *Magna Moralia* pour établir une sorte de lien entre le bonheur, chose digne d'honneur, τίμιόν τι, et la vertu morale, qui est proprement chose louable, τὸ ἐπαινετόν. Ce qui importe en ce moment, c'est de bien saisir le caractère divin du bonheur, et c'est ce que ce texte met en lumière par l'énumération qui y est faite des choses auxquelles appartient l'honneur.

Maintenant laissons les textes particuliers, et, envisageant l'ensemble des doctrines d'Aristote, tâchons de mieux comprendre encore ce rang suprême où est placé le bonheur.

Il est clair qu'il y a, selon Aristote, une région qu'on peut appeler purement humaine. Il y en a une autre qu'on pourrait appeler purement divine. Le contraste entre les deux est très fortement marqué.

Dans la région purement humaine, nous trouvons le beau, l'ordre, la mesure, la raison. Ce mot λόγος, que nous avons déjà remarqué, a une richesse de sens très grande, mais toutes ces acceptions se ramènent à une seule. Le λόγος, parole, discours, notion distincte, raison des choses et raison de l'homme saisissant la raison des choses, c'est tout ce qui explique, caractérise, définit, dénomme ce qui est, le discernant du reste et le mettant en sa place ; c'est ce qui détermine l'être en lui-même par sa forme ou essence, et ensuite dans l'esprit par la notion précise et le mot propre (τὸν λέγον τὸν τί ἦν εἶναι λέγοντα)¹. Il y a dans tout ce qui a la raison, ou y participe, ou est défini par elle, je ne sais quoi de net, d'arrêté, de mesuré, je ne sais quelle proportion bien prise, je ne sais quelle justesse et sobriété, rien de trop grand, rien de trop petit, ni défaut ni excès, et, par suite, cette grâce charmante qui naît de l'harmonie. La raison est règle : retenant et maintenant les choses dans les limites de leur nature, elle marque ce qui leur convient, et elle discerne les conditions de leur perfection, car leur perfection, c'est le développement, l'achèvement, l'accomplissement de la nature même, conformément à la notion vraie de l'être, à son essence, on peut dire à son idéal². L'homme se conduisant par la raison et vivant selon la vertu arrive à cette beauté, à cette perfection. Et tout cela est bien le domaine de l'homme³.

4   Rien, au premier abord, ne semble supérieur à la raison. Et pourtant, tout ce que nous venons de trouver si digne d'estime et d'admiration s'évanouit dans une autre région qui passe l'homme⁴ et la perfection humaine. On dirait que la mesure même, si indispensable

---

1. *Eth. Nic.*, II, vi, 17.
2. *Eth. Nic.*, II, vi, 9. Ἡ δὲ ἀρετὴ πάσης τέχνης ἀκριβεστέρα καὶ ἀμείνων ἐστίν, ὥσπερ καὶ ἡ φύσις, τοῦ μέσου ἂν εἴη στοχαστική.
3. *Eth. Nic.*, VI, ii, 5. Ἡ γὰρ εὐπραξία τέλος, ἡ δ' ὄρεξις τούτου· διὸ ἡ ὀρεκτικὸς νοῦς ἡ προαίρεσις, ἡ ὄρεξις διανοητική, καὶ ἡ τοιαύτη ἀρχή, ἄνθρωπος.
4. Cela fait penser à ce que Plotin désigne par le mot ὑπέρ.

à la beauté, disparaît. Voici un texte singulièrement expressif à ce sujet[1]. Un nombre trop grand, dit Aristote, ne peut participer à l'ordre, et il conclut de là que la cité, où l'homme déploie sa merveilleuse puissance d'organisation et cette vertu architectonique propre à la raison[2], ne doit pas avoir des proportions trop amples : y introduire et y maintenir un bel ordre ne serait plus possible. Mais, ajoute-t-il, cela même, que l'homme ne peut faire, c'est l'œuvre de la puissance divine, laquelle embrasse et soumet à son action l'universalité des choses, Θείας γὰρ δὴ τοῦτο δυνάμεως ἔργον, ἥτις καὶ τόδε συνέχει τὸ πᾶν. Il y a donc une grandeur qui peut sembler démesurée, parce qu'en effet elle échappe à la mesure de l'homme, et cela n'est point défaut, mais perfection. S'il y a une infinité, une indétermination qui tient de la matière, et qui, de soi, est désordre[3], c'est, d'autre part, le caractère et le privilège de ce qui est divin, de dépasser la mesure proprement dite sans manquer pour cela de beauté, et le comble de la puissance c'est d'assujettir à l'ordre une multitude immense qui défierait et déconcerterait la raison de l'homme.

Nous voyons encore Aristote déclarer que ce qui a une excellence divine est au-dessus de la loi et de la règle, et en est d'une certaine manière le principe sans y être soi-même soumis[4]. Le divin, considéré dans cette

---

1. *Polit.*, VII (IV), iv, 5, 1326.
2. Ὁ δὲ λόγος ἀρχιτέκτων... *Polit.*, I, v, 7, 1260ᵃ.
3. Le désir purement sensible est indéterminé, *infini* de cette manière-là. Ἄπειρος ἡ τῆς ἐπιθυμίας φύσις. *Polit.*, II, iv, 11, 1267ᵇ.
4. *Polit.*, III, viii, 1, 2, 7, 1284.

région transcendante qui est son propre domaine, ce n'est plus une belle chose, ἓν τῶν καλῶν[1], ce n'est plus même le beau, τὸ καλόν, c'est le très beau, le souverainement beau, τὸ κάλλιστον[2]; si on le nomme bon, il faut dire que c'est le bon ou le bien tout court, τὸ ἀγαθόν, ou le souverainement excellent, τὸ ἄριστον[3]. Parcourons les différentes choses qui ont le plus de prix aux yeux de l'homme : elles n'ont plus lieu ici : leur absence par défaut constituerait la bête, leur absence venant de ce qu'il y a plus et mieux constitue la divinité. C'est une belle chose pour l'homme d'avoir des amis : la divinité n'en a pas besoin[3]. L'homme est admirable dans son rôle de citoyen, participant à la fois au gouvernement et à l'obéissance : c'est une chimère de supposer dans le monde divin des sujets et des chefs[5]. L'activité pratique, qui convient à l'homme, est belle et louable ; mais elle est toujours par quelque endroit agitation et labeur[6] : la divinité est d'une manière incomparablement plus haute le principe de l'ordre du monde, et elle ne sort jamais de son bienheureux repos, repos actif et vivant, pourrait-

---

1. *Eth. Nic.*, VIII, 1, 5.
2. Plotin, *Ennead.*, VI, vııı, 8, 742. Πάντα γὰρ ἐκείνου τὰ καλὰ καὶ τὰ σεμνὰ ὕστερα· τούτων γὰρ αὐτὸς ἀρχή.
3. *Metaph.*, XII (Λ), vıı, 1072ᵇ7². Τὸ κάλλιστον καὶ ἄριστον ἐν ἀρχῇ εἶναι. — Voir *Metaph.*, I (Λ) ıı, 983ᵃ16. Τοῦτο δ' ἐστὶ τὸ ἀγαθὸν ἑκάστου, ὅλως δὲ τὸ ἄριστον ἐν τῇ φύσει πάσῃ (si l'on considère l'universalité des choses, la nature universelle, et sa cause excellente, et l'ordre dont cette cause est le principe).
4. *Eth. Nic.*, IX, ıv, 1. — *Polit.*, I, 1, 12, 1253ᵃ.
5. *Polit.*, I, 1, 7, 1253ᵃ.
6. *Eth. Nic.*, VII, xıv, 5. Ἀεὶ γὰρ πονεῖ τὸ ζῶον.

on dire¹. L'homme change de plaisirs comme d'actions, parce qu'aucun objet ne fixe sa nature imparfaite et complexe : la divinité jouit toujours d'un plaisir unique, simple et pur comme son action, comme son essence. Au point de vue de l'homme purement homme, l'acte suppose le mouvement, mais il y a aussi un acte de l'immobilité, ἔστι καὶ τῆς ἀκινησίας ἐνέργεια, il y a un acte qui ne sort pas de soi, qui est comme assis en soi, et c'est le meilleur, le plus puissant comme le plus doux : c'est celui de la divinité². Si dans la région purement humaine règne la raison, λόγος, ici, dans la région purement divine, règne l'intelligence, νοῦς, et l'intelligence n'est pas seulement supérieure au raisonnement, λογισμός, dont les calculs et les laborieuses opérations semblent rétrécir et appesantir la pensée tout en l'aidant³; elle est supérieure à la raison même.

Le bonheur est d'ordre divin. Aristote lui applique les expressions qui semblaient réservées à la divinité⁴. C'est que le bonheur est essentiellement dans la pensée pure : la pensée, la contemplation est, par elle-même, chose digne d'honneur, étant chose divine. Ce que Dieu est

---

1. *Polit.*, VII (IV), III, 6, 1326ᵃ. — *Eth. Nic.*, X, VIII, 7.
2. *Eth. Nic.*, VII, XIV, 8. Et Aristote ajoute : καὶ ἡ ἡδονὴ μᾶλλον ἐν ἠρεμίᾳ ἐστὶν ἢ ἐν κινήσει. Épicure répétera cela : on connaît sa distinction du plaisir *stable* et du plaisir *en mouvement* : même formule, avec signification différente.
3. *Rhetor.*, II, XII. Οὔτε γὰρ ὑπὸ τοῦ βίου οὔπω τεταπείνωνται (οἱ νέοι)... καὶ μᾶλλον αἱροῦνται πράττειν τὰ καλὰ τῶν συμφερόντων· τῷ γὰρ ἤθει ζῶσι μᾶλλον ἢ τῷ λογισμῷ. Ἔθος, c'est ici l'habitude morale et aussi le principe moral qui gouverne la vie. Voir plus haut p. 94, note 1.
4. Voir, par exemple, *Eth. Nic.*, I, VIII, 14.

par soi, l'homme peut l'être par une acquisition qui dépend de lui en quelque façon, et il y a quelques instants au moins où il atteint cette félicité qui en Dieu est continue. Ainsi la distinction demeure entre l'humain et le divin[1], et pourtant un rapprochement s'opère, et il vient un moment où l'homme, sans cesser d'être homme, est presque divinisé. La félicité suprême pour l'homme a la plus étroite parenté avec la félicité divine[2].

Déjà tout ce qui est instinct et qui, à ce titre, conduit l'être à sa fin, est chose divine, πάντα φύσει ἔχει τι θεῖον[3]. L'homme, qui est maître de soi et de sa conduite par sa raison et sa libre volonté, doit beaucoup aussi à la divine influence qui soutient en quelque sorte sa nature[4]. Et puis, ce qu'il acquiert par ses efforts raisonnables, par son art, par sa vertu, c'est quelque chose qui mérite d'être appelé divin; et pourquoi? C'est que dans cette beauté il y a un reflet de l'intelligence ; tout ce qui est raison vient d'une certaine manière de la sagesse pratique, mais celle-ci s'explique par l'intelligence[5] ; l'intelligence

---

1. Aristote l'exprime fortement en plus d'un endroit de la *Métaphysique*, de l'*Éthique*, de la *Politique*. Voici un texte d'Eudème, très concis, mais d'un tour qui ne semble pas aristotélicien, quoique l'idée soit conforme à la doctrine d'Aristote. VII, xii, 1245ᵇ17. Αἴτιον (la cause de la supériorité de Dieu) δ' ὅτι ἡμῖν τὸ εὖ καθ' ἕτερον, ἐκείνῳ δὲ αὐτὸς αὐτοῦ τὸ εὖ ἐστιν.

2. *Eth. Nic.*, X, viii, 7. Ὥστε ἡ τοῦ θεοῦ ἐνέργεια μακαριότητι διαφέρουσα θεωρητική ἂν εἴη· καὶ τῶν ἀνθρωπίνων δὴ ἡ ταύτῃ συγγενεστάτη, εὐδαιμονικωτάτη.

3. *Eth. Nic.*, VII, xiii, 6. — Comparer *De Gen. An.*, III, x, 27 : Θεῖόν τι (ἔχει) τὸ γένος τὸ τῶν μελιττῶν.

4. *Eth. Nic.*, I, ix, 1-6 ; X, ix, 6. (Τὸ μὲν οὖν τῆς φύσεως δῆλον ὡς οὐκ ἐφ' ἡμῖν ὑπάρχει, ἀλλὰ διά τινας θείας αἰτίας τοῖς ὡς ἀληθῶς εὐτυχέσιν ὑπάρχει). — Comparer *Eth. Eudem.*, VII, xiv.

5. *Eth. Nic.*, X, ix, 12. ... λόγος ὢν ἀπό τινος φρονήσεως καὶ νοῦ. Texte cité et commenté plus haut à propos de la *loi*, p. 111.

est le principe de tout. Or l'intelligence est chose essentiellement divine [1] ; ce qui émane d'elle a donc aussi une beauté divine, et plus ces œuvres où l'intelligence s'exprime sont hautes et excellentes, plus elles sont divines [2]. L'homme règle sa vie pour la rendre belle, et c'est comme une traduction de l'intelligence dans un ordre de choses inférieur. Il règle la cité pour y maintenir une belle harmonie, et cet emploi plus relevé encore de la raison a quelque chose de commun avec l'organisation de l'univers. Il cherche, quand il est bien avisé, la perfection et le bonheur de l'État, non dans la guerre seule, mais dans les féconds loisirs de la paix, et c'est une aspiration vers cette activité de l'intelligence qui ne sort pas de soi et n'en est que plus belle et plus heureuse [3].

Ainsi l'homme s'avance comme par degrés vers le terme suprême, à mesure que s'affermit sa raison, à mesure que se développent ses facultés [4], à mesure que la culture lui donne une notion nette et exacte de sa nature vraie, de sa fin, de sa perfection. Et parfois il arrive au terme même, et, s'il ne peut s'y maintenir toujours, il y peut demeurer quelque temps. La divinité ne connaît point ces progrès. Elle n'a pas à s'acheminer

---

1. *Metaph.*, XII (Λ), vii, 1072 b 23. — *Eth. Nic.*, X, viii, 7. — *De Part. An.*, IV, x, 8.
2. *Eth. Nic.*, I, ii, 8.
3. *Polit.*, VII, (IV), ii, 4, 5, 8, 10, 1324; iii, 5-6, 1325b.
4. *Polit.*, VII, (IV), xiii, 23, 1334b. Ὥσπερ δὲ τὸ σῶμα πρότερον τῇ γενέσει τῆς ψυχῆς, οὕτω καὶ τὸ ἄλογον τοῦ λόγον ἔχοντος, φανερὸν δὲ καὶ τοῦτο· θυμὸς γὰρ καὶ βούλησις, ἔτι δὲ ἐπιθυμία, καὶ γενομένοις εὐθὺς ὑπάρχει τοῖς παιδίοις, ὁ δὲ λογισμὸς καὶ ὁ νοῦς προϊοῦσιν ἐγγίνεσθαι πέφυκε.

vers ce qui est sa naturelle possession et son acte constant[1]. Il ne faut pas se représenter une évolution plus ou moins lente faisant apparaître le bon et l'excellent, après que la nature aurait fait les premiers pas[2]. Que les poètes disent que le règne de l'Océan et de la Nuit a précédé le règne de Jupiter[3], cela n'a pas de sens aux yeux des vrais philosophes. La divinité est l'être premier, τὸ πρῶτον, en même temps qu'elle est l'être se suffisant pleinement à soi-même, τὸ αὐταρκέστατον[4]. Si le parfait devait sa naissance à un développement de l'imparfait, qu'est-ce donc qui expliquerait ce développement même? Dieu est éternellement ce qu'il est, et il est heureux et bienheureux, non par quelque bien extérieur, mais en soi et par soi, parce qu'il est ce qu'il est, en d'autres termes par la seule qualité excellente de son essence, εὐδαίμων μέν ἐστι καὶ μακάριος, δι' οὐδὲν δὲ τῶν ἀγαθῶν ἐξετωρικῶν, ἀλλὰ δι' αὐτὸν αὐτὸς καὶ τῷ ποῖος τις εἶναι τὴν φύσιν[5]. Or, cette très pure et très haute félicité est pour l'homme une sorte de modèle. Le vulgaire entend bien que le bonheur est ce qui comble tous les vœux : il s'en fait néanmoins une idée mesquine. Il faut lever les yeux en haut, et prendre comme témoin de ce qu'est la félicité véritable, la divinité elle-même.

---

1. *Metaph.*, XII (Λ) vii, 1072ᵇ 32.
2. *Metaph.*, XIV (M), iv, 1091ᵃ 35... προελθούσης τῆς τῶν ὄντων φύσεως καὶ τὸ ἀγαθὸν καὶ τὸ καλὸν ἐμφαίνεσθαι.
3. *Metaph.*, XIV (N), iv, 1091ᵇ 5.
4. *Metaph.*, XIV (N), iv, 1091ᵇ 16.
5. *Polit.*, VII, (IV), i, 5, 1323ᵇ.

Aristote le dit expressément, μάρτυρι τῷ θεῷ χρωμένοις [1]. Et, si la vie divine est toute bienheureuse, l'homme aussi est heureux dans la mesure où se trouve en lui quelque image de cette souveraine et excellente activité [2].

Nous comprenons maintenant la situation de l'homme. Au-dessous de lui, il y a la région où se meut la bête; au-dessus, il y a la sphère transcendante qui est celle de Dieu même. Il est entre les deux, ni bête ni dieu. Combien de fois Aristote ne dit-il pas que pour se passer de ceci ou de cela, pour vivre par exemple en dehors de la société, pour n'avoir pas besoin d'amis, il faudrait être une bête ou un dieu! Mais, si l'homme n'est ni l'un ni l'autre, il a cependant par les parties basses de son être des points communs avec l'animal, tandis que, par les parties les plus hautes, il se rapproche de la divinité [3]. Il suit de là qu'il peut descendre au-dessous du rang qui lui est propre et aussi monter au-dessus de lui-même; mais il y a entre ces deux états cette différence que, ravalé et dégradé, il n'est plus lui-même, tandis que, divinisé, il est plus et mieux que jamais homme [4]. Comment

---

1. *Polit.*, VII (IV), 1, 5, 1223 b.

2. *Eth. Nic.*, X, viii, 8. — Remarquons ce texte de la *Métaphysique*, XII (Λ), vii, 1072 b 24 : Εἰ οὖν οὕτως εὖ ἔχει, ὡς ἡμεῖς ποτέ, ὁ θεὸς ἀεί, θαυμαστόν· εἰ δὲ μᾶλλον, ἔτι θαυμασιώτερον· ἔχει δὲ ὧδί. Ce n'est pas seulement par la durée, c'est par la *qualité* que la pensée divine est incomparablement au-dessus de la pensée humaine.

3. *Eth. Nic.*, X, vii, 2,3. Εἴτε δὴ νοῦς τοῦτο (à savoir ce qu'il y a de meilleur en nous), εἴτε ἄλλο τι ὃ δὴ κατὰ φύσιν δοκεῖ ἄρχειν καὶ ἡγεῖσθαι, καὶ ἔννοιαν ἔχειν περὶ καλῶν καὶ θείων· εἴτε θεῖον ὂν καὶ αὐτό, εἴτε τῶν ἐν ἡμῖν τὸ θειότατον, ἡ τούτου ἐνέργεια κατὰ τὴν οἰκείαν ἀρετὴν εἴη ἂν ἡ εὐδαιμονία· ὅτι δ' ἐστὶ θεωρητική, εἴρηται... ὁ νοῦς τῶν ἐν ἡμῖν.

4. *Eth. Nic.*, IX, viii, 6. Τὸ κυριώτατον μάλιστα... ἄνθρωπος... τοῦτο (le νοῦς) ἕκαστός ἐστι μάλιστα. Comparer X, viii, 9.

être heureux si la principale et la meilleure partie de l'être est négligée, délaissée et comme endormie? Personne n'appelle bonheur l'entière insouciance de la première enfance incapable de réflexion[1]. Personne ne dit que l'homme qui dort, soit heureux. On ne regarde pas les dieux comme plongés dans un sommeil stupide : si on les proclame bienheureux, c'est qu'on leur attribue une très calme mais très puissante activité[2]. Or, si l'homme ne vit que de la vie bestiale, le meilleur de lui-même est comme s'il n'était pas. Dans cette région infime, la bête qui pourtant y est à sa place ne connaît pas le bonheur, parce qu'elle n'a pas la raison : les bœufs, les chevaux sont-ils heureux[3]? L'homme, qui n'y est pas à sa place, ayant la raison et vivant comme s'il ne l'avait pas, l'homme dans cette vie toute de jouissance, n'a pas le bonheur et ne peut l'avoir. Dans la vie sociale, il est bien à sa place et dans son milieu propre, et s'il vit là selon la vertu, cette belle et noble activité produit de doux et purs plaisirs. Elle n'est pourtant pas tout le bonheur, ou plutôt elle n'est pas le bonheur véritable, le bonheur même. Si elle manque, pas de bonheur; mais si elle demeure seule, pas de bonheur non plus[4] : elle est indispensable, mais insuffisante. Le bonheur est dans la contemplation[5]. Il est dans la pensée. Il est dans

---

1. *Eth. Nic.*, I, ix, 10.
2. *Metaph.*, XII (Λ), ix, 1. — *Eth. Nic.*, X, viii, 7.
3. *Eth. Nic.*, I, vii, 12; X, viii, 8.
4. *Eth. Nic.*, X, vi et viii.
5. Θεωρία. De la θεωρία comme de l'εὐδαιμονία il est dit qu'elle est αὑτὴ, καθ' αὑτὴν τιμία. *Eth. Nic.*, X, viii, 8.

cette suprême activité que nous avons décrite et dont nous avons signalé le caractère divin. Mais c'est encore se conformer à la raison que de vivre selon l'intelligence pure, qui vaut mieux que la raison, car cela est dans les légitimes aspirations et selon l'essence et l'idéal de cette nature humaine que la raison même définit. L'homme considéré comme un *composé*, n'a que des vertus humaines (αἱ δὲ τοῦ συνθέτου ἀρεταὶ ἀνθρωπικαί), consistant à modérer les passions selon les règles de la droite raison[1]; mais la pure intelligence, de quelque manière qu'on se l'explique, est en lui, et c'est à la fois le meilleur de lui-même, le principal, le plus essentiel.

De là, une sorte de gradation dans la notion du bonheur. Elle va s'épurant et se complétant selon que l'on se fait de l'homme une idée plus pure et plus complète; mais les éléments inférieurs ne se perdent pas dans ce progrès : ils demeurent en leur place. Comment seraient-ils méprisables ? Ils ont des relations avec la vertu, ils servent à la félicité en assurant l'indépendance, en procurant le loisir d'être honnête et philosophe, et d'ailleurs on ne saurait s'en passer entièrement, puisque les parties inférieures de l'être humain y trouvent leur satisfaction, et que l'homme ne peut être heureux que d'une manière humaine[2]. Le tort du vulgaire c'est de considérer ces biens qui sont les plus humbles à l'exclusion des autres, et d'y terminer les vues, les souhaits,

---

1. *Eth. Nic.*, X, viii, 1-3.
2. *Eth. Nic.*, I, x, 11-16; X, viii, 9-10.

le choix de l'homme : ce qui n'est par rapport à la félicité suprême qu'éléments, matériaux, ou conditions, devient ce à quoi s'attachent tous les désirs, et des choses d'une valeur secondaire et accessoire sont le dernier but de tous les efforts. On ne voit pas que le bonheur lui-même est incomparablement au-dessus de tout cela[1]. Il n'est aucun de ces biens particuliers : son excellence singulière est telle qu'il les dépasse tous, non comme le dernier terme d'une série qui les comprendrait avec lui, mais comme une chose vraiment éminente et unique. La félicité est le plus haut objet de la volonté et du choix, sans faire partie d'une somme qui embrasserait le reste et elle-même[2]. Il faut dire plutôt que c'est elle qui embrasse le reste[3], en ce sens qu'elle s'y reflète ou qu'elle s'en sert, et elle s'en sert parce qu'elle y est encore comme par un secret rayonnement, mais elle-même domine tout, et est vraiment maîtresse, vraiment souveraine, au même titre que l'intelligence avec laquelle elle se confond ou dont elle n'est en quelque sorte que la très vive et très douce conscience. La naturelle infirmité de l'homme rend nécessaire tout le reste, qui vaut infiniment moins, et, en même temps, si tout ce reste a quelque prix, ce n'est que par la relation qui le rattache au suprême objet.

Tout ce qui est vie raisonnable est bien plus étroite-

---

1 *Eth. Nic.*, I, vii, 8 ; viii, 15 et 16.

2. *Eth. Nic.*, I, viii, 8. Ἔτι δὲ πάντων αἱρετωτάτην, μὴ συναριθμουμένην.

3. *Rhetor.*, I, ix. Ἡ εὐδαιμονία τὴν ἀρετὴν... περιέχει.

ment lié au bonheur, et même doit entrer dans la définition qu'on en donne. Ainsi tandis que le bonheur vulgaire n'est que bonne fortune, εὐτυχία, le bonheur véritable est vie pratique de celui qui a la raison, πρακτική τις ζωὴ τὸν λόγον ἔχοντος [1], parfait développement de la nature par de vertueuses habitudes (τελειουμένοις διὰ τοῦ ἔθους [2]), donc sagesse pratique, φρόνησις, vertu morale, ἀρετή, et en même temps plaisir, ἡδονή ; mais, puisqu'il est vie, bonne vie, εὐζωΐα, et bonne manière d'agir, εὐπραγία ou εὐπραξία, il est vie éminente, ζωὴ κρατιστή, activité excellente, ἐνέργεια βελτίστη, vertu très parfaite, ἀρετὴ τελειοτάτη, et cela, parce qu'il est pensée pure et contemplation, θεωρία, et sagesse, σοφία, et à ce titre, comme Dieu même, chose très belle, souverainement bonne et souverainement douce, κάλλιστον, καὶ ἄριστον, καὶ ἥδιστον. Et voilà ce qui est proposé à l'homme comme la fin la meilleure, comme la fin dernière, comme la vraie fin des choses humaines, τῶν ἀνθρωπίνων τέλος [3].

1. *Eth. Nic.*, I, vii, 13.
2. *Eth. Nic.*, II, i, 3.
3. *Eth. Nic.*, X, vi, 1.

CHAPITRE V.

DES DIFFICULTÉS QUE SOULÈVE LA MORALE D'ARISTOTE. — COMMENT ELLES SONT DISSIPÉES PRESQUE TOUTES PAR L'ÉTUDE APPROFONDIE DE SON SYSTÈME.

Nous connaissons maintenant la doctrine morale d'Aristote dans son ensemble : nous savons comment elle règle et ordonne la vie humaine, quel principe régulateur elle établit, quelle fin suprême elle assigne à l'homme. Cette théorie soulève plusieurs difficultés. On peut se demander d'abord quelle sorte de relation elle admet entre la règle morale, qui est le beau, et la fin suprême, qui est le bonheur, et ensuite quel lien existe entre la vie pratique et la vie contemplative. Mais ici une nouvelle question se présente : Comment se fait-il que la contemplation soit le plus excellent objet et le terme final d'un être qui est fait pour la société? D'où vient qu'attaché aux autres hommes par tant de liens naturels, il ne trouve son parfait bonheur que dans une sorte d'isolement divin? Comment se concilient en lui et ce besoin de la vie pratique, sociale, politique, qui l'engage en tant d'affections ou d'affaires, et cette aspiration à la vie contemplative, qui l'affranchit de toute dépendance et a pour caractère saillant de se suffire à soi-même? Ce n'est pas tout. Comment un être dont la fin est le bonheur, est-il sollicité par je ne sais quel attrait intérieur à sacrifier tout ce qu'il a et tout ce qu'il est, pour l'amour du beau? Et, si le bonheur pour lui consiste dans le complet développement de toutes ses puissances, dans une vie pleine et épanouie, d'où vient qu'il peut avoir à perdre volontairement cette vie pour autrui? Enfin, comment se fait-il que le bonheur apparaisse tour à tour comme absolument indépendant des biens du dehors et comme ne pouvant s'en passer? Tantôt c'est assez, ce semble, pour l'homme de sa vertu et de sa pensée pour être heureux, et une sorte de stoïcisme anticipé, stoïcisme qu'on pourrait presque appeler mystique, respire dans telle page fière et sereine ; tantôt les avantages extérieurs sont loin d'être dédaignés, et cela dans la page même où ils semblaient parfaitement oubliés. Cette théorie de la félicité est-elle donc bien consistante?

Telles sont les diverses questions qu'on peut se poser en examinant attentivement la doctrine morale d'Aristote. Ce sont là de ces embarras, de ces difficultés comme il en signale souvent sous le nom d'ἀπορίαι. Sa très grande sincérité scientifique et philosophique se montre dans tous ses écrits par ces doutes et ces objections qu'il semble prendre plaisir à indiquer au milieu de l'exposition de ses plus chères théories. Ici néanmoins, nous ne voyons pas qu'il ait été arrêté lui-même, ou du moins il n'a pas eu une vue claire des difficultés, et il ne les a pas remarquées expressément. C'est que, parmi ces difficultés, les unes s'évanouissent si l'on approfondit davantage la doctrine même d'où elles semblent naître; les autres demeurent, mais comme elles tiennent à des conceptions dont le philosophe, pour des raisons faciles à trouver, n'a pas suspecté la justesse, on comprend qu'il n'ait guère pris garde aux embarras que ces conceptions pouvaient créer. S'il s'inquiétait peu du désaccord qui nous frappe entre telle et telle idée, c'est que la nature du génie grec et celle de son propre esprit y mettaient un secret accord et rendaient possible, sinon une parfaite fusion, du moins un rapprochement. C'est ce que nous allons voir en entrant dans le détail.

Qu'est-ce pour Aristote que la vertu? Ce qui rend un être apte à accomplir son œuvre propre en perfection. Mais qu'est-ce donc que le bonheur? Le complet et parfait épanouissement de l'être. Or, comment l'être s'épanouira-t-il en perfection s'il n'accomplit son œuvre propre en perfection? La vertu est donc, au fond, la même chose que le bonheur. Ce que nous trouvons, et dans la vertu et dans le bonheur, c'est la perfection. La vertu consiste à être parfait; le bonheur, c'est la conscience d'être parfait; et on n'est point parfait si on ne le sait, si on ne le sent, si on ne s'y plaît : la conscience de la perfection et le plaisir de posséder la perfection ne se séparent point de la perfection même. Mais être parfait, c'est être tel qu'on doit être, c'est avoir en acte tout ce à quoi l'on est destiné par sa nature propre : la perfection de l'être, c'est le développement de l'être conformément à la nature vraie de l'être, à son essence, à sa raison ou notion, à son idéal. Et comme l'être intelligent est capable de reconnaître en soi cet idéal qu'en soi précisément il porte par le fait même de l'existence, comme de plus il est capable de s'y conformer par le libre choix de sa volonté et que cela même est ce qui le réalise, la perfection consiste à vivre selon la raison, selon la droite raison, et une telle vie est belle; et agir en vue du beau, c'est encore agir en vue de la vraie et suprême fin de l'homme, qui est le bonheur, au sens où nous venons de l'expliquer[1].

Remarquons seulement qu'en tout ceci le mot *vertu* n'a point une signification proprement morale. Il est synonyme d'*excellence*, et le bonheur ou la félicité n'étant en définitive que la conscience très douce de l'excellence, on voit aisément comment et pourquoi *vertu* et *bonheur* coïncident.

Ce sens du mot grec ἀρετή n'est point particulier à Aristote. C'est le sens ordinaire, et nous le trouvons dans Platon; mais Aristote en use en le rattachant

---

1. Aussi Aristote peut-il dire, dans un texte que nous avons déjà indiqué : πράξεις τινές λέγονται καὶ αἱ ἐνέργειαι τὸ τέλος. *Eth. Nic.*, I, VIII, 3.

à ses théories : aussi est-ce chez lui qu'on le remarque le plus.

La *vertu*, c'est la qualité éminente d'une chose qui est à son point de maturité, qui a tout son développement, qui est tout ce qu'elle peut et doit être, et qui, dès lors, étant pleinement bonne, est apte à remplir sa fin, est dans l'ordre, et, comme telle, plaît et charme, ἀρετή, ἄριστον, ἀριθμος, ἀρτίζω, ἀρίσκω. Aristote ne signale pas ces relations entre des mots en apparence éloignés et se rattachant tous à une commune origine; mais, s'il ne les constate pas, s'il n'en a pas une vue explicite, elles sont présentes à sa pensée d'une manière implicite et confuse, et l'idée qu'il se fait de la vertu enveloppe tout cela. Il la définit ce qui achève ou accomplit l'œuvre propre d'un être[1]. Il dit que pour le cheval de course elle consistera à bien courir, à bien porter le cavalier, à bien soutenir le choc des ennemis, et alors le cheval sera ce qu'il doit être, σπουδαῖος, et il sera bon, ἀγαθός. Il dit encore que la vertu de l'œil consiste à voir et à bien voir, et que l'œil qui voit bien est bon. Il déclare donc que la vertu est ce qui rend les choses bonnes, et les choses sont bonnes quand elles sont développées dans le sens de leur nature et qu'elles vont à leur fin. Mais il remarque que la *vertu* n'est pas seulement l'activité conforme à la nature, mais que c'est cette activité avec quelque chose de supérieur; mais de supérieur à quoi? de supérieur à l'ordinaire? oui, sans doute, et même encore de supérieur à ce qui est strictement requis, προστιθεμένης τῆς

---

1. *Eth. Nic.*, II, vi, 2, 3. Voir aussi I, vii, 15.

κατ' ἀρετὴν ὑπεροχῆς[1]. Notons bien ce mot, ὑπεροχή. Ne le confondons pas avec cet autre mot, ὑπερβολή. Ce qu'Aristote nomme ὑπερβολήν c'est ordinairement ce qui passe la mesure, et à cet *excès*, il oppose le *défaut*, ἔλλειψιν[2]. Le bien étant conçu comme le point de maturité des choses, ce qui va au delà, comme ce qui demeure en deçà, n'est plus le bien, τὸ εὖ. En ce sens donc le bien est le *milieu*, τὸ μέσον. Mais n'en concluons pas qu'il soit la *médiocrité*. Rien de ce qui est médiocre n'est vraiment bon. La mesure est belle, et partant elle est bonne : c'est que la mesure est ce qui garde le bien, τῆς μεσότητος σωζούσης τὸ εὖ, puisqu'elle empêche l'excès ou le défaut de le détruire, τῆς ὑπερβολῆς καὶ τῆς ἐλλείψεως φθειρούσης τὸ εὖ[3]. La médiocrité n'est pas belle, et elle n'est pas bonne : elle tient du défaut, ou du moins elle est si strictement le nécessaire, l'indispensable, qu'elle est tout près du défaut. Elle n'est pas indigence, sans doute, mais elle n'est pas richesse. La plénitude vraie est surabondance. Ces formules ne sont pas textuellement dans Aristote, mais je les crois conformes à sa pensée. Ne dit-il point partout que ce n'est pas assez d'*être*, et qu'il faut *être bien ?* Que *vivre* ne suffit pas, et qu'il faut vivre *bien*[4] ? Au pur et strict nécessaire n'oppose-t-il

---

[1]. *Eth. Nic.*, I, vii, 14. — Comparer *Polit.*, I, ii, 17, 1255ᵃ.

[2]. *Eth. Nic.*, II, vi, 9. — Dans la *Polit.*, VII, (IV), i, 3 et 4, 1323ᵇ, nous trouvons le mot ὑπερβολή pris lui-même dans le bon sens, par opposition à la médiocrité. Voir aussi *Eth. Nic.*, VIII, vi, 2, où il est dit, en bonne part, que l'amitié très pure et très vraie semble être ὑπερβολή.

[3]. *Eth. Nic.*, II, vi, 9.

[4]. *Polit.*, I, i, 8, 1252ᵇ. Ἡ πόλις... γινομένη, οὖν τοῦ ζῆν ἕνεκεν, οὖσα δὲ τοῦ εὖ ζῆν.

pas, en toutes choses, ou n'ajoute-t-il pas le *bien?* Et ce *bien*, ne déclare-t-il pas expressément que c'est, en soi, un sommet[1]? C'est le point de maturité, disons-nous, et Aristote ne se sert-il pas de ce mot, τοῖς ἀκμαίοις[2], pour désigner les êtres qui ont atteint tout leur développement? C'est le faîte des choses, ἀκρότης. Et, pour en revenir à la vertu, la vertu est ce plein développement des choses, avec cette surabondance dont nous parlions tout à l'heure; c'est l'être bon, et tout à fait bon; c'est l'être ayant tout le nécessaire, et je ne sais quoi de superflu, ὑπερέχειν, ὑπεροχή. Ainsi chaque nature a ce que j'appellerai ses exigences : tant qu'elles ne sont point satisfaites, quelque chose lui manque, et, comme elle n'est pas vraiment elle-même, elle n'est pas *bonne*, et il n'y a pas lieu de parler de *vertu* à son sujet. Ces exigences remplies, elle est *bonne*, puisqu'elle a tout ce qui lui est nécessaire; pourtant ce ne sera pas encore une pleine et complète bonté, si, par delà ce qui est strictement requis, elle n'a rien. Ce qui la fait ce qu'elle est, ne peut-elle donc pas l'avoir à un degré

---

1. *Eth. Nic.*, II, vi, 17. Ἀρετή... κατὰ δὲ τὸ ἄριστον καὶ τὸ εὖ ἀκρότης. Voir *Polit.*, I, 1, 8, 1252ᵇ... τὸ τέλος, βέλτιστον· ἡ δ' αὐτάρκεια καὶ τέλος βέλτιστον. Ce qu'Aristote appelle ici αὐτάρκεια, c'est cette suffisance et abondance que procure la vie en commun dans la cité bien organisée, alors qu'on ne vit pas seulement d'une vie telle quelle, mais qu'on vit *bien*; et le citoyen libre des soins que réclament les nécessités de la vie, ayant ce qu'Aristote nomme τὴν τῶν ἀναγκαίων σχολήν (*Polit.*, II, vi, 2, 1269), les vertus politiques et les hautes spéculations philosophiques deviennent possibles : αὐτάρκεια d'un ordre supérieur, heureuse indépendance, de ceux qui vivent *bien* au sens le plus complet et le plus élevé du mot. Voir *Polit.*, III, v, 14, 1279ᵇ et 1281.

2. *Eth. Nic.*, X, iv, 8.

éminent, d'une manière excellente? Et, si elle l'a ainsi, ne sera-t-elle pas plus véritablement elle-même? L'excès déforme, non moins que le défaut; mais le surplus dont nous parlons, c'est l'excellence de la forme même, c'est une bonté souveraine qui n'est que plus proprement bonté, et avoir plus que le strict nécessaire, c'est enfin la seule façon d'avoir tout ce qu'appelle et comporte la nature. C'est là une des vues les plus profondes d'Aristote. Nous la retrouverons tout à l'heure encore quand nous considérerons la vie contemplative. Être soi, selon Aristote, c'est avoir ce qui est requis pour être soi, et puis c'est encore avoir quelque chose en plus. Il y a une manière médiocre d'être soi; il y en a une éminente, et c'est celle-ci qui est la vraie, parce qu'elle semble franchir les limites de l'être même. La vertu est donc l'activité la plus déterminée, la plus précise, la plus conforme à l'essence, à la nature, à la notion propre, à l'idée ou l'idéal de chaque être[1]; mais elle n'est cela que parce qu'elle est chose éminente, excellente, et qu'au lieu de resserrer, elle dilate, au lieu de comprimer, elle exalte. Elle est perfection[2]. Et la perfection, c'est l'activité, c'est l'acte : acte réglé, en ce sens que la nature propre de l'être lui sert de mesure et de loi[3]; mais acte puissant,

---

1. Voir dans la *Polit.*, I, v, 1, l'opposition entre τὸ τέλειον et τὸ ἀτελές.

2. *Métaph.*, V (Δ), xvi. Καὶ ἡ ἀρετὴ τελείωσίς τις· ἕκαστον γὰρ τότε τέλειον, καὶ ἡ οὐσία πᾶσα τελεία, ὅταν κατὰ τὸ εἶδος τῆς οἰκείας ἀρετῆς μηδὲν ἐλλείπῃ μόριον τοῦ κατὰ φύσιν μεγέθους.

3. Voir ce qu'Aristote dit de ce qu'il appelle μέγεθος dans l'action tragique où il veut de justes proportions, *Poet.*, v, et dans l'État, où il veut aussi une juste grandeur, *Polit.*, VII, (IV), iv. Il comprend que dans les choses morales, il y a possibilité d'aller en quelque sorte à l'infini, ce que Ma-

cette mesure n'étant pas une borne fâcheuse, ni cette loi une gêne, mais au contraire une carrière vaste qui s'ouvre à l'activité, en un sens, inépuisable de l'être dirigé par la droite raison, allant, par conséquent, droit devant soi, sans écart, sans égarement, et allant par cela même jusqu'en haut. Or, quand on est parvenu à ce terme, que trouve-t-on enfin? Le suprême bonheur dans la vertu parfaite.

C'est ainsi qu'en demandant à la doctrine même d'Aristote, plus profondément considérée, l'explication d'une apparente *antinomie*, on comprend qu'il ait pu, sans contradiction, donner pour objet à la volonté humaine la vertu et le bonheur. Mais il est clair que nous n'avons pas ici envisagé la vertu sous un aspect proprement moral ou pratique. Sous ce nom de vertu, nous avons compris la spéculation, la contemplation, la vie contemplative. Vivre selon la pure intelligence, vivre de la vie de la pure pensée, c'est ce qu'Aristote appelle vivre selon la vertu la plus parfaite, κατὰ τὴν ἀρετὴν τὴν τελειοτάτην[1]. Quand la vertu devient proprement la vertu

---

lebranche appelle *s'avancer dans le bien.* Notons ce passage de la *Politique* indiqué plus haut, VII (IV), 1, 3, 1323. Il parle de ceux qui trouvent toujours qu'on a assez de vertu, τῆς ἀρετῆς ἔχειν ἱκανὸν νομίζουσιν ὁποσονοῦν, mais qui veulent sans cesse plus de richesses, de puissance, de gloire, etc. Καὶ πάντων τῶν τοιούτων εἰς ἄπειρον ζητοῦσι τὴν ὑπερβολήν. C'est tout le contraire qu'il faudrait pour être vraiment heureux. Μᾶλλον ὑπάρχει (ἡ εὐδαιμονία) τοῖς τὸ ἦθος μὲν καὶ τὴν διάνοιαν κεκοσμημένοις εἰς ὑπερβολήν (notons tous ces mots), περὶ δὲ τὴν ἔξω κτῆσιν τῶν ἀγαθῶν μετριάζουσιν, ἢ τοῖς ἐκεῖνα μὲν κεκτημένοις πλείω τῶν χρησίμων, ἐν δὲ τούτοις ἐλλείπουσιν. — Rappelons ici un texte très remarquable que nous avons déjà cité, *Eth. Nic.*, IV, III, 8 : Ἔστι δὴ ὁ μεγαλόψυχος τῷ μὲν μεγέθει ἄκρος, τῷ δὲ ὡς δεῖ μέσος.

1. *Eth. Nic.*, I, VII, 15.

pratique, et c'est aussi celle qui est morale proprement, quelle relation a-t-elle, suivant Aristote, avec le bonheur?

Cette vertu pratique et morale est certainement perfection, mais elle n'est pas la perfection ; ou si l'on aime mieux, elle est parfaite, mais non ce qu'il y a de plus parfait. Traduisez cela en langage moderne : elle est une *fin*, mais elle n'est pas la suprême *fin*[1]. C'est une fin : on peut la vouloir pour elle-même, en ce sens qu'on peut ne pas songer expressément à ce qui lui est supérieur ; tout acte d'ailleurs est une fin, et peut être voulu pour soi-même : ainsi la vision, ainsi le plaisir[2]. Mais ce n'est pas la fin dernière : on peut la vouloir en vue d'une autre fin, qui est plus élevée ; et celle-là seule est dernière qui ne peut être voulue pour autre chose et à laquelle, d'autre part, tout peut être rapporté[3]. La vertu proprement morale n'a pas ce caractère; c'est une fin, une fin en soi, et c'est aussi une fin subordonnée[4]. C'est, en un sens, un moyen. La vertu, comme nous la considérions tout à l'heure, se confondait avec la fin suprême. Ici, la vertu n'est-elle pas plutôt comme la voie qui mène à la fin suprême, ou comme l'un des degrés par où l'on s'y élève? Aristote dit quelque part

---

1. C'est ce que marque l'étymologie du mot grec τέλειον. Aristote dit quelque part τελειότατον τέλος. Voir *Eth. Nic.*, I, vii, 8 et 4.

2. *Eth. Nic.*, I, vii, 5.

3. *Eth. Nic.*, I, vii, 4. Καὶ ἁπλῶς δὴ τέλειον τὸ καθ' αὑτὸ αἱρετὸν ἀεὶ καὶ μηδέποτε δι' ἄλλο. — I, x, 15. Τὴν εὐδαιμονίαν δὲ τέλος, καὶ τέλειον τίθεμεν πάντῃ πάντως.

4. L'auteur de la *Grande Morale* fait de la vertu la fin suprême, dans un texte que nous avons signalé plus haut, mais il y a là une façon plutôt stoïcienne que purement aristotélique d'entendre les choses. *Magn. Moral.*, I, xviii.

que le bonheur est le prix de la vertu, ἆθλον τῆς ἀρετῆς[1]. Et puis, il regarde la vertu comme ce qui est louable proprement, et il place le bonheur en un rang plus relevé, parmi les choses qu'on honore, qu'on vénère, qu'on adore. La vertu demeure dans la région purement humaine, le bonheur réside dans une sphère divine. Quel lien établit-il entre ces deux domaines? Ici les questions se pressent. Si la vertu n'est en un sens qu'un moyen, comment a-t-elle, en certaines occurrences, toutes les apparences d'une fin dernière? Quand on perd tout pour l'amour du beau, quand on meurt pour le beau, cet entier sacrifice fait au beau moral, ce sacrifice non seulement de tous les biens de la vie, mais aussi, dans la doctrine d'Aristote, ce semble, de ce qu'il y a de plus excellent, de la contemplation même et de la pensée, ce sacrifice qui détruit tout, qui anéantit tout, comment l'expliquer, si le beau moral n'est pas fin dernière? En outre, cette vie contemplative, qui est déclarée supérieure à la vie pratique, a-t-elle elle-même, oui ou non, un caractère moral? Aristote dit que nous louons le sage à cause de la sagesse qu'il possède, ἐπαινοῦμεν δὲ καὶ τὸν σοφὸν κατὰ τὴν ἕξιν, et celles des qualités ou *habitudes* (au sens étymologique du mot) que nous déclarons louables, ce sont des vertus, τῶν ἕξεων δὲ τὰς ἐπαινετὰς ἀρετὰς λέγομεν[2]. Mais, dans la sphère supérieure où nous in-

1. *Eth. Nic.*, I, ix, 3.
2. *Eth. Nic.*, I, xiii, 20.

troduit la sagesse pure, la sagesse toute spéculative, la louange expire, et la contemplation est digne d'honneur, digne d'un religieux respect, αὐτὴ καθ' αὑτὴν τιμία[1]. Or, la vertu morale proprement dite, qui par elle-même ne donne qu'un bonheur de second ordre, δευτέρως, parce qu'elle est activité purement humaine, ἐνέργειαι ἀνθρωπικαί, cette vertu morale, ἡ τοῦ ἤθους ἀρετή, prépare-t-elle la suprême sagesse et le bonheur transcendant, ἡ τοῦ νοῦ εὐδαιμονία, κεχωρισμένη[2]? La moralité pratique a-t-elle avec la félicité *séparée* et tout intellectuelle un lien? Celle-ci est-elle la suite, en quelque sorte, de celle-là, étant amenée par elle, ou encore en est-elle la récompense, et cet état supérieur, où, ce semble, l'on ne mérite plus, est-il donné au mérite acquis dans l'état inférieur? Si la contemplation n'est pas à proprement parler méritoire, est-ce l'effort vers la contemplation qui peut l'être, et le travail des vertus pratiques est-il une des parties de cette laborieuse préparation? Toutes ces questions ne laissent pas que d'être embarrassantes, et je ne pense pas qu'à toutes nous puissions donner une réponse nette et décisive. Seulement, en cherchant une réponse, nous pénétrerons de plus en plus dans la doctrine d'Aristote, et nous saisirons mieux sa pensée.

La *Morale à Eudème* et la *Grande Morale* nous sont ici d'un précieux secours. Toutes pleines de la pensée d'Aristote, elles la modifient pourtant çà et là, ou bien,

1. *Eth. Nic.*, X, viii, 8.
2. *Eth. Nic.*, X, viii, 1-3.

en reproduisant les formules qui l'expriment, elles ne paraissent pas la saisir dans ce qu'elle a de plus profond. Ces défaillances, aussi bien que ces timides essais de correction, sont pour nous chose particulièrement instructive. Parfois, là où le maître n'a point vu ou a méprisé la difficulté, le disciple s'arrête embarrassé, puis tente une explication qui n'est pas sans intérêt ; et tout cela forme comme un commentaire de l'œuvre propre d'Aristote.

Ainsi l'auteur de la *Morale à Eudème* semble, au début, hésiter quelque peu sur la définition même du bonheur. Le bonheur ou en d'autres termes, la vie bienheureuse et belle (τὸ εὐδαιμονεῖν καὶ τὸ ζῆν μακαρίως καὶ καλῶς) consiste surtout en trois choses qui paraissent les principaux objets du vouloir (εἴη ἂν ἐν τρισὶ μάλιστα τοῖς εἶναι δοκοῦσιν αἱρετωτάτοις), et ce sont la pensée appelée ici φρόνησις, la vertu, le plaisir[1]. C'est l'opinion commune qu'il rapporte, mais lui-même fera entrer ces trois éléments dans la félicité. Jusqu'ici la théorie d'Eudème s'accorde à peu près avec la doctrine d'Aristote ; seulement il y a quelque nouveauté à présenter ainsi les choses. Les trois vies distinguées par Aristote sont là : retrouver dans le bonheur même ce qui est en quelque sorte le fond de chacune, c'est commenter Aristote plutôt que le répéter, car si chez lui le bonheur est chose douce, c'est la théorie de l'activité, de l'ἐνέργεια, qui explique

---

1. *Eth. Eud.*, I, 1, 7.

cela ; or cette grande théorie demeure ici dans l'ombre. Mais n'insistons pas. L'auteur donne un peu plus loin une double définition du bonheur : vivre sans regret et par une volonté pure selon la justice, ζῆν ἀλύπως καὶ καθαρῶς[1] πρὸς τὸ δίκαιον, ou participer à quelque contemplation divine, ἢ τινος θεωρίας θείας κοινωνεῖν[2]. Ainsi d'une part la vertu, résumée dans la justice embrassée d'un cœur ferme, droit et content, d'autre part la pensée, la sagesse, avec son objet divin atteint par quelque opération qui semble divine aussi. Quelle précision quand il s'agit de la vertu! Son caractère social, et en même temps son caractère désintéressé, est fortement marqué ; et bientôt, l'auteur explique que cette vertu dont il parle c'est celle du politique, mais du politique selon la vérité, ὁ πολιτικὸς κατὰ τὴν ἀλήθειαν, lequel veut les actions belles pour elles-mêmes, προαιρετικὸς τῶν καλῶν χάριν αὐτῶν, et non pour les avantages qu'elles procurent[3]. Nous voilà bien fixés. Au contraire, quelle vague idée de la vie contemplative[4]! Que cette vie soit appelée vie philosophique, φιλόσοφος βίος[5], et cela à plusieurs reprises, ce n'est pas là un grand éclaircissement. Dira-t-on que l'auteur n'a voulu que l'indiquer dès le début? Il eût

---

1. Le mot καθαρῶς ne sent-il pas Platon?
2. *Eth. Eud.*, I, iv, 4.
3. *Eth. Eud.*, I, v, 12.
4. Sans doute Aristote dit aussi θεωρία τις (*Eth. Nic.*, X, viii), mais c'est pour marquer que la contemplation accordée à l'homme est semblable à la pure pensée de Dieu, sans en avoir absolument toute l'excellence. Aristote d'ailleurs montre dans ce chapitre même en quoi elle consiste.
5. *Eth. Eud.*, I, iv, 3; v, 13.

pu déjà la caractériser plus nettement; et puis, après cette première indication si insuffisante, il n'en fait aucune étude. C'est manifestement la vertu proprement dite, la vertu morale, qui seule l'intéresse. A la fin seulement, dans ce dernier chapitre du dernier livre, mal rattaché à ce qui précède, et débris isolé apparemment d'un traité plus considérable, il se souvient de cette contemplation qu'il avait signalée comme un des éléments et comme une des formes du bonheur. Qu'en dit-il? Lui qui avait nettement déclaré que certains philosophes regardent la pensée comme un plus grand bien que la vertu, ici, dans une belle esquisse de la vie parfaite, toute belle et toute bonne, καλοκαγαθία, il tranche résolument enfin la question, posée auparavant, mais non discutée. La partie contemplative de notre être est décidément la plus haute, mais entre elle et le reste il y a un lien étroit. C'est elle qui commande, c'est elle qui donne la règle. Et comment? Le but suprême de la vie, c'est la contemplation, oui, mais la contemplation de Dieu, τὴν τοῦ θεοῦ θεωρίαν, et, pour ne laisser aucun doute sur le sens de ces mots, l'auteur ajoute deux ou trois lignes plus loin à ce mot θεωρεῖν, *contempler,* cet autre mot bien remarquable et absolument étranger au langage et à la pensée d'Aristote, θεραπεύειν, *servir*[1]. Voilà donc la suprême affaire, servir et contempler Dieu, τὸν θεὸν θεραπεύειν καὶ θεωρεῖν. C'est ce qui convient le mieux à l'âme, c'est la règle la meilleure qu'elle se puisse donner

---

1. On lit bien dans la *Politique,* VII (IV), VIII, 6 (1323ᵃ) : θεραπείαν ἀποδιδόναι τοῖς θεοῖς. Mais là il s'agit du culte social et légal des dieux.

pour juger des choses, c'est le meilleur moyen qu'elle ait d'en discerner, d'en déterminer la valeur : comme c'est ce qui donne à l'âme son propre caractère et la définit, οὗτος ὁ τῆς ψυχῆς ὅρος ἄριστος, c'est aussi, et par cela même, ce qui donne à la perfection de la vie humaine son propre caractère, ὅρος τῆς καλοκαγαθίας, et c'est ce qu'il faut avoir en vue dans l'appréciation des biens considérés d'une manière absolue, ὁ σκόπος τῶν ἁπλῶς ἀγαθῶν. Le choix et la possession de tels ou tels biens naturels, biens du corps, richesses, amis, feront-ils que nous soyons plus aptes à contempler Dieu, notons les mots grecs et pesons-les, ἡ αἵρεσις καὶ κτῆσις τῶν φύσει ἀγαθῶν ποιήσει τὴν τοῦ Θεοῦ μάλιστα θεωρίαν? Alors c'est une chose excellente que ce choix et cette possession. Quel plus noble moyen de juger des biens pourrait-on souhaiter? αὕτη ἀρίστη, καὶ οὗτος ὁ ὅρος κάλλιστος. Au contraire, y a-t-il là, soit à cause de quelque défaut, soit à cause de quelque excès, un empêchement à servir et à contempler Dieu? Alors c'est mauvais, εἴ τις δ'ἢ δι' ἔνδειαν ἢ δι' ὑπερβολὴν κωλύει τὸν θεὸν θεραπεύειν καὶ θεωρεῖν, αὕτη δὲ φαύλη[1]. C'est donc au service et à la contemplation de Dieu que tout se termine, et l'on voit quelle intime relation existe entre la vie pratique et cette suprême fin. L'auteur, quel qu'il soit, de la *Morale à Eudème* a cherché dans une conception religieuse, plus conforme à la doctrine de Platon qu'à celle d'Aristote, la solution de la difficulté. Il est arrivé

---

1. *Eth. Eud.*, VII, xv, 16 et 17 (dans l'édit. de Fritzsche, VIII, iii), 1249ᵇ.

ainsi à subordonner la pratique à la contemplation, sans ôter à la pratique son prix : il y voit un acheminement au service et à la connaissance de Dieu.

Considérons maintenant un texte de la *Grande Morale* que nous avons déjà cité. C'est la distinction entre les choses dignes de louange, τὰ ἐπαινετά, et les choses dignes d'honneur ou de respect, τὰ τίμια, qui y est expliquée[1]. Cette distinction vient d'Aristote, et on peut dire qu'elle lui est propre. L'auteur des *Magna Moralia* y joint, en la reproduisant, un commentaire qui montre bien ce que la place faite à la vertu dans le système d'Aristote avait d'inquiétant ou d'embarrassant. Si le bonheur, qui est en définitive la même chose que la contemplation, est au nombre des biens dignes d'honneur ou de respect, tandis que la vertu proprement morale ou pratique est plutôt digne de louange, voilà que la vertu est placée en un rang inférieur. Mais l'auteur des *Magna Moralia* introduit ici une distinction fort importante entre la vertu qui se fait et la vertu parfaite : celle-là est une laborieuse conquête du bien ; celle-ci en est la paisible possession. C'est la vertu par laquelle on devient bon, qui est digne de louange : car, dirions-nous maintenant, c'est un effort, effort méritoire ; l'autre est chose respectable, vénérable, τίμιόν τι : l'homme vertueux en ce sens est l'homme qui s'est comme revêtu et pénétré de la vertu, qui en a pris la forme, ἥκει εἰς

---

1. *Magn. Moral.*, I, II, 1.

τὸ σχῆμα τῆς ἀρετῆς[1]. Une telle vertu est donc, comme la contemplation, un bien suréminent, un bien divin.

Ailleurs, l'auteur de la *Grande Morale* prétend que la sagesse même, σοφία, est une vertu, et une vertu dans la signification morale du mot. Il avait déclaré que la louange ne convient ni à l'homme prudent, ni à l'homme sage, en tant qu'ils sont tels : il l'avait réservée à la vertu pratique seule. C'était dire que les vertus intellectuelles n'ont aucune valeur morale. Il revient sur cette première opinion, et la modifie. De la sagesse pratique d'abord, φρόνησις, il fait une vertu : elle n'est pas science, dit-il, car ce n'est pas la science qui est objet de louange, c'est la vertu, et la sagesse pratique obtient la louange. Dans toute science, l'acquisition ou l'usage peut avoir quelque caractère moral, la sagesse pratique est elle-même vertu. Voilà qui est net et précis. Mais alors comment la sagesse proprement dite, la sagesse spéculative, σοφία, ne serait-elle pas vertu, elle aussi ? N'est-elle pas supérieure à la sagesse pratique ? Combien son objet n'est-il pas plus relevé, puisqu'il est l'éternel même et le divin, au lieu que la sagesse pratique se borne à l'humain et à ce qui est utile à l'homme ? Se pourrait-il qu'étant au-dessus de la pensée pratique par son objet, la pensée pure se trouvât néanmoins au-

---

[1]. Montaigne, *Essais*, II, xi. « Ce n'est plus vertu pénible..., c'est l'essence même de leur âme, c'est son train naturel et ordinaire. » — Aristote dit lui-même : Τῆς ἀρετῆς καὶ τῆς εὐεργεσίας ἡ τιμὴ γέρας. *Eth. Nic.*, VIII, xiv, 2. Est-ce parce qu'il prend ici le mot ἀρετή, dans le sens large d'excellence ou le mot τιμή, dans un sens peu précis ? N'est-ce pas aussi parce qu'il pense surtout à la *bienfaisance*, et que *faire du bien*, c'est être cause et principe d'action, ce qui est chose divine ?

dessous, le caractère moral que celle-là possède manquant à celle-ci? Sa dignité exige qu'elle soit vertu : elle l'est donc [1]. Si l'on considère que suivant l'auteur de la *Grande Morale*, il n'y a rien de supérieur à la vertu et au beau qui en est l'unique objet, on comprendra que la vertu étant la suprême fin [2], la sagesse spéculative ou pensée pure placée par Aristote au faîte des choses devait embarrasser singulièrement un disciple qui incline vers une sorte de stoïcisme : il surmonte, à sa manière, la difficulté, en rapportant la sagesse spéculative elle-même à la vertu et en lui attribuant un caractère moral que réclame une si haute excellence, et sans lequel d'ailleurs cette excellence semblerait compromise.

Revenons à Aristote lui-même. La vertu morale est, dans son système, mise au-dessous de la contemplation : c'est certain; et en même temps le beau moral, en vue duquel on agit quand on est vertueux, est d'un tel prix que pour lui on doit mourir s'il le faut : c'est également certain. La vertu est-elle donc la voie par où l'on va au bonheur, lequel consiste dans la contemplation? Nous trouvons que, selon Aristote, la vertu a elle-même ses joies, joies profondes, qui s'allient merveilleusement aux peines qu'elle impose quelquefois [3]. Le

---

1. *Magn. Moral.*, I, v; xxxiv, 12 et 17.
2. *Magn. Moral.*, I, xviii, 5 et 6; xix, 1.
3. *Eth. Nic.*, I, viii, 10-13. Ἔστι δὲ καὶ ὁ βίος αὐτῶν (τῶν καλῶν καὶ ἀγαθῶν) καθ' αὑτὸν ἡδύς... Ἑκάστῳ δ' ἐστὶν ἡδὺ πρὸς ὃ λέγεται φιλοτοιοῦτος... καὶ ὅλως τὰ κατ' ἀρετὴν (ἡδέα) τῷ φιλαρέτῳ... Τοιαῦται δ' αἱ κατ' ἀρετὴν πράξεις, ὥστε καὶ τούτοις (τοῖς φιλοκάλοις) εἰσὶν ἡδεῖαι καὶ καθ' αὑτάς. Οὐ-

courage est douloureux, si l'on regarde aux maux physiques, par exemple, qu'il entraîne ; il est plein de douceur, si on le considère en lui-même[1]. Les coups que reçoit l'athlète sont durs, mais envisagez la couronne qui se prépare ainsi, ils seront doux. La vertu trouve en soi sa couronne, et elle est tout ensemble dure, étant effort et lutte, douce, étant vertu, c'est-à-dire œuvre excellente. Le bonheur est de cette manière dans la vertu même. A ce vaillant qui meurt la vertu, qui le décide à mourir, est, avec la joie de mourir pour une noble cause, le terme même où tout se termine[2]. Le fruit de l'action vertueuse n'est point en dehors de l'action vertueuse dans une contemplation et dans une félicité qui serait la récompense de l'action vertueuse. La difficulté ici n'est-elle pas inextricable ? Et pourtant Aristote dit expressément que la félicité, c'est-à-dire la

δὲν δὲ, προσδεῖται τῆς ἡδονῆς ὁ βίος αὐτῶν ὥσπερ περιάπτου τινος, ἀλλ' ἔχει τὴν ἡδονὴν ἐν ἑαυτῷ...

1. *Eth. Nic.*, III, ix, 2-3. Οὐ μὴν ἀλλὰ δόξειεν ἂν εἶναι τὸ κατὰ τὴν ἀνδρείαν τέλος ἡδύ.

2. *Eth. Nic.*, III, ix, 5. Οὐδὲ δὴ ἐν ἁπάσαις ταῖς ἀρεταῖς τὸ ἡδέως ἐνεργεῖν ὑπάρχει, πλὴν ἐφ' ὅσον τοῦ τέλους ἐφάπτεται. — III, vii, 6. Τέλος δὲ πάσης ἐνεργείας ἐστὶ τὸ κατὰ τὴν ἕξιν. — Comparer Montaigne, *Essais*, II, xi. « Il me semble lire en cette action je ne sais quelle esjouissance de son âme, et une émotion de plaisir extraordinaire et d'une volupté virile, lorsqu'elle considérait la noblesse et haulteur de son entreprise.

Deliberata morte ferocior;

non pas aiguisée par quelque espérance de gloire... (car cette considération est trop basse pour toucher un cœur si généreux, si haultain et si roide); mais pour la beauté de la chose même en soy, laquelle il voyait bien plus claire et en sa perfection, luy qui en maniait les ressorts, que nous ne pouvons faire. » — Voir encore Hume, *Inquiry concerning Morals*, Append. I. « As virtue is an end and is desirable on its own account, without fear or reward, merely for the immediate satisfaction it conveys... »

contemplation apparemment, est le prix ou la récompense de la vertu. Ses paroles sont formelles : τὸ γὰρ τῆς ἀρετῆς ἆθλον καὶ τέλος, ἄριστον φαίνεται καὶ θεῖόν τι καὶ μακάριον[1] : le prix de la lutte, la fin, le but de l'effort et du labeur, et c'est quelque chose d'excellent et de divin et de bienheureux. Le lien que nous cherchions entre la vie pratique et la vie contemplative est, ce semble, bien indiqué ici. L'une prépare l'autre, par l'une on mérite l'autre. Et ailleurs, au Xe livre cette fois, c'est-à-dire là où il traite explicitement de la contemplation, Aristote, énumérant les caractères qui la rendent supérieure à la vie pratique, écrit ceci : Si nous prenons de la peine, c'est pour avoir du loisir. Admirons en passant l'énergique concision du grec : ἀσχολούμεθα ἵνα σχολάζωμεν. C'est la même idée que tout à l'heure, l'idée d'un repos divin obtenu par le labeur d'une action qui certes ne le vaut pas, mais qui le prépare et le mérite. La guerre procure les douceurs de la paix. La vertu pratique et morale, vertu militante, procure le plus grand des biens, le loisir de la pensée jouissant d'elle-même, la contemplation, la suprême, la véritable félicité[2]. Mais alors comment se fait-il que cette vertu militante, succombant avant d'avoir atteint ce terme divin, trouve pourtant dans son propre sein une joie qui lui suffise ?

---

1. *Eth. Nic.*, I, ix, 3.
2. *Eth. Nic.*, X, vii, 6 et 7. Δοκεῖ τε ἡ εὐδαιμονία ἐν τῇ σχολῇ εἶναι... αὗται δὲ (les vertus pratiques et sociales) ἄσχολοι καὶ τέλους τινὸς ἐφίενται... Ἡ τοῦ πολιτικοῦ ἀρετή... ἄσχολος, καὶ παρ' αὐτὸ τὸ πολιτεύεσθαι περιποιουμένη, δυναστείας καὶ τιμὰς ἤ, τήν γε εὐδαιμονίαν αὐτῷ καὶ τοῖς πολίταις, ἑτέραν οὖσαν τῆς πολιτικῆς.

Entravée dans sa marche vers le but où elle aspire, elle semble le toucher, d'une autre manière : le sacrifice qu'elle fait au beau moral est, comme la contemplation même, félicité.

Ainsi, plus on approfondit la doctrine d'Aristote, plus les idées paraissent se troubler. Mais ce travail d'interprétation n'est pas vain. Si les textes s'opposent aux textes, ce n'est qu'en apparence. L'étude qu'on en fait augmente d'abord les difficultés : elle donne, à la fin, le moyen de les surmonter. Non que toutes ces difficultés s'évanouissent complètement, mais on comprend au moins pourquoi Aristote ne les a pas remarquées. Sa doctrine n'est pas satisfaisante de tout point, mais on découvre ce qui en faisait dans son esprit la consistance et l'unité.

D'abord, il ne faut voir dans ces mots *prix* ou *récompense*, *fin* du combat, loisir préparé par la guerre, que des métaphores ou, pour mieux dire, des comparaisons. Nous, en usant de ces termes métaphoriques, nous y trouvons une analogie et une convenance telle avec les choses morales qu'ils deviennent des expressions propres, justes, presque exactes. L'idée du *mérite* les résume et les explique. Chez Aristote, l'analogie demeure beaucoup plus lointaine ; la signification littérale n'est nullement effacée, et la métaphore, où l'empreinte des choses est encore si vive, est, je le répète, une comparaison. Je ne trouve pas que l'idée de *mérite*, en dehors des relations sociales, soit familière à Aristote. Il admet que l'homme a une dignité, une valeur, ce qu'il appelle ἀξία, et nous avons remarqué ce mot. Il lui arrive de dire, par exemple, que les voluptueux préfèrent leurs plaisirs à leur dignité, μᾶλλον ἀγαπᾷ τὰς τοιαύτας ἡδονὰς τῆς ἀξίας, et cela parce qu'ils agissent contre le beau, παρὰ τὸ καλόν[1]. Mais cette dignité, cette valeur, ce n'est pas proprement le mérite au sens moderne du mot dans la langue de la morale ou de la théologie morale, c'est la noblesse que confère à l'homme sa nature d'être raisonnable, c'est sa valeur, comme homme comparé à l'animal sans raison[2].

Cela posé, je rappelle que, chez Aristote, l'idée d'activité domine tout; j'ajoute qu'il admet des degrés différents d'activité, formant une sorte d'échelle hiérarchique; enfin je remarque que, si le sommet est ce à quoi tout aboutit, c'est aussi du sommet que tout part. La fin est principe et cause. Étant la raison de tout le reste, elle est en quelque manière ce qui donne le

---

1. *Eth. Nic.*, III, xi, 8. — Voir encore III, vii, 5. Κατ' ἀξίαν πάσχει καὶ πράττει ὁ ἀνδρεῖος.

2. Je dis comparé à l'animal sans raison, non pas à l'univers : dire comme Pascal que l'homme, que la pensée vaut mieux que l'univers, c'est exprimer une idée qui n'est pas antique. Aristote déclare formellement que l'univers est supérieur à l'homme, car l'intelligence éclate plus dans le grand tout, et en particulier dans les corps célestes, que dans l'être chétif qui est l'homme : c'est chose plus ample, plus divine. Voir un texte très remarquable de la *Métaphysique* (XII (Λ), 1075a 15 et suiv.) que nous aurons occasion d'expliquer plus loin. — Notons que, dans les *Eth. Nic.*, VIII et IX, Aristote, traitant de l'amitié, et parlant de la *proportion* qui doit exister entre la *valeur* de l'objet aimé et l'*amour* qui s'y attache, dit qu'il faut aimer κατ' ἀξίαν; c'est si l'on veut le *mérite*, qu'il nomme ainsi, et nous nous rapprochons du sens moderne du mot. Mais il ne s'agit pas là d'une théorie morale du *mérite* et du *démérite*, et le mot a la même signification à peu près que dans cette locution française : *un homme de mérite* : ce qui désigne toute valeur, morale ou autre.

branle à tout; et, parce qu'on ne marche que pour aller au but, le but est en un sens ce qui fait marcher. L'attrait opère comme ferait une impulsion. Et, par une conséquence qu'il est aisé de saisir, rien de plus nettement séparé de tout le reste, dans ce système, que le sommet où tout aspire ; rien aussi qui exerce en tout une influence plus présente, puisque là est la source d'où tout découle. Plus haute est l'activité, plus expressément elle se distingue de ce qui lui est inférieur, et plus vivement éclate, avec son indépendance, sa dignité propre. Mais ce qui lui est inférieur reçoit d'elle ce qu'en soi il a de mieux ; ce qui lui est inférieur n'est même constitué dans l'être et n'a une essence que par le rapport qu'il a au supérieur, ou par l'aspiration qui l'y élève, donc par l'attrait qui en descend jusqu'à lui. Le vrai et complet bonheur, c'est la contemplation, c'est-à-dire l'activité la plus parfaite et la plus haute : c'est le suprême bien et la fin dernière. Les autres biens ne sont biens que par la relation qu'ils ont avec ce terme absolu. Toute activité à la fois pleine et réglée est, en son rang, un bien ; elle a, en son ordre, un prix, une valeur, une excellence qui fait d'elle une fin désirable : mais n'est-ce pas du suprême bien qu'elle tient d'une certaine manière sa nature ? Sans l'attrait du souverain aimable et souverain désirable, qu'y aurait-t-il à rechercher, ou plutôt quelle activité existerait ? Qu'est-ce qui déterminerait la matière à recevoir une forme, la puissance à passer à l'acte ? Le bien suprême est donc la source ou le principe des biens, il en est la cause¹. Dans l'ordre pratique, Aristote le dit du bonheur, et avec raison, sa doctrine étant donnée : τὴν εὐδαιμονίαν τὴν ἀρχὴν καὶ τὸ αἴτιον τῶν ἀγαθῶν². Tout ce qui n'est pas la contemplation ou la suprême activité n'est bien que par une sorte de dérivation de cette source première et par l'influence de cette cause : mais comment ? parce que la suprême activité est comme l'idéal où tout aspire ; et l'idéal, qui plane au-dessus de tout, ne se répand-il pas, ce semble, partout pour présider aux mouvements mêmes qui vont vers lui et pour animer, pour soutenir, on dirait presque pour constituer l'incessante action qui le cherche ? Partout où il y a quelque degré de bien, il y a activité; et activité pleine en son ordre et réglée, disions-nous, donc il y a quelque reflet ou quelque influence de la pensée. La vertu pratique ou morale n'est ce qu'elle est que parce que la suprême perfection existe : elle est une perfection secondaire, quoique excellente en son ordre ; la pensée, si différente d'elle à certains égards, est son idéal ; la pensée est donc déjà en elle, si l'on peut dire, étant ce qui la rend possible, ce qui la constitue. Il n'est pas question, pour Aristote, de mériter le bonheur par la vertu, au sens propre que nous attachons à ces mots ; la vertu morale n'est pas à proprement parler la voie qui mène à la contemplation, si l'on en-

---

1. *Metaph.*, IX (Θ), VIII, 1050ᵃ 9. Ἅπαν ἐπ' ἀρχὴν βαδίζει τὸ γιγνόμενον καὶ τέλος. — *Eth. Nic.*, III, III, 12. Τὸ ἔσχατον ἐν ἀναλύσει πρῶτον εἶναι ἐν τῇ γενέσει.

2. *Eth. Nic.*, I, XII, 8. Mais il ne dit pas cela au sens platonicien qu'il rejette expressément, I, IV, 3.

tend par là qu'elle crée un titre à une récompense. Le lien qui unit les deux modes de l'activité est d'une autre sorte. C'est un lien analogue à celui qui, dans la philosophie d'Aristote, unit la nature et Dieu. Le monde n'est ce qu'il est que par l'immobile moteur qui attire tout à soi[1]. La pure pensée, en laquelle consiste le bonheur, c'est pour l'homme l'immobile moteur qui explique les divers mouvements de la volonté. C'est ce qui donne à chaque action son prix. C'est ce qui fait le beau moral et la vertu pratique. On n'arrive pas toujours au terme, mais, sans le toucher encore, on peut trouver dans ce qui n'est en définitive que par lui une excellence qui ravit : en mourant, par exemple, pour une noble cause, on perd, avec la vie, la possibilité de cette contemplation qui est la fin dernière ; mais la vertu est fin, elle aussi, fin subordonnée, donc inférieure, mais analogue au fond à la fin suprême, et celui qui meurt par vertu trouve en cet acte, qui en un sens est parfait, une singulière et profonde joie. Et pourtant, certes, ce n'est pas le bonheur même. C'en est un reflet, ou un rayon. Les conditions faites à l'homme étant ce qu'elles sont, le bonheur dans sa plénitude est un idéal : on y tend sans cesse, on ne peut guère y prétendre ; on le rencontre parfois ; mais les circonstances sont ce qu'elles peuvent, et avec les matériaux dont on n'est pas maître on fait de son mieux. Si l'idéal inspire toute la conduite, cela suffit.

---

1. *Phys.*, VIII, iv-vi ; *Metaph.*, XII (Λ), vi et vii ; et x, 1073ᵃ 11 et 19.

Ainsi se maintient la distinction si nettement marquée entre les deux modes d'activité proposés à l'homme, et en même temps cette dualité se ramène d'une certaine façon à l'unité. Il demeure vrai que le beau moral et la vertu morale qui le prend pour objet, et la mesure en laquelle cette beauté consiste, et la raison qui est la règle et le juge de l'honnêteté, sont choses de l'ordre humain, tandis que la sagesse spéculative, la pensée pure, l'intelligence, sont choses transcendantes et vraiment divines; mais ces deux sortes d'actions si distinctes se rapprochent l'une de l'autre, si l'on considère d'une part que la vie pratique, qui semble d'abord proprement humaine tire de l'idéal divin sa raison d'être et sa valeur, et d'autre part que la vie contemplative, qui semble purement divine, convient à l'homme d'une manière essentielle et propre. Déjà dans la pratique il y a des occasions où l'homme, en présence de difficultés extraordinaires, se surpasse en quelque sorte lui-même, et sa vertu héroïque fait de lui une sorte de dieu[1] : en agissant ainsi, il franchit les limites communes et semble oublier cette juste mesure qui est le caractère de la beauté; mais il obéit encore à la raison, puisqu'il est dans sa nature d'être capable de s'élever au-dessus de soi : une si éminente vertu n'est point un effort pour se raidir et se hausser follement, c'est une façon triomphante d'être bon, et il y a là, avec une beauté supérieure, je ne sais quelle plus grande ressemblance avec ce qui est

---

1. Voir plus haut, chap. I, p. 44-45.

divin. Ainsi, et mieux encore, la contemplation semble mettre l'homme dans une condition surhumaine, et, en un sens, c'est bien là son privilège : elle le fait participer à ce suprême bien qui semble réservé à la divinité[1]; mais c'est la nature même de l'homme qui réclame une si haute perfection. Plus on approfondit l'essence de l'homme, plus on se convainc que les deux éléments, l'un humain, l'autre divin, dont la réunion caractérise précisément l'homme, sont reliés entre eux par le plus intime des liens.

L'élément inférieur n'est possible que par le terme supérieur; et celui-ci même doit être poursuivi et peut être atteint. L'homme ne vit de la vie vraiment pratique et morale que parce qu'il est capable de s'élever jusqu'à la pure pensée. C'est donc déjà la pure pensée qui est présente, à la façon d'un idéal, dans la vie morale et pratique. On pourrait dire qu'en cette région inférieure elle se cherche elle-même. Que si elle se trouve elle-même en une région transcendante, ce sera une nouveauté par rapport à ce qui précède, mais il y aura néanmoins un lien de continuité entre ce nouvel état et l'état antérieur. N'est-ce pas toujours cette conception

---

1. *Metaph.* I (A), II, 982ᵇ 30 et suiv. A bien des égards la nature humaine est esclave, δούλη : aussi, selon Simonide, Dieu semble-t-il posséder seul ce privilège de la pure pensée, Θεὸς ἂν μόνος τοῦτο ἔχοι τὸ γέρας, et l'homme méconnaît sa vraie situation s'il cherche une telle science, ἄνδρα δ' οὐκ ἄξιον μὴ οὐ ζητεῖν τὴν καθ' αὑτὸν ἐπιστήμην. Sans doute, si les poètes disaient vrai, et si la divinité était envieuse, c'est là surtout ce qui attirerait son courroux, et ils seraient très malheureux ceux qui s'élèveraient si fort au-dessus de la condition humaine, πάντας τοὺς περιττούς. Mais la divinité n'est pas envieuse, et les poètes, comme dit le proverbe, mentent souvent.

d'Aristote que nous avons déjà remarquée? Le divin existant d'une manière indépendante, *séparée*, transcendante, et toutefois présent dans le monde et surtout en l'homme par une action qui semble immanente et qui est la raison même des choses; en d'autres termes la *fin* dominant tout dans les hauteurs de l'intelligible pur et de la pure intelligence, et toutefois descendant, pénétrant partout, suscitant en des régions inférieures des fins subordonnées qui ont, en tel ou tel ordre de choses, une valeur propre, provoquant l'activité, réveillant les puissances endormies, développant les germes enfouis, et amenant par sa secrète influence, idéale et réelle, toutes choses à l'épanouissement, à la perfection. Dieu, dans le monde d'Aristote, semble d'abord n'être nulle part : regardez-y bien, il est partout; et si vous voulez savoir pourquoi, écoutez cette simple raison : il est le Vivant parfait, ζῶον τέλειον, il est l'excellent, τὸ ἄριστον, et, plus simplement, en donnant au mot un sens plein, il est le bien, τὸ ἀγαθόν[1]. Ainsi de la félicité, cette chose divine. C'est un idéal : n'est-il pas inaccessible? où donc est-il réalisé? nulle part, est-on tenté de dire ; mais sans cesse il se réalise. Il est la source, le principe, la cause de tous les biens. La vie contemplative est rare, mais y tendre, c'est déjà commencer à la posséder ; et la vie pratique, ayant dans la même source divine son principe, réalise en quelque chose la félicité. L'homme après tout n'est qu'homme. En lui, il y a du divin, et cela même le

---

1. *Metaph.*, XII (Λ), vii, 1072ᵇ 28. Φαμὲν δὲ τὸν θεὸν εἶναι ζῶον ἀΐδιον, ἄριστον... Τὸ πρῶτον οὐ σπέρμα ἐστίν, ἀλλὰ τὸ τέλειον.

constitue homme. Mais il n'est point tout divin. S'il pouvait se tenir toujours sur le sommet de la pure pensée, il serait dieu : n'est-ce pas assez qu'il y puise un principe qui vivifie toutes les parties de son être et qu'il soit capable d'y ramener toutes ses actions et de s'y reposer enfin lui-même quelquefois? Dieu possède d'une manière continue cette absolue perfection : pour l'homme, c'est le point d'où tout part et où tout revient. Aristote répète souvent qu'à l'homme il est donné d'être heureux en homme, et que le bonheur dont il est question dans l'*Éthique*, est un bonheur humain [1].

Ce sont ces mêmes conceptions d'Aristote qu'il faut avoir présentes à l'esprit quand on examine le rôle qu'il attribue à la vie sociale et à la politique. On se demande avec quelque étonnement d'abord comment l'homme peut, dans la même doctrine, être considéré comme ayant pour fin le bonheur dont la plénitude est dans la pure pensée, et comme n'étant vraiment lui-même qu'au sein de la société. L'homme est presque un dieu, ce semble, et puis l'homme n'est qu'un homme : Aristote lui assigne une fin transcendante, l'établit dans l'indépendance, lui fait espérer les loisirs de la contemplation, excite son ambition par la vue d'une félicité divine, et à ce même être il dit que la société est son état le plus naturel; et que ce n'est pas seulement une condition fâcheuse peut-être qu'il faut subir, mais que la vie pratique, avec tant d'affaires, de tracas, de devoirs, mul-

---

1. Par exemple, *Eth. Nic.*, I. x. 16, μακαρίους ὡς ἀνθρώπους.

tiples, variés, incessants, est belle, bonne, désirable ; bien plus, que la science par excellence en ce qui concerne la vie humaine, c'est la science de la société, la *Politique;* que non seulement il y a plus de beauté dans le gouvernement de l'État que dans le gouvernement de soi-même, mais que l'homme étant fait pour la vie sociale, la *Politique* est, par rapport à l'*Éthique,* science maîtresse, science *architectonique*[1]; donc, que c'est elle qui marque la fin supérieure, la fin suprême : or, cette fin, c'est la contemplation, c'est la pure pensée. Comment accorder des assertions qui ont l'air de se contrarier si profondément? La *Politique,* considérée comme science morale supérieure, que fait-elle ? Elle met ses soins, ses plus grands soins, nous dit Aristote, à donner aux citoyens telles et telles qualités, à les rendre bons, à les déterminer à la pratique des belles choses, πλείστην ἐπιμέλειαν ποιεῖται τοῦ ποιοὺς τινας καὶ ἀγαθοὺς τοὺς πολίτας ποιῆσαι καὶ πρακτικοὺς τῶν καλῶν. Mais, nous dit encore Aristote, et au même endroit, elle a pour fin la fin la meilleure, la fin la plus haute, τὸ τῆς πολιτικῆς τέλος ἄριστον ἐτίθεμεν[2]. Et cette fin qu'il est déjà beau de rechercher pour un seul homme, mais qu'il est plus beau encore et plus divin de poursuivre pour une nation et pour des cités[3], c'est le bien, le bien suprême, qui est le bien de l'homme, τἀνθρώπινον ἀγαθόν, τῶν ἀνθρωπίνων τέλος[4], parce qu'il est, en un sens, le bien divin

1. *Eth. Nic.*, I, ii, 4-7.
2. *Eth. Nic.*, I, ix, 8.
3. *Eth. Nic.*, I, ii, 8.
4. *Eth. Nic.*, I, xiii, 5 ; X, vi, 1.

par excellence : car c'est la pure pensée. Aristote le déclare lui-même. La contemplation, la sagesse, la philosophie, tel est le terme où aspire l'État[1]. Dans un très remarquable passage de sa *Politique,* il explique que la vraie vie pratique, si on l'entend bien, c'est la contemplation même[2]. Ailleurs il oppose la pratique et la contemplation; il montre que l'une est toujours quelque peu agitée, si réglée qu'on la suppose, tandis que l'autre est calme et sereine[3]. Ici il réclame pour la contemplation l'honneur d'être, au meilleur sens du mot, chose pratique. « Si c'est bien parler, dit-il, que de faire consister le bonheur dans le *bien-agir,* τὴν εὐδαιμονίαν εὐπραγίαν θετέον, alors la vie la meilleure, tant pour la communauté civile, politique, que pour l'individu, ce sera la vie pratique, καὶ κοινῇ πάσης πόλεως ἂν εἴη καὶ καθ' ἕκαστον ἄριστος βίος ὁ πρακτικός. » Aristote, voulant définir le bonheur, n'emploie pas ici le mot ἐνέργεια, il prend le mot εὐπραγία, c'est l'activité pratique, le *bien agir* pratique, qui est ici identifié avec le bonheur. Continuons : « Mais, ajoute-t-il, il n'est pas nécessaire, comme le pensent quelques-uns, qu'une vie pratique implique quelque relation à autrui, ἀλλὰ τὸν πρακτικὸν οὐκ ἀναγκαῖον εἶναι πρὸς ἑτέρους, καθάπερ οἴονταί τινες, ni que parmi les pensées, celles-là seules soient considérées comme pratiques qui concernent les résultats de l'action, οὐδὲ τὰς διανοίας

---

1. *Eth. Nic.,* X, vii, 6 et 7. Comparer *Polit.,* VII (IV), i, ii, iii (spécialement iii, 6).
2. *Polit.,* VII (IV), iii, 5 et 6, 1325ᵇ.
3. *Eth. Nic.,* VII, xiv, 8; X, viii, 7 et 8.

εἶναι μόνας ταύτας πρακτικὰς τὰς τῶν ἀποβαινόντων χάριν γιγνομένας ἐκ τοῦ πράττειν. Mais les pensées pratiques, ce sont bien plutôt ces contemplations et ces pensées qui sont à elles-mêmes leur fin et qui ne sont qu'en vue d'elles-mêmes, ἀλλὰ πολὺ μᾶλλον τὰς αὐτοτελεῖς καὶ τὰς αὐτῶν ἕνεκα θεωρίας καὶ διανοήσεις. » Et Aristote explique que ceux-là surtout agissent à proprement parler qui sont par leur pensée les inspirateurs et les directeurs des actions extérieures. Le vrai auteur, en toute chose, c'est l'esprit avec sa puissance architectonique. Aussi ne faudrait-il pas déclarer inactive une cité qui demeurerait dans un paisible repos, assise pour ainsi dire en soi : n'aurait-elle pas une action intérieure vraiment féconde et belle ? Et la beauté n'appartient-elle point à Dieu et à ce grand univers, encore qu'à leur action intime ne se joigne aucune activité extérieure[1] ?

Ce texte est tout à fait digne d'être médité. L'activité pratique par excellence, c'est ici la contemplation.

La pensée a tantôt pour objet ce qui n'est pas elle, et tantôt elle n'a en vue qu'elle-même ; tantôt elle s'applique à ce qui résulte de l'action qu'elle inspire et dirige, tantôt elle n'a aucun but étranger. C'est toujours au fond la même pensée, et toujours elle est action. Ici Aristote, traitant de la politique, se plaît à nommer πρᾶξιν cette

---

1. *Polit.* loc. cit. Ἡ γὰρ εὐπραξία τέλος, ὥστε καὶ πρᾶξίς τις· μάλιστα δὲ καὶ πράττειν λέγομεν κυρίως καὶ τῶν ἐξωτερικῶν πράξεων τοὺς ταῖς διανοίαις ἀρχιτέκτονας. Ἀλλὰ μὴν οὐδὲ ἀπρακτεῖν ἀναγκαῖον τὰς καθ' αὑτὰς πόλεις ἱδρυμένας καὶ ζῆν οὕτω προῃρημένας ...Ὁμοίως δὲ τοῦτο ὑπάρχει καὶ καθ' ἑνὸς ὁτουοῦν τῶν ἀνθρώπων· σχολῇ γὰρ ἂν ὁ θεὸς ἔχοι καλῶς καὶ πᾶς ὁ κόσμος οἷς οὐκ εἰσὶν ἐξωτερικαὶ πράξεις παρὰ τὰς οἰκείας τὰς αὐτῶν.

action, transcendante pourtant. Nous pourrions, à notre tour, nommer θεωρίαν, l'action ou pratique ordinaire alors qu'elle est désintéressée. Celui qui agit pour le beau, pour le beau moral, n'a en vue que cela. Ce ne sont pas les résultats de l'action qu'il regarde : l'action, parce qu'elle est belle, lui est une fin suffisante. Ce désintéressement pratique est analogue au désintéressement spéculatif; et la satisfaction intime, qu'on trouve sans la chercher, naît, dans l'un et l'autre cas, de l'action même prise pour fin, τὸ ἡδέως ἐνεργεῖν... ἐφ' ὅσον τοῦ τέλους ἐφάπτεται[1]. La pensée, dans l'un et dans l'autre cas, indifférente à tout ce qui est extérieur, ne voit ici que le beau, là que le vrai, c'est-à-dire en un sens elle-même et le bien; dans l'un et dans l'autre cas, elle touche la fin, et la conscience de cette action simple, désintéressée, qui est fin en soi, procure une profonde et très douce joie. Ainsi la contemplation tout à l'heure était chose pratique; la pratique ici est contemplation. C'est qu'en effet, dans les profondeurs de la doctrine d'Aristote, ces termes d'abord opposés, se concilient, s'unissent, et presque se confondent. A vrai dire, ils demeurent distincts, mais ils se pénètrent mutuellement. C'est encore cette *immanence* du divin et en même temps cette *transcendance* dont nous parlions plus haut.

L'individu et l'État pourront donc avoir le même but final. L'individu ne trouvera que dans l'État son juste et complet développement : les choses sont ainsi faites.

---

1. *Eth. Nic.*, III, IX. 5.

L'homme n'est vraiment homme que dans la société. Et c'est la vie sociale qui, après avoir assuré son existence à tous les degrés, lui procure enfin les loisirs dont il a besoin pour philosopher. L'État, à son tour, a pour fin la pensée pure, la sagesse. C'est que l'État idéal, c'est une société d'esprits. Aristote ne dit pas le mot : il est d'une autre langue que la sienne, et convient à une autre doctrine. Mais ce que Malebranche, par exemple, nomme la société des esprits, ce que Leibniz nomme la cité ou la république des esprits, n'est-ce point ce qu'Aristote conçoit ou entrevoit quand il parle de l'amitié, de l'amitié réservée sans doute aux âmes d'élite, mais déclarée aussi la chose la plus nécessaire au maintien de l'État, plus nécessaire même que la justice ? Il y a dans l'État, parce qu'il est, et pour qu'il soit, une sorte d'amitié rudimentaire, et c'est ce qui deviendra, grâce à la vertu, la parfaite amitié entre les gens de bien. Mais la politique n'a-t-elle pas en vue de faire des gens de bien ? Dès lors elle multipliera les amitiés. La société véritable, parfaite, idéale, c'est celle qui unit les hommes entre eux, en tant qu'hommes ; et puisque les hommes vraiment hommes sont ceux qui vivent de la vie de l'esprit, la société parfaite sera, reprenons le mot maintenant, la société des esprits ou des êtres raisonnables. C'est le but où il faut tendre. C'est en visant très haut que se font bien les choses communes, pourvu que l'on vise juste. Et certes c'est viser juste que de prendre pour but ce qui est essentiellement *humain*, quand il s'agit de choses humaines, de la vie humaine, et des biens humains. La fin donc et l'idéal de la société, de la cité, de l'État, c'est là sagesse, la pure pensée, la philosophie.

Aristote ne le dit pas d'abord expressément. Veut-il ménager l'opinion publique qu'une pareille assertion, présentée sans précaution, effaroucherait ? Dans le premier livre de la *Morale à Nicomaque,* tout ce qu'il dit du bonheur véritable s'applique à la contemplation, il ne la nomme pas. Il déclare que la félicité suprême est le but où tend la politique ; il donne à cette félicité tous les attributs qui conviennent à la contemplation ; il en marque avec force le caractère divin : il la voile néanmoins, ne disant jamais nommément en quoi elle consiste. La même discrétion se retrouve dans tous les livres de la *Politique,* quand il assigne comme fin dernière de l'État cette parfaite et divine sagesse [1]. Il en montre plutôt l'influence pratique, ce qui est tout naturel dans un traité de politique, mais c'est bien elle qui est le terme où tout aboutit, on n'en saurait douter. Et dans le Xe livre de la *Morale à Nicomaque,* n'est-ce pas après avoir nommément et explicitement parlé de la contemplation et l'avoir mise au rang suprême qu'il arrive, dans un dernier chapitre, à la politique, liée, selon lui, à la morale et supérieure à elle. Ainsi tour à tour la politique semble maîtresse de tout, et par conséquent de la contemplation même ou sagesse, et la sagesse, au contraire, semble primer tout, puisqu'elle

---

1. Voir, par exemple, *Polit.*, VII (IV), xiii, 16, 17, 18, 1333 a.

est le but de la politique elle-même. Cela s'entend, si l'on songe que la politique joue le rôle de la raison pratique, ou φρόνησις; ou, pour mieux dire, elle est cette raison pratique appliquée à organiser et à régler, non plus la vie de l'individu seul, mais la cité qui est un plus grand objet. Or la raison pratique n'est pas vraiment maîtresse de la sagesse spéculative, qui lui est supérieure : elle ne s'en sert pas, elle veille seulement à la rendre possible : ainsi la médecine n'est point maîtresse de la santé, parce qu'elle procure la santé. C'est en vue de la sagesse que la raison pratique prescrit des règles, elle n'en prescrit point à la sagesse. Prétendre que la sagesse lui est subordonnée parce qu'elle procure la sagesse en prescrivant ce qui en assure le règne, ce serait prétendre que la politique commande aux dieux mêmes, parce qu'elle règle tout dans la cité[1]. Voilà le rôle de la politique nettement déterminé : son but, c'est bien la sagesse pure, la pensée pure, la contemplation, et l'on voit comment cela s'explique dans la doctrine d'Aristote.

Mais c'est une conséquence des principes exposés jusqu'ici que les objets supérieurs ne suppriment point ce qui est au-dessous d'eux : c'est l'influence idéale et en même temps réelle, nous avons vu comment, du terme suprême qui rend raison des choses qui lui sont subordonnées; c'est lui qui en constitue l'essence, c'est lui qui en est le principe et la cause. S'il les fait

---

1. *Eth. Nic.*, VI, XIII, 8. Ce sont les dernières lignes du livre VI.

être, ce n'est pas pour les détruire. Il doit toujours les dominer, comme choses qui viennent de lui, toujours se les rapporter, comme choses qui retournent à lui, et le ressort de leur être n'est-ce pas d'aspirer vers lui? Mais ils ne sont pas forcément rejetés dans l'ombre parce qu'il a lui-même un incomparable éclat. Les biens inférieurs sont des biens. Leur préférer ce qui vaut infiniment mieux qu'eux, ce n'est pas les tenir pour rien. Et Aristote veut que les biens du dehors, τά ἐκτὸς ἀγαθά[1], soient indispensables au bonheur, non à proprement parler comme parties intégrantes, mais du moins comme conditions ou, si l'on veut, comme éléments inférieurs. C'est une sorte de matière entre les mains de l'homme vertueux, qui y imprime la forme du beau[2]. Leur absence peut devenir encore un moyen de vertu, par le courage avec lequel on sait s'en passer; mais communément leur présence est nécessaire, soit que la vertu éclate dans l'usage qu'elle en fait, soit que, sans eux la vie n'étant pas tenable, il n'y ait plus lieu, eux disparus, de parler de bonheur ni de vertu. Tour à tour Aristote, les comparant à la pure félicité, les juge bien peu de chose, et, voyant quelle place ils tiennent dans la vie réelle, les estime de grande importance. Il faut, pour l'amour du beau, perdre la vie même; un des plus précieux avantages de la vertu, c'est de nous soustraire en quelque sorte aux mobiles caprices de la fortune, en nous mettant dans une ferme

1. *Eth. Nic.*, I, viii, 3.
2. *Eth. Nic.*, I, x, 12 et 13.

assiette qui dépend des dispositions intérieures, non des circonstances ; mieux encore la contemplation nous élève au-dessus des événements toujours changeants et nous rend indépendants du sort. Mais les misères extrêmes dans une extrême vertu ne renverseraient-elles pas le bonheur ? Des infortunes comme celles de Priam permettraient-elles d'appeler encore heureux l'homme, si vertueux qu'il fût, qui les subirait ? Quand elles ne lui arriveraient qu'après une longue suite de prospérités, en brisant comme par un coup de foudre son bonheur passé, ne feraient-elles pas de lui un type achevé du malheur ? Ce n'est donc pas assez de l'énergique déploiement de l'activité intime de la vie propre, personnelle, épanouie selon la raison, selon la vertu, et selon la vertu la plus parfaite, selon l'intelligence pure, ζωὴ κατὰ ἀρετήν, ἐνέργεια τῆς ψυχῆς κατὰ τὴν ἀρετὴν τελειοτάτην[2]. Il faut que ce complet et parfait développement se produise dans une carrière qui elle-même soit complète et parfaite, ἐν βίῳ τελείῳ. Une hirondelle ne fait pas le printemps, un jour ne fait pas l'année[3]. Aux choses humaines il faut une certaine durée. La vertu a besoin de temps pour s'établir, car elle a besoin de l'exercice et de l'accoutumance. Le bonheur requiert un certain temps, car il ne consiste pas en un plaisir isolé. Si l'acte qui le constitue est parfait d'une per-

---

1. *Eth. Nic.*, I, x, 14.
2. *Eth. Nic.*, I, vii, 13, 14, 15.
3. *Eth. Nic.*, I, vii, 16. Μία γὰρ χελιδὼν ἔαρ οὐ ποιεῖ οὐδὲ μία ἡμέρα. Voir aussi I, ix, 10. Δεῖ καὶ ἀρετῆς τελείας, καὶ βίου τελείου. Et X, xii, 7 : ἡ τελεία εὐδαιμονία... λαβοῦσα μῆκος βίου τελείου.

fection intrinsèque, il demande encore une autre perfection, extrinsèque celle-là, une certaine consistance et persistance, un espace de temps tel qu'on puisse parler de stabilité. Parfois, un seul moment résume en soi une immense félicité. La mort pour l'amour du beau est si belle qu'on est heureux de mourir ainsi. La contemplation, si rapide qu'on la suppose, a un prix incomparable. Ce seul instant de vertu accomplie ou de pure pensée vaut mieux que de longues années ternes, mornes, insignifiantes[1]. C'est la qualité qui importe, non le nombre. Et pourtant une juste longueur de vie est nécessaire, et, dans le cours de la vie, il faut une somme prépondérante de biens : la santé, des richesses, une famille, des amis. Le *bien-agir* est ce qui fait le bonheur, le *bien-agir* ou la contemplation, mais il faut être suffisamment pourvu des biens extérieurs[2].

Toutes ces assertions semblent se démentir. Pour entrer dans la pensée d'Aristote, rappelons-nous les conceptions générales qui dominent sa doctrine. Le bonheur qu'il cherche, c'est un bonheur idéal, ne l'oublions pas, et un bonheur idéal qu'il s'agit de trouver dans les limites de la vie présente. Il consiste dans la plus haute perfection possible de l'être humain. Mais

1. *Eth. Nic.*, IX, viii, 9.
2. *Eth. Nic.*, I, viii, 15. Ἀδύνατον γὰρ ἢ οὐ ῥᾴδιον τὰ καλὰ πράττειν ἀχορήγητον ὄντα· πολλὰ μὲν γὰρ πράττεται, καθάπερ δι' ὀργάνων, καὶ διὰ φίλων, καὶ πλούτου καὶ πολιτικῆς δυνάμεως. — I, x, 15... Τοῖς ἐκτὸς ἀγαθοῖς ἱκανῶς κεχορηγημένον. — X, xiii, 11... Μετρίως τοῖς ἐκτὸς κεχορηγημένους. — Comparer *Polit.*, VII (IV), 1, 3 et 4, 1323ᵇ... περὶ δὲ τὴν ἔξω κτῆσιν τῶν ἀγαθῶν μετριάζουσιν.

n'avons-nous pas dit que chez Aristote les termes supérieurs ne suppriment point les termes inférieurs? Ce qui est en haut dépasse ce qui est au-dessous, mais s'y appuie. L'homme parfait n'est tel que si toutes les exigences légitimes de sa nature sont satisfaites. Il a la tête dans les cieux, mais il a les pieds sur la terre. La perfection vraiment humaine demande que rien ne demeure en souffrance ; les parties inférieures doivent être à leur rang, c'est-à-dire en bas, mais cela ne signifie pas qu'elles doivent être délaissées, oubliées, sacrifiées. Dans la vie réelle, aux prises avec toutes sortes de nécessités, on fait comme on peut. Il y a des cas où les exigences du corps priment tout, et, pour soutenir la vie défaillante, on se livre à un labeur qui ne laisse pas le loisir de penser. Il y a des cas où les exigences morales priment tout, et, pour demeurer vertueux, on supporte des douleurs affreuses et la mort même. Mais l'idéal c'est une vie vertueuse et sage, avec un cortège suffisant de biens extérieurs. Et c'est des hauteurs mêmes de la pensée que descend en ces basses régions un principe de beauté. Les biens extérieurs sont nécessaires, à titre d'éléments ou de conditions du bonheur ; mais s'ils sont des biens, s'ils plaisent, ils le doivent déjà à la fin suprême pour laquelle ils existent et dès lors par laquelle ils existent. Ce qui les rend désirables, c'est que l'idéal de l'homme les renferme ; et ainsi ils ont eux-mêmes avec la raison, avec la pensée, une lointaine analogie. S'ils usurpent la place qui ne leur appartient pas, ils troublent tout, et la nature humaine bouleversée, défigurée, n'a plus ni beauté ni perfection. S'ils sont à leur rang, contenus en de justes limites, μετρίως, ils concourent à la beauté, à la perfection, à la félicité de l'homme. Insignifiants, en soi, et pris à tort pour fins, ils sont nécessaires à titre de moyens, ou ils sont à la vie une sorte de parure que la vertu ne dédaigne pas [1]. Ils prennent ainsi, d'une manière ou de l'autre, une valeur morale; et le bonheur, qui n'est point la somme de ces biens, qui ne fait pas nombre avec eux, εὐδαιμονία οὐ συναριθμουμένη, le bonheur les contient en quelque sorte en soi comme supports indispensables, ou les admet comme ornements accessoires, lui seul demeurant toujours la fin véritable et, à ce titre, étant comme présent d'une secrète présence en ce qu'il appelle et attire à soi, εὐδαιμονία τῶν πρακτῶν οὖσα τέλος; [2].

Ainsi semblent s'expliquer les difficultés de la doctrine morale d'Aristote par les grandes conceptions à la fois métaphysiques et morales qui dominent et animent toute sa philosophie.

1. *Eth. Nic.*, I, x, 12. Συνεπικοσμεῖν.
2. *Eth. Nic.*, I, vii, 8.

CHAPITRE VI

DES DIFFICULTÉS QUI NE PEUVENT ÊTRE DISSIPÉES, ET DES POINTS FAIBLES DE LA DOCTRINE D'ARISTOTE.

Recueillons-nous maintenant, et, après avoir essayé de notre mieux de comprendre et d'interpréter Aristote, demandons-nous si des difficultés par nous signalées il ne reste rien. Nous avons écarté une critique vulgaire qui consisterait à dire que les textes du philosophe ne s'accordent pas entre eux et que sa pensée est incohérente. Nous avons montré au contraire qu'un même souffle anime tout le système. Mais, parce que nous nous sommes placés en quelque sorte au centre de cette philosophie et que de là nous en voyons se développer harmonieusement les diverses parties, n'avons-nous plus de questions à adresser au philosophe? Le système, dont nous croyons saisir le dessein, est-il à l'abri de toute objection?

Deux points, ce me semble, demeurent embarrassants : d'abord, l'homme, dans cette morale, ne sera-t-il pas à lui-même sa loi et même sa fin, quoiqu'il ait dans certains cas à se sacrifier par vertu, et quoiqu'il vise au delà de lui-même dans la contemplation? Ensuite, le bonheur, demandant un juste et complet développement dans le temps, quoiqu'il paraisse quelquefois ramassé en un seul instant, ne semble-t-il pas tour à tour dépendant et indépendant des conditions extérieures, et principalement de la durée?

Les explications précédentes ne réussissent pas à faire disparaître ces deux difficultés.

Examinons, et nous verrons que si Aristote nous jette dans ces embarras, cela ne tient pas à l'idée qu'il se fait du bonheur placé dans le déploiement de la plus haute activité; cela ne tient pas non plus à la théorie qui considère le bonheur, identifié avec l'excellence ou perfection, comme la fin de l'homme. La cause des difficultés est ailleurs : elle est d'abord dans la manière dont Aristote conçoit la relation de Dieu et du monde, particulièrement de Dieu et de l'homme; elle est ensuite dans la manière dont il conçoit l'immortalité. Je dirais volontiers que, malgré ses très hautes et très belles vues sur la souveraine perfection de l'immobile moteur, il met le divin dans l'homme, au sommet de l'homme, mais enfin dans l'homme; et, en second lieu, que, malgré sa sublime théorie de l'intelligence, il met l'immortalité dans cette vie mortelle. Je ne saurais mieux faire entendre ma pensée qu'en recourant à une comparaison entre Aristote et un philosophe moderne. Le rapprochement peut sembler étrange; j'avoue qu'il est assez inattendu. Mais,

plus j'y songe, plus la théorie Aristotélicienne du divin
et de l'éternel me paraît analogue à la doctrine de
Spinoza. J'ai eu plus haut l'occasion d'indiquer en passant
ce rapport; j'y veux insister ici. Je ne méconnais
pas les différences : elles sont grandes, très grandes.
Aristote a de l'individualité un très vif sentiment, et par
là il fait penser à Leibniz bien plus qu'à Spinoza. J'en
conviens et je le note. Je n'oublie pas ce que j'ai dit plus
haut de l'excellence propre et transcendante qu'Aristote
attribue à Dieu. J'ajoute que cette conception de la divinité
est peut-être le plus puissant effort qui ait été fait
par la pensée antique pour distinguer Dieu du monde :
telle des formules, par exemple, contenues dans l'admirable
XII⁰ livre de la *Métaphysique*, est l'expression vive,
forte, concise, de ce que nous appelons la personnalité
divine[1] ; et je comprends que saint Thomas d'Aquin,
s'emparant de cette doctrine, y ait mis sans peine l'esprit
chrétien et ait fait de la philosophie d'Aristote par lui
interprétée une philosophie chrétienne. Mais, en dépit
de tout cela, si je cherche le sens de cette troisième vie
qu'Aristote appelle divine, et qu'il déclare en même
temps propre à l'homme, je me dis qu'il me faut prendre
ce qu'il en dit en un sens antique, non au sens moderne ;
que ce langage n'a pas une signification chrétienne ; que
les théories de Maine de Biran, auquel il fait assez naturellement
songer viennent d'une autre inspiration;

---

1. On ne peut en dire autant de certains textes de la *Politique* ou de la *Morale à Nicomaque* que nous avons cités. *Polit.*, VII (IV), 1323ᵇ, 1325ᵇ, 1326ᵃ. *Eth. Nic.*, VII, xiii, 8 ; X, vii.

qu'enfin, s'il y a quelque chose parmi les modernes qui ressemble à cette conception et puisse aider à la comprendre, c'est l'*Éthique* de Spinoza. Et les profondes différences, signalées tout à l'heure, ne sont pas un obstacle à ce rapprochement : n'oublions pas que nous avons affaire à une philosophie ancienne, que notre façon précise d'entendre les choses, de poser les questions, de classer et de dénommer les systèmes, n'était pas connue de ces penseurs antiques, que leurs vues pouvaient demeurer flottantes sans causer de scrupules ni à leur conscience ni à leur raison, et que certaines inconséquences même ne les effrayaient pas, attendu que dans ce jour un peu indécis où demeuraient leurs théories métaphysiques, les contours n'étant pas énergiquement arrêtés, les chocs entre les idées étaient moins violents. Ils avaient sans doute une dialectique pressante, subtile, impitoyable. Platon, dans ses dialogues, Aristote dans ses réfutations des théories passées ou contemporaines, prennent plaisir à faire ressortir les contradictions par des arguments qui suppriment entre les idées extrêmes tout intermédiaire, et c'est une façon de raisonner crue en quelque sorte et sans aucun sentiment des nuances. Mais à cette rigueur logique se joint, dès que l'on sort de l'argumentation proprement dite, une souplesse d'allure qui défie presque le regard et déconcerte tout jugement trop arrêté. Chez eux les théories métaphysiques n'ont pas ce que je nommerai l'exactitude moderne. On y trouve beaucoup de finesse et une grande précision dans le détail, mais la pensée de derrière la tête est fort malaisée à saisir; on est fort exposé à des illusions et à des méprises si l'on veut donner à ces théories un peu vagues un sens trop défini et, pour ainsi dire, trop raide. Aussi les dénominations dont nous usons ne leur conviennent jamais parfaitement. Aristote, fidèle en cela au génie grec, nous l'avons vu, peut se représenter d'une manière presque panthéistique l'influence, l'action, la présence de la divinité dans le monde, sans ôter à la divinité une existence propre et personnelle. Ni cette existence personnelle n'est assez nettement définie, ni ce panthéisme n'est assez rigoureusement déterminé pour que les deux conceptions s'excluent l'une l'autre. Il faut que Dieu soit, et Aristote lui donne une existence tellement indépendante du monde qu'il lui refuse la connaissance du monde, et, de peur de voir en lui un ouvrier à la façon de l'homme, il met entre lui et la nature un abîme ; mais il faut pourtant que le monde soit d'une certaine manière par Dieu, et la conception de la *fin*, à laquelle se ramène toute l'action de Dieu sur les choses, établit entre les choses et Dieu une si étroite relation que Dieu est en tout être ce qui le fait être et ce qui le constitue. Bornons-nous à la morale. Nous trouverons que, sans négliger, sans oublier les vues d'Aristote sur l'existence indépendante de Dieu, nous pouvons dire, nous devons dire qu'entre les théories de Spinoza et celles d'Aristote il y a analogie.

Ce qui fait la grandeur de l'homme, selon Spinoza, c'est de reconnaître en soi ce qui le constitue essentiellement, c'est-à-dire Dieu. Garder son être, et le développer, c'est sa loi, mais jamais il n'est plus ni mieux lui-même que lorsqu'il a de Dieu une vue claire et qu'il aime Dieu. La richesse, l'excellence, la perfection de son être, croît avec la connaissance et l'amour de Dieu. Et là aussi est pour lui la vraie félicité. Or, qu'est-ce que cette connaissance et cet amour, sinon la conscience pleine que l'homme prend en soi de ce qui est le principe, la raison, la fin de son être, à savoir Dieu? Il semble sortir de soi et s'élever au-dessus de soi ; il ne fait que rentrer plus profondément en soi, se reconnaître, se retrouver. La vie ordinaire est dispersion et éparpillement. Au centre, la vie est recueillie, et par cela même, il y a vie intense forte, pleine. Mais qu'est-ce que se recueillir ainsi? N'est-ce point se voir tel qu'on est dans la vérité des choses, ou voir Dieu en soi, ce qui alors revient au même? L'homme idéal, c'est l'homme ramené à sa source, rattaché à sa racine, et sachant voir en toutes les parties de son être le flot vivifiant et la sève qui part de cette source et de cette racine ; l'homme idéal, c'est donc celui qui sait le mieux en quoi consiste sa réalité même ; cet homme parfait, n'est-ce donc pas l'homme se sentant et se sachant divin, que dis-je? se sentant et se sachant Dieu?

Il ne perd pas complètement pour cela le sentiment de sa faiblesse. La nature divine n'étant pas toute en lui, ces limitations le maintiennent en son rang. Il y a pour lui des misères, des souffrances, des besoins. Il aspire à diminuer souffrances et misères, il cherche dans la satisfaction mesurée des besoins le nécessaire soutien de la vie ou un agrément auquel la sagesse ne le rend pas insensible. Mais sa suprême ambition, c'est d'affranchir en quelque sorte le divin en lui : c'est sa vraie nature, c'est sa félicité ; c'est toute la morale. Il y aura donc pour l'homme vraiment homme d'heureux moments, trop courts, mais d'un ineffable prix dans leur brièveté. Ce sera cette sorte d'extase procurée par la connaissance claire accompagnée de l'amour vrai : extase en ce sens que l'on s'élève au-dessus des conditions communes, mais au fond, rentrée en soi plutôt que sortie de soi, pleine et entière possession de soi, et non abandon de soi : c'est une conscience de ce qu'on est, c'est-à-dire de nature divine ; en cet instant rapide comme l'éclair, on a en soi l'éternité. L'homme n'est pas immortel au sens ordinaire du mot ; il n'y a pas pour lui une autre vie après celle-ci : mais, dans celle-ci même, il peut tenir non pas l'immortalité, ce n'est pas assez dire, il peut tenir l'éternité : il peut, ayant conscience de sa vraie nature, s'écrier qu'il se sent éternel. Au milieu de l'incessante mobilité de la vie, il possède l'immuable ; et malgré les misères de l'humanité, il possède la divinité.

Ce résumé de l'*Éthique* de Spinoza, ne peut-il pas servir à exprimer la doctrine d'Aristote ? Et, dans l'un et dans l'autre système, l'homme n'apparaîtra-t-il pas, d'abord comme aspirant à Dieu et se cherchant soi-même tout ensemble ; ensuite, comme voulant un bonheur qui tout ensemble dépend et ne dépend pas des conditions extérieures, surtout de la durée ?

C'est ce que va nous montrer l'examen de la philosophie religieuse d'Aristote.

Les traditions religieuses de la Grèce s'accordaient à reconnaître dans la divinité la souveraine puissance qui gouverne les choses humaines, et à chercher en dehors du monde visible et présent la règle et la sanction de la conduite. L'antique religion du foyer domestique, qui avait présidé à la formation des cités grecques, mettait au-dessus des mortels des maîtres, des protecteurs, des guides, des témoins aussi et en un sens des juges[1]. La religion, un peu plus récente peut-être, qui divinisait les forces de la nature leur prêtait une âme et un esprit, et, les mêlant à la vie de l'homme, leur faisait jouer le rôle d'une providence multiple. Les grands dieux que nous voyons dans les poésies d'Homère interviennent à chaque instant dans les affaires humaines. Jupiter est le maître, le roi et même le père des dieux et des hommes, et sa puissante action est en définitive sage et bonne. L'unité de Dieu, voilée plutôt que perdue entièrement au milieu de tant de mythes, reparaît dans ce règne du premier des dieux, dont la volonté fait triompher, dans le monde physique, l'ordre, et dans le monde moral, la justice[2]. De leur côté, les philosophes parlent d'une intelligence qui démêle l'antique confusion et introduit dans le monde l'harmonie. Socrate attribue à la divine sagesse l'origine de ces lois non écrites que Sophocle célébrait si

---

1. Voir Fustel de Coulanges, *La Cité Antique*, liv. I.
2. Aristote, *Metaph.*, XIV (N), IV. Voir Platon, *Protagoras*, le discours de Protagoras sur l'origine des sociétés (δίκη καὶ αἰδώς, dons de Jupiter.)

magnifiquement et déclarait promulguées par Jupiter
lui-même. Platon considère Dieu comme l'artisan du
monde et comme le père des hommes, et, reprenant
les vieux mythes, il raconte, sous ces formes poétiques,
mais d'une manière très sérieuse, les effets de la divine
justice dans l'autre vie [1]. Ainsi le trait commun des antiques doctrines religieuses et des plus grandes philo-
sophies de la Grèce, c'est de montrer dans les dieux ou
en Dieu une vigilante attention aux choses humaines et
de prolonger au delà de la vie présente les conséquences des actions des hommes. Seuls, certains philosophes, comme Démocrite, par exemple, avaient fait
exception.

Aristote ne méconnaît pas les traditions religieuses.
Il y fait de fréquentes allusions. Sans les avoir scrutées
avec ce soin qui n'appartient qu'à l'érudition moderne,
il établit néanmoins entre elles des distinctions qui at-
testent une étude réfléchie. Il attache fort peu d'importance aux fables qui lui semblent relativement modernes, et il en rit parfois [2]; mais dans les opinions les
plus antiques il cherche volontiers un fond de vérité [3].
Selon lui la vérité a été plusieurs fois perdue et plu-

---

1. Voir surtout le *Gorgias* et la *République*. Le bien de l'homme selon
Platon, c'est la justice, laquelle consiste précisément dans le développement harmonieux de toutes les puissances de l'âme. L'âme juste est en bon
état; elle est bonne, elle est heureuse. Mais ces vues n'empêchent point
Platon de représenter les dieux comme assurant à la vertu les récompenses
futures et infligeant au vice et au crime les châtiments mérités.
2. *Metaph.*, III (B), IV, 1000 a 9. — *De Cælo*, II, 1.
3. *De Cælo*, I, III, 270^{b}3.

sieurs fois retrouvée[1]. Il ne lui déplaît pas d'interroger les plus anciens témoignages : il y recueille des vestiges du vrai, et il constate volontiers que ces vues des sages d'autrefois s'accordent avec sa philosophie. Or, ce qu'il reproche aux fables récentes au sujet des dieux, c'est d'avoir oublié l'excellence de la nature divine, d'avoir revêtu les dieux de formes animales ou de la forme humaine[2]; de leur avoir attribué une vie qui ne diffère guère de la nôtre[3], comme si l'homme était la maîtresse partie de l'univers, et que les astres par exemple ne fussent pas de nature supérieure et plus divine[4]. Aristote repousse l'anthropomorphisme. Il le redoute tellement qu'il ne veut point répéter avec Platon que Dieu est l'organisateur du monde. Toutes les images empruntées à l'art humain lui sont suspectes. Elles ravalent la majesté divine[5]. Dans le soin jaloux qu'il prend de la

---

1. *De Cælo*, I, III, 270ᵇ19.—*Polit.*, VII (IV), IX, 9, 1329ᵇ25.—*Metaph.*, XII (Λ), VIII, 1074ᵇ. Παραδέδοται δὲ παρὰ τῶν ἀρχαίων καὶ παμπαλαίων ἐν μύθου σχήματι καταλελειμμένα τοῖς ὕστερον ὅτι θεοί τέ εἰσιν οὗτοι καὶ περιέχει τὸ θεῖον τὴν ὅλην φύσιν. Τὰ δὲ λοιπὰ μυθικῶς ἤδη προσῆκται πρὸς τὴν πειθὼ τῶν πολλῶν καὶ πρὸς τὴν εἰς τοὺς νόμους καὶ τὸ συμφέρον χρῆσιν· ἀνθρωποειδεῖς τε γὰρ τούτους καὶ τῶν ἄλλων ζῴων ὁμοίους τισὶ λέγουσι, καὶ τούτοις ἕτερα ἀκόλουθα καὶ παραπλήσια τοῖς εἰρημένοις. Ὧν εἴ τις χωρίσας αὐτὸ λάβοι μόνον τὸ πρῶτον, ὅτι θεοὺς ᾤοντο τὰς πρώτας οὐσίας εἶναι, θείως ἂν εἰρῆσθαι νομίσειεν, καὶ κατὰ τὸ εἰκὸς πολλάκις εὑρημένης εἰς τὸ δυνατὸν ἑκάστης καὶ τέχνης καὶ φιλοσοφίας καὶ πάλιν φθειρομένων καὶ ταύτας τὰς δόξας ἐκείνων οἷον λείψανα περισεσῶσθαι μέχρι τοῦ νῦν. Ἡ μὲν οὖν πάτριος δόξα καὶ ἡ παρὰ τῶν πρώτων ἐπὶ τοσοῦτον ἡμῖν φανερὰ μόνον.
2. *Metaph.*, XII (Λ), VIII. Comparer *Metaph.*, III (B), II.
3. *Polit.*, I, II, 1252ᵇ.
4. *Eth. Nic.*, VI, VII.
5. *Eth. Nic.*, X, VIII, 7. — Τοὺς θεοὺς μάλιστα ὑπειλήφαμεν μακαρίους καὶ εὐδαίμονας εἶναι· πράξεις δὲ ποίας ἀπονεῖμαι χρεὼν αὐτοῖς; πότερα τὰς δικαίας;... ἀλλὰ τὰς ἀνδρείους...; ἢ τοὺς ἐλευθερίους;... διεξιοῦσι δὲ πάντα φαίνοιτ᾽ ἂν τὰ περὶ τὰς πράξεις μικρὰ καὶ ἀνάξια θεῶν.

pureté de la souveraine intelligence, il semble lui ôter la connaissance même de cet univers[1]. Supprime-t-il donc la Providence? Là est la question.

Il soupçonne l'origine supérieure de certaines dispositions heureuses qui facilitent la vertu et la sagesse : s'il les nomme *bonne nature*, εὐφυΐα[2], il se demande aussi s'il n'y a pas là quelque chose qui soit départi à l'homme par la divinité, θεία μοῖρα[3], et il en cherche l'explication dans certaines causes divines, διά τινας θείας αἰτίας[4]. Au fond, dans sa philosophie, ce ne sont pas seulement les qualités d'exception, c'est toute chose naturelle, c'est toute la nature, qui s'explique par l'action de Dieu[5]. Mais cette action est transcendante, nous l'avons déjà remarqué, et aucune des images chères aux poètes ou aux philosophes ne réussit à en donner l'idée. Il n'y a ici ni ouvrage ni ouvrier, il n'y a pas non

---

1. *Metaph.*, XII (Λ), ix. Καὶ γὰρ μὴ ὁρᾶν ἔνια κρεῖττον ἢ ὁρᾶν.
2. *Eth. Nic.*, III, v, 17.
3. *Eth. Nic.*, I, ix, 1.
4. *Eth. Nic.*, X, x, 6. Τὸ μὲν οὖν τῆς φύσεως δῆλον ὡς οὐκ ἐφ' ἡμῖν ὑπάρχει, ἀλλὰ διά τινας θείας αἰτίας τοῖς ὡς ἀληθῶς εὐτυχέσιν ὑπάρχει. De même la fortune, τύχη, est expliquée par l'action même de Dieu dans ce fragment de Ménandre, ap. Stob., *Ecl.*, t. I, p. 192.

Παύσασθε νοῦν ἔχοντες· οὐδὲν γὰρ πλέον
Ἀνθρώπος νοῦς ἐστιν ἀλλ' ὁ τῆς τύχης,
Εἴτ' ἐστι τοῦτο πνεῦμα θεῖον, εἴτε νοῦς,
Τοῦτ' ἐστὶ πάντα καὶ κυβερνῶν καὶ στρέφων.

5. *Metaph.*, XII (Λ), vii, 1072b14. Ἐκ τοιαύτης ἄρα ἀρχῆς ἤρτηται ὁ οὐρανὸς καὶ ἡ φύσις. — *De Cœlo*, I, iv, 271a33. Ὁ θεὸς καὶ ἡ φύσις οὐδὲν μάτην ποιοῦσι. — *Œcon.*, I, iii, 1343b26. Οὕτω γὰρ προωκονόμηται ὑπὸ τοῦ θείου ἑκατέρου ἡ φύσις... Ce dernier mot rend mieux la pensée d'Aristote que θεός, qui serait trop précis, surtout après προωκονόμηται.

plus de gouvernement : rien n'est *fait* ni conservé[1]. Pourra-t-on dire que Dieu a soin du monde et des choses humaines? Non, si on l'entend d'une façon vulgaire; cela ne saurait convenir à Dieu, qui n'est point l'auteur des choses et qui n'occupe point de ces objets inférieurs sa très-pure pensée. Ce soin marquerait quelque action où il entrerait, sinon du trouble, au moins du mouvement, du changement, un progrès de ce qui n'est pas à ce qui est, et cela est indigne de Dieu : Dieu est immobile[2]. Et pourtant il agit; et voilà que ces expressions tout à l'heure condamnées sont maintenant admises, pourvu que ces façons communes de parler ne soient que le symbole d'une plus parfaite et plus haute doctrine. C'est bien la puissance divine qui maintient le monde et le fait ce qu'il est[3]; c'est bien l'action de Dieu, mais une paisible et tout intime action, qui explique l'univers[4]. Ce n'est pas sans raison que l'on suppose les dieux actifs : on comprend que le bonheur ne consiste ni dans le sommeil[5] ni dans les occupations futiles[6]; on appelle les dieux bienheureux, et on leur attribue le gouvernement du monde[7]. Pensée juste au fond. Ce n'est que la façon dont on imagine les choses qui est

---

1. *Eth. Nic.*, X, viii, 7. Τῷ δὲ ζῶντι τοῦ πράττειν ἀφαιρουμένου, ἔτι δὲ μᾶλλον τοῦ ποιεῖν, τί λείπεται πλὴν θεωρία;
2. *Eth. Nic.*, X, viii, 7. — VII, xiv, 8.
3. *Polit.*, VII (IV), iv, 3, 1326ᵃ.
4. *Polit.* VII (IV), iii, 6, 1325ᵇ.— *Metaph.*, XII (Λ), vii. — *Phys.*, VIII, v.
5. *Eth. Nic.*, X, viii, 7. — *Metaph.*, XII (Λ), ix, 1074ᵇ 8.
6. *Eth. Nic.*, X, vi, 6.
7. *Metaph.*, XII (Λ), viii, 1074ᵇ 3. Περιέχει τὸ θεῖον τὴν ὅλην φύσιν. — *Eth. Nic.*, X, viii, 7.

erronée. On suppose à tort une sorte de gouvernement semblable à ce qui est si fort prisé parmi les hommes [1]. La divinité est la cause du monde, parce qu'elle est la fin qui attire tout à soi.

Ainsi Aristote ne dédaigne complètement ni les vieilles traditions ni les préjugés; il fait même volontiers des allusions aux croyances populaires, sans les discuter, alors qu'il n'y cherche qu'une manière vive et frappante d'opposer aux choses humaines un idéal divin. Peu lui importe alors ce que le détail en quelque sorte a d'inexact : il prend l'idée en gros [2]. Mais dès qu'il ne parle plus en passant, et dès qu'il expose sa propre manière de voir, il se montre préoccupé de se mettre en garde contre l'anthropomorphisme. Il va alors si loin qu'entre l'homme et Dieu il supprime tout lien religieux proprement dit. Sa doctrine, très relevée, est très froide. Quand il mentionne la reconnaissance des hommes pour la bienfaisance divine [3], s'associe-t-il à ce sentiment? Non, sans doute, car la divinité, dans sa doctrine, est la cause

---

1. C'est ce qu'exprime bien Eudème, favorable pourtant, nous l'avons vu, à la conception platonicienne de Dieu père des hommes. Οὐ γὰρ ἐπιτακτικῶς ἄρχων ὁ θεός, ἀλλ' οὗ ἕνεκα ἡ φρόνησις ἐπιτάττει. Eth. Eudem., VII, xv (VIII, III), 1249 b.

2. Il y a de cela un exemple remarquable, Eth. Nic., V, vii, 3. Chez les dieux, c'est-à-dire dans un monde idéal, comme l'explique bien M. Grant, la justice serait immuable ; chez les hommes, les lois ne sont point parfaites : il y a bien une justice naturelle, mais tout, dans notre monde, est soumis au changement, et des règlements arbitraires peuvent étouffer la justice. — Il faut remarquer qu'en tout ordre de choses, Aristote aime à prendre provisoirement l'opinion commune, sans la discuter, sans l'accepter non plus tout entière, pour chercher dans ce qu'elle a de fondé un témoignage en faveur de ce qu'il avance. Voir un exemple Eth. Nic., VIII, I, 7.

3. Eth. Nic., VIII, xii, 5.

de tout bien sans être proprement bienfaisante. Elle a droit au respect, à l'honneur, à un hommage de vénération qu'il nomme τιμή[1] : en quoi consiste cet hommage? Il ne songe pas à le dire. Ou il déclare simplement que c'est ce qui est dû à ce qui est divin, sans d'ailleurs s'expliquer davantage[2], ou il parle d'une manière commune, laissant aux lois de la cité le soin de régler dans le détail ces formes du culte religieux, pures cérémonies où l'âme n'est pour rien. La piété, εὐσέβεια, dont Socrate et Platon parlaient si volontiers, n'occupe chez lui aucune place. S'il parle de choses qui s'y rapportent, c'est à propos de quelque autre vertu, et à titre d'exemple : c'est ainsi qu'il dit que dans les sacrifices aux dieux il ne faut pas craindre la dépense ; il ne parle ici que d'offices ou de devoirs civiques, et, dans l'énumération des obligations de largesse que la loi ou la coutume impose à un citoyen d'Athènes, il

---

1. *Eth. Nic.*, IV, III, 10 ; VIII, IX, 5 ; VIII, XIV, 4 ; IX, II, 8. Sans doute, il dit : τῆς εὐεργεσίας ἡ τιμὴ γέρας, VIII, XIV, 2, et il ajoute qu'on ne peut s'acquitter ni envers les dieux ni envers ses parents, *ibid.*, 4 : τὸ δυνατὸν γὰρ ἡ φιλία ἐπιζητεῖ, οὐ τὸ κατ' ἀξίαν· οὐδὲ γάρ ἐστιν ἐν πᾶσι, καθάπερ ἐν ταῖς πρὸς τοὺς θεοὺς τιμαῖς καὶ τοὺς γονεῖς· οὐδεὶς γὰρ ἄν ποτε τὴν ἀξίαν ἀποδοίη, εἰς δύναμιν δὲ ὁ θεραπεύων ἐπιεικὴς εἶναι δοκεῖ. Mais il parle ici d'après les idées communes. — *Rhetor.*, I, v, 1361ᵃ29. Τιμὴ δέ, ἔστι μὲν σημεῖον εὐεργετικῆς δόξης· τιμῶνται δὲ καὶ μάλιστα οἱ εὐεργετηκότες· οὐ μὴν ἀλλὰ τιμᾶται καὶ ὁ δυνάμενος εὐεργετεῖν. Appliquer cela littéralement aux dieux serait, selon Aristote, de l'anthropomorphisme.

2. Il pense que c'est assez en marquer le prix que de le mettre (nous l'avons vu) au-dessus de la louange qui s'adresse aux actions humaines. C'est là en effet ce qui distingue ce qu'il nomme τιμή, alors qu'il donne à ce mot un sens précis. Nous avons signalé et expliqué plus haut, p. 162, le texte où disant τῆς ἀρετῆς ἡ τιμὴ γέρας, il semble négliger la distinction entre τιμή et ἔπαινος.

place, à côté des festins publics et d'autres publiques réjouissances, certaines cérémonies religieuses[1]. Il recommande d'être grand en cela, d'être magnifique : par piété? nullement, mais par dignité. Entre la divinité et l'homme il ne reconnaît aucun commerce affectueux. L'antiquité assurément n'a pas connu ce que nous nommons l'amour de Dieu ; mais elle a parlé de piété envers l'auteur de la vie et le dispensateur des biens, et Platon a joint à l'élan de la pensée vers le bien suprême un élan d'amour esthétique, je le veux bien, plutôt que vraiment moral, mais non sans ardeur religieuse. Aristote n'a rien de semblable.

On lit dans la *Morale à Eudème* que l'amitié (φιλία) qui unit le père et le fils est celle qui porte Dieu vers l'homme (ἥπερ θεοῦ πρὸς ἄνθρωπον)[2] ; mais c'est dans la *Morale à Eudème*. Aristote s'était contenté de donner pour exemple d'amitié s'adressant à ce qui est bon et supérieur (πρὸς ἀγαθὸν καὶ ὑπερέχον) les sentiments des enfants pour leurs parents et des hommes pour les dieux. Ce dernier point n'était touché qu'en passant et le développement ne concernait que les parents[3]. Un peu plus haut, d'ailleurs, Aristote avait

---

1. *Eth. Nic.*, IV, ιι, 11. Comparer VIII, ιx, 7 : parlant des fêtes religieuses, il les déclare utiles parce qu'elles sont pour les citoyens une agréable récréation, ἀναπαύσεις μεθ' ἡδονῆς, et il veut qu'une politique sachant embrasser l'ensemble de la vie, se préoccupe de ces repos salutaires.
2. *Eth. Eud.*, VII, x, 8, 1242ᵃ33.
3. *Eth. Nic.*, VIII, xιι, 5. Ἔστι δ' ἡ μὲν πρὸς γονεῖς φιλία τέκνοις, καὶ ἀνθρώποις πρὸς θεούς, ὡς πρὸς ἀγαθὸν καὶ ὑπερέχον· εὖ γὰρ πεποιήκασι τὰ μέγιστα· τοῦ γὰρ εἶναι καὶ τραφῆναι αἴτιοι καὶ γενομένοις τοῦ παιδευθῆναι.

déclaré qu'une trop grande distance venant d'une vertu supérieure, πολὺ διάστημα ἀρετῆς, empêche l'amitié, et il avait ajouté : Cela se voit avec une parfaite clarté quand il s'agit des dieux, car ce sont eux surtout qui ont, en toutes choses, en toutes sortes de bien, une manifeste et écrasante supériorité[1]. Et ce n'était pas seulement l'amitié proprement dite qu'il excluait; il jugeait impossible, ou à peu près, que les hommes aimassent la divinité[2], et il n'admettait point que la divinité pût aimer les hommes. Eudème dit que Dieu est content si on lui offre des sacrifices proportionnés aux moyens dont on dispose[3]. Nous avons vu aussi que, pour ce disciple d'Aristote, la plus haute perfection morale consiste à servir Dieu[4]. Mais ni la *Morale à Nicomaque*, ni les autres écrits d'Aristote ne nous font envisager sous cet aspect les rapports de l'homme et de la divinité. Nous pouvons dire que le Dieu d'Aristote n'est ni l'auteur ni le maître de l'homme, en ce sens qui rend possibles les sentiments affectueux. Ce Dieu n'est pas non plus législateur, ni juge, ni rémunérateur, ni vengeur. L'homme qui le considère, le voit au-dessus de tout dans une haute et sereine région, comme la fin qui attire tout, comme le modèle de la vie parfaite et de la suprême félicité. Puis il le voit présent

---

1. *Eth. Nic.*, VIII, vii, 4.
2. L'auteur de la *Grande Morale* déclare formellement que c'est impossible, II, xi. Ἡ δὲ πρὸς θεὸν φιλία οὐδὲ ἀντιφιλεῖσθαι δέχεται, οὐδ' ὅλως τὸ φιλεῖν· ἄτοπον γὰρ ἂν εἴη, εἴ τις φαίη, φιλεῖν τὸν Δία.
3. *Eth. Eud.*, VII, x, 1243ᵇ11. — *Eth. Nic.*, VIII, xiv, 4.
4. *Eth. Eud.*, VII, xv, fin.

partout, en la manière que nous avons expliquée ; l'action et le rayonnement de l'intelligence suprême lui apparaît comme le principe de tout ; sa propre intelligence est à ses yeux chose divine, très divine, et c'est alors en lui-même, et comme en son propre fond et en sa propre essence, qu'il trouve Dieu. Mais, ni dans l'un ni dans l'autre de ces deux cas, l'homme ne se rattache à Dieu par un lien proprement religieux. Il ne trouve pas en Dieu la loi de la vie ; il n'a point de juge, si ce n'est sa propre raison, et sa fin semble être lui-même, quoique en un sens elle soit au-dessus de lui.

Ajoutons que c'est dans les limites de la vie présente que tout est renfermé pour l'homme. Cette intelligence qui est en lui est immortelle, sans doute, si on la considère dans la pureté de son essence, et comme le principe vivifiant de la pensée, νοῦς ποιητικός[1]. Mais le souvenir périt avec la vie présente[2], l'entendement que l'intelligence supérieure *forme* en quelque sorte et fait entrer en acte, le νοῦς παθητικός disparaît, et avec lui tout ce qui dans l'homme est humain. Qu'est cette intelligence qu'Aristote déclare immortelle et éternelle[3] ? Celle-là seule est *séparable,* mais si tout caractère personnel s'évanouit par la mort, cette survivance du principe pensant a-t-elle quelque intérêt moral ? D'ailleurs, dans l'*Éthique,* Aristote ne songe pas une seule fois à tourner l'espérance de l'homme vers une

---

1. *De Anima,* III, IV, V, VI.
2. *De Anim.,* III, V, 2.
3. *Eth. Nic.,* I, IV, 12 et 13 ; II, II, 10 ; III, IV.

vie future[1]. L'unique passage où il y ait quelque allusion à l'*au delà* de la mort est sans importance doctrinale ; c'est une simple référence à une opinion vulgaire, et il n'est question que de la place que peut occuper dans le bonheur des hommes la destinée de leurs descendants, au cas où elle serait connue d'eux[2]. Jamais, dans l'analyse et dans la définition de l'idée du bonheur, une vie à venir n'apparaît, et alors qu'Aristote nous exhorte à tendre, quoique mortels, à l'immortalité, c'est de l'immortalité présente qu'il parle, c'est de la pensée présente ayant pour objet l'éternel, et devenant ainsi, au moins un instant, éternelle en quelque sorte elle-même et divine.

Des deux conditions du bonheur, la vertu parfaite, ἀρετῆς τελείας, et une existence parfaite, βίου τελείου, il voit bien que la seconde n'est guère assurée en ce monde, et que le bonheur par conséquent se trouve en cela du moins à la merci de la fortune. Il s'y résigne, et ne lève pas les yeux vers une autre vie pour y chercher, avec la stabilité que celle-ci n'offre pas, la certitude que le bonheur dépend de la vertu. Il se console de la brièveté de la vie, il se dit que, s'il y a des cas où il faut savoir mourir, on a même alors la meilleure part dès qu'on a le beau pour soi ; mieux vaut

---

[1]. Il semble même la nier. *Eth. Nic.*, I, x, 2. Ἆρά γε καὶ ἔστιν εὐδαίμων τότε ἐπειδὰν ἀποθάνῃ ; ἢ τοῦτό γε παντελῶς ἄτοπον, ἄλλως τε καὶ τοῖς λέγουσιν ἡμῖν ἐνέργειάν τινα τὴν εὐδαιμονίαν.

[2]. *Eth. Nic.*, I, x, 4. Cette opinion vulgaire est conforme aux antiques traditions religieuses de la Grèce : le culte rendu aux morts les supposait sensibles au bonheur ou au malheur de leurs descendants, comme eux-mêmes devaient aux soins pieux dont ils étaient l'objet leur propre félicité.

une joie vive d'un moment qu'une longue jouissance faible, une vie belle d'une année que plusieurs années de vie vulgaire, une seule action et belle et grande, que plusieurs petites[1]. Nous avons déjà admiré ce magnifique langage : mais si tout se termine avec la vie présente, le bonheur, pour l'homme qui meurt par vertu, cesse avec l'acte excellent qui tout ensemble le consomme et l'anéantit. La mort, en mettant un terme à la vertu, à la conscience, à la joie, en même temps qu'à la vie, supprime tout. Et que devient cette condition requise tout à l'heure pour la félicité parfaite, λαβοῦσα μῆκος βίου τελείου [2] ? On dit que dans les choses du bonheur il ne faut rien d'incomplet, οὐδὲν γὰρ ἀτελές ἐστι τῶν τῆς εὐδαιμονίας, et l'on admet qu'un coup brusque arrêtant à jamais toute activité, celui que ce coup brise soit heureux ! De même, dans l'ordre de la pensée pure, l'on se contente d'éclairs. Qu'on dise que c'est tout ce que comporte l'actuelle condition de l'homme, soit ; mais alors qu'on ne parle pas de bonheur parfait et de félicité divine ! On veut que l'homme soit presque un dieu, et, se souvenant sans cesse qu'il n'est qu'un homme, on le resserre de toutes parts dans les bornes de l'existence présente. On prétend qu'il y trouve son ciel. Le seul moyen de sortir des difficultés où se heurte la doctrine d'Aristote, c'est de dire à l'homme : le bonheur pour lequel la nature

---

[1]. *Eth. Nic.*, IX, viii, 9.
[2]. *Eth. Nic.*, X, vii, 8.

humaine est faite est trop pur, trop haut, trop parfait pour être de ce monde ; il n'y en a ici que des images affaiblies, ou de rapides pressentiments. Cela, Aristote ne le dit point, et la manière dont il entend l'homme et Dieu ne lui permet point de le dire.

CHAPITRE VII

QUE LA DOCTRINE MORALE D'ARISTOTE EST UN EUDÉMONISME RATIONNEL.

Les objections que nous venons d'adresser à la doctrine d'Aristote ne doivent pas nous faire perdre de vue ce qui en est le caractère essentiel, à savoir qu'elle propose à l'homme pour fin le bonheur identifié avec la perfection et l'excellence. Une fois que les difficultés soulevées par les théories d'Aristote ont été écartées ou déclarées insurmontables, reste ce point capital à examiner : l'*Eudémonisme* d'Aristote, considéré en lui-même, est-il, oui ou non, solide?

Je n'ai pas besoin de beaucoup insister sur l'espèce d'*Eudémonisme* qu'Aristote professe. Après tout ce qui précède, on ne saurait confondre le bonheur dont il parle avec un bonheur vulgaire. Si je cherche ici encore des termes de comparaison parmi les philosophes modernes, je rencontre d'abord Stuart Mill. Ce penseur distingue entre le bonheur humble et le bonheur relevé, et tous les plaisirs sont loin d'être égaux à ses yeux : il les estime selon leur qualité. Pressez-le, il vous semblera que ses théories servent de commentaire à celles d'Aristote, et qu'Aristote à son tour vous fournit un nouveau moyen d'entrer dans la pensée du philosophe anglais. Pour l'un et l'autre, c'est le déploiement de l'activité qui rend heureux ; mais c'est de l'activité la plus haute que naît le plaisir le plus profond : partant le bonheur est dans la satisfaction des plus nobles aspirations de l'homme; or, tout revient en définitive à être homme le plus possible et le mieux possible. Il y a des vies insignifiantes : le bonheur n'est pas là; il y a des vies nobles : le bonheur est là. Mais citons Stuart Mill lui-même : « La culture d'une noblesse idéale de volonté et de conduite est pour les êtres humains individuels une fin à laquelle doit céder, en cas de conflit, la recherche de leur propre bonheur ou de celui des autres. Si cette noblesse idéale de caractère était assez généralement répandue, ou si du moins un assez grand nombre de personnes en approchaient, cela contribuerait plus que toute autre chose à rendre la vie humaine heureuse : heureuse à la fois, dans le sens comparativement humble du mot, par le plaisir et l'absence de douleur, et, dans le sens le plus élevé, par une vie qui ne serait plus ce qu'elle est maintenant presque universellement, puérile et insignifiante, mais telle que peuvent la souhaiter des êtres humains dont les facultés sont développées à un degré supérieur[1]. » Et ce n'est pas là une sorte d'aveu

---

1. A *system of Logic*, dernière page du second et dernier volume.

fait en passant; c'est la doctrine constante de Stuart Mill : elle se retrouve dans les *Essais sur la religion,* dans l'*Autobiography;* elle est dans l'*Utilitarianism :* le second chapitre, si important, *What utilitarianism is,* est le développement de cette thèse, que les plaisirs sont de qualités diverses, et que le bonheur est dans le plus libre et le plus puissant développement de l'activité la plus digne de l'homme, la plus vraiment humaine.

Je n'oublie pas toutes les différences qui séparent d'ailleurs Stuart Mill et Aristote, mais je n'ai pas à m'y arrêter ici. Ce qui m'intéresse, c'est de noter le premier aspect que prend à mes yeux *l'eudémonisme* d'Aristote : je le vois se distinguer nettement de cette vulgaire doctrine qui fait consister le bonheur dans la satisfaction pure et simple de nos désirs. Cette façon mesquine, étroite, basse d'être utilitaire n'est certainement pas celle d'Aristote. Veut-on ne voir encore chez lui qu'une sorte d'*utilitarisme,* c'est avec Stuart Mill qu'il a de l'analogie, et dans Stuart Mill la doctrine utilitaire n'est déjà plus purement empirique : elle se transforme et s'élève.

Mais ce n'est point par une sorte de dérogation à une inspiration première que l'*eudémonisme* d'Aristote dépasse l'empirisme. C'est sur des principes rationnels expressément reconnus qu'il repose, il est rationnel, parce que le penseur veut qu'il le soit. L'idée de l'*acte* et de l'*excellence* est éminemment rationnelle dans le système d'Aristote. Ici ce n'est plus à Stuart Mill, c'est à Leibniz qu'il faut comparer notre philosophe. Ce petit opuscule allemand si remarquable, qui a pour titre *De la*

Béatitude[1], nous offre une sorte de commentaire de la théorie que nous examinons. « Le plaisir est le sentiment de la perfection... La joie est le plaisir que l'âme ressent en elle-même... Le bonheur est une joie continue, non pas monotone et languissante, mais durable... Pour chaque être, il y a comme un niveau, comparable à la santé : s'y tenir, c'est être bon ; descendre au-dessous, c'est être mauvais, malade ; monter au-dessus, c'est avoir la perfection... La perfection est donc plénitude, force, et aussi ordre, convenance, bonté... La perfection est une sorte d'élévation, d'exhaussement de l'être : en d'autres termes, c'est un degré éminent de l'être ou de la force ; perfection ou excellence c'est tout un. Et plus haute est l'activité ou plus grande la force, plus haut et plus libre est l'être. Mais puisque la force est d'autant plus grande qu'une plus grande pluralité sort de l'unité, ou s'y ramène, étant régie par elle, ou trouvant en elle son principe intime, et que cette unité dans la pluralité c'est l'harmonie, voilà que la perfection est harmonie, et l'harmonie produit la beauté, laquelle engendre l'amour. Ainsi bonheur, plaisir, amour, perfection, être, force, liberté, harmonie, ordre et beauté, tout cela c'est la même chose. Et lorsque l'âme trouve en soi harmonie, ordre, liberté, force ou perfection, elle y prend plaisir, et cet état produit une joie durable et sûre. Or, lorsque la joie procède de

---

1. Leibniz, *Von der Glückseligkeit*, édit. Erdmann, page 671. Comparer la *Correspondance avec Wolf*, lettres de Leibniz du 21 février 1705 et du 18 mai 1715.

la connaissance et est accompagnée de lumière, et par suite produit dans la volonté une inclination vers le bien, c'est ce que l'on appelle la vertu. »

Pour Aristote et pour Leibniz, ce qui rend heureux, c'est donc le développement à la fois puissant et réglé de l'activité, de l'être. Le bonheur, c'est la perfection ou l'excellence sentie, goûtée ; c'est le bien et c'est notre bien. C'est le bien, car la valeur de l'être pleinement et régulièrement développé est indépendante de notre manière de voir et de sentir ; en soi, elle est absolue, et, comme c'est la nature même ou l'essence ou l'idée des choses qui la fonde, c'est l'idée des choses qui la détermine. Mais ce bien est notre bien, car c'est de notre être qu'il s'agit et nous ne pouvons être bien sans en jouir, le voyant et le sachant. Le bonheur vrai coïncide avec l'activité vraie, si l'on peut s'exprimer ainsi, je veux dire avec celle qui est conforme à notre vraie nature. Dès lors, le bonheur a lui-même une valeur rationnelle. C'est là le fond de l'*eudémonisme* de Leibniz, c'est le fond de l'*eudémonisme* d'Aristote.

Il y a plus. C'est dans Kant lui-même que je veux maintenant chercher de quoi éclaircir la théorie d'Aristote. Quand nous aurons saisi les rapports qu'elle offre avec la morale kantienne, nous comprendrons pleinement ce qu'est un *eudémonisme rationnel* : nous saurons alors le sens et le prix de la théorie dont ces deux mots sont le résumé.

Mais n'est-ce pas un paradoxe ? Kant ne condamne-t-il pas tout *eudémonisme* et n'est-il pas sévère pour toute morale qui prétend s'établir sur l'idée de la perfection? Je ne l'oublie pas; j'ai présentes à l'esprit les objections de Kant. Nous les examinerons en leur lieu. Ici je ne considère qu'une chose, ce principe si énergiquement proclamé par Kant, à savoir que la *nature raisonnable* est une *fin en soi*[1]. N'est-ce pas, demanderai-je tout de suite, ce que veut dire Aristote? Il n'y a de différence que dans le langage. Qu'est-ce qu'Aristote estime dans l'homme, sinon la nature raisonnable, et n'est-ce pas ce qu'il juge le meilleur, le plus excellent, le plus digne d'être désiré, choisi, voulu? Si la vie selon la vertu la plus haute, ζωὴ κατ' ἀρετὴν κρατίστην, est aussi celle qui est objet de préférence par soi, αἱρετὴ καθ' αὑτήν, cette vie, qui est celle de la pensée, est donc fin en soi? Et quand Aristote la nomme parfaite, le mot grec n'indique-t-il pas qu'elle est objet final, fin, et plus vraiment fin que tout le reste ? N'est-ce pas ce que signifient ces mots ἀρετὴ τελεία, ἀρετὴ τελειοτάτη, τέλος τελειότατον? Voilà donc que pour Aristote et pour Kant, l'homme ou la nature humaine est *fin en soi* et a une *dignité* (nous avons trouvé le mot ἀξία dans Aristote); et ce caractère éminent de la nature humaine vient de ce qu'elle est une nature raisonnable. Ni Aristote ni Kant ne considèrent la nature de celui-ci ou de celui-là, faible, incomplète, déparée par toutes sortes de défauts, souvent en désaccord avec la raison. La vraie nature, c'est la nature com-

---

1. Nous pouvons négliger ici la distinction établie par Aristote entre le λόγος et le νοῦς. D'ailleurs elle cadrerait encore avec la doctrine de Kant: si Kant entend souvent par *raison pure* quelque chose de semblable au νοῦς, il oppose aussi le *monde intelligible* pur au monde de la raison discursive.

plète et parfaite, comme dit Aristote lui-même, φύσις τελειωθεῖσα[1] ; mais puisqu'une telle nature n'est nulle part pleinement réalisée, c'est donc un modèle intelligible, une idée, un idéal. Et conformer, autant que possible, à cette humanité idéale l'humanité réelle qu'on trouve en soi, c'est l'office propre de la vertu : la vertu est vôtre ou mienne, propre à chacun, personnelle : elle réalise, dans la vie de chacun, le type de l'homme.

Parler de la droite raison, avec Aristote, et parler de la volonté pure, avec Kant, c'est toujours admettre une distinction entre l'homme idéal et cet homme qui est vous ou moi, c'est admettre cela, ou bien ce n'est rien dire. Si la raison est le guide de la vie, ce n'est pas assurément en tant qu'elle est particulière à chacun, c'est en tant qu'elle contient en elle une règle universelle. Suivre cette règle, voilà ce qui est l'affaire de chacun, et d'abord la reconnaître est le fait de chacun : mais en elle-même, elle ne dépend ni de la manière de voir ni des sentiments des uns ou des autres. De même Kant appelle volonté *pure* celle qui obéit tellement à la loi morale qu'elle se donne à elle-même la loi et est *autonome* : mais une telle volonté est un idéal. A la volonté réelle, la vôtre ou la mienne, il appartient de faire effort pour obéir à la loi, malgré l'obstacle des penchants contraires. Il y a donc deux volontés : l'une supérieure qui est règle, loi et modèle ; l'autre inférieure, souvent en désaccord avec la première. Et la volonté humaine peut soumettre les pen-

---

1. *Polit.*, I, 1, 8, 1252b.

chants à la loi; elle peut faire prédominer la volonté supérieure, ou pure, ou idéale, et ce n'est point se faire tort à elle-même que d'imposer aux penchants cette contrainte, c'est plutôt s'affranchir, se développer, être vraiment elle-même, car au fond elle est volonté, volonté raisonnable; et elle agit alors selon ce qu'elle est, selon l'essence de la volonté pure, de la volonté raisonnable.

Kant distingue entre l'*homo phænomenon* et l'*homo noumenon*[1] : je dirai volontiers que la même distinction est dans Aristote, quoique non exprimée de la même manière. L'un et l'autre ont une *idée* de la perfection et de la dignité de l'homme dont ils font la fin et la règle de l'activité pratique. Ce n'est point de l'expérience qu'Aristote apprend ce qu'il convient et ce qu'il faut que l'homme soit pour être vraiment homme, ce n'est point l'expérience qui lui enseigne ce qu'il y a dans l'homme de plus relevé, κράτιστον, et en même temps d'essentiellement propre à l'homme, οἰκεῖον : aussi bien que Kant, c'est à une conception toute rationnelle qu'il doit ses vues sur l'*humanité* vraie. La nature raisonnable, laquelle est dans l'homme, c'est pour Aristote comme pour Kant, une nature archétype, *natura archetypa*, pour emprunter à Kant même un terme qui sent le platonisme : c'est un archétype, alors qu'Aristote y cherche la règle de la vie; et puis c'est une *natura ectypa*, comme dit encore Kant[2], alors que, le regard fixé sur cet idéal, Aristote essaie de décrire la vie bonne et heureuse. Cette

---

1. Kant, *Doctrine de la Vertu*, Ire part., liv. I, introduction, § 3.
2. Kant, *Critique de la Raison pratique*, Ire part., liv. I, ch. I, § 1.

forme que Platon appelle *idée*, Aristote ne la nomme pas du même nom; il ne pense pas, comme Platon, qu'elle existe d'une manière séparée : elle n'est que dans l'esprit qui la conçoit ou dans les choses qui la reçoivent en quelque sorte et qu'elle constitue : séparée des choses réelles, ce n'est qu'une abstraction, elle n'a point de subsistance propre, elle n'est point réalité substantielle, chose en soi, ὄντως ὄυσα, comme le voulait Platon. Où elle est le plus et le mieux réalisée, c'est dans l'homme de bien, et c'est pourquoi Aristote déclare celui-ci, nous nous en souvenons, règle et mesure des choses. Dans l'esprit de tous elle est *en puissance* et comme enveloppée et endormie; dans l'esprit qui la considère, elle est *en acte* et comme explicite et éveillée; enfin, dans la vie de l'homme de bien, elle est tout à fait en acte et toute réalité. Mais pourtant il n'y a pas d'homme tellement bon que ne soit meilleure encore cette forme de la nature humaine selon laquelle il ordonne ses pensées, ses sentiments, sa conduite. C'est donc bien une idée ou un idéal que cette forme supérieure et excellente. L'idée platonicienne, Aristote la repousse et la combat : il l'admet en même temps, d'une façon à lui propre, nouvelle, originale, mais enfin il l'admet; et il a, comme Kant, son platonisme. Il craint de se perdre dans le vide s'il conçoit au-dessus des choses connues par expérience un monde intelligible transcendant, céleste; il se rend compte de la faible vertu et de la courte portée de l'abstraction avec une précision impitoyable ; il ne considère comme réel que ce qui agit, et il pense que cela seul agit qui est individu, ἕκαστον. Dans l'homme, cherchant le principe essentiel et constitutif, il ne croit le trouver que dans ce qui est propre à chacun, dans ce qui fait de chacun un être singulier qui est ceci, et non pas cela, qu'on peut caractériser, désigner, dénommer, τόδε τι[1], en un mot dans ce qui constitue, comme nous dirions maintenant, la personne. Aussi, lorsqu'il disserte sur le souverain bien, *l'idée du bien*, si chère à Platon, est-elle pour lui objet de crainte et de répulsion. C'est, dit-il, une idée générale, une idée commune, et c'est de l'homme, c'est du bien de l'homme qu'il s'agit. Un charpentier ou artisan quelconque ne trouverait ni grande lumière ni grand secours dans l'idée générale du bien pour faire aussi bien que possible les œuvres déterminées qui lui sont demandées. L'homme a une œuvre propre à accomplir : à quoi lui sert pour cette tâche humaine une idée générale qui s'applique à tout? Ainsi Aristote rejette l'idée platonicienne où il ne voit qu'une généralité vague et une chimère[2]. D'ailleurs, Platon lui-même avait parlé de l'œuvre propre de l'homme[3]; et Aristote ne devrait pas l'oublier. Mais ce que nous voulons mettre en lumière ici, c'est la peur qu'inspirent à Aristote les idées générales vides, et

---

1. Ce mot revient très fréquemment chez Aristote. Voir notamment *Catég.*, v, 3ᵇ 10. — *Phys.*, IV, vii, 214ᵃ 12. — *Métaph.*, V (Δ), ii, 1014ᵃ 22; VII (Z), iv, 1030ᵃ 3.

2. *Eth. Nic.*, I, vi. Ce chapitre est consacré à discuter le rôle de l'idée platonicienne du bien dans la morale. Voir *Métaph.*, XIII (M) et XIV (N), la réfutation générale de la théorie des idées.

3. Platon, *Républ.*, I, 353 B.

telles lui semblent être les *idées* de Platon, κενολογεῖ ὁ Πλάτων[1]. Cherchant le bien de l'homme, il ne veut pas plus d'une *idée* de l'homme que tout à l'heure il ne voulait d'une idée du bien. Entre les hommes réels, seuls existants, il y a des traits communs, et, comme l'analogie relie entre eux les individus, il y a en ce sens une notion générale de l'humanité, κατ' ἀναλογίαν[2]. On ne peut pousser plus loin le souci de ce qu'il appelle τὸ καθ' ἕκαστον: il le conserve jusque dans la considération des notions générales. Et cependant, il est vrai de dire que pour lui y a une forme, un type, une idée de la nature humaine, qui nulle part n'existe en soi, mais qui est en chacun ce qui le constitue, ce qui rend raison de ce qu'il est, ce qui permet de le définir, τὸ εἶδος, τὸ τί ἦν εἶναι, ὁ λόγος, et c'est aussi ce qui est la règle de la vie. Voilà l'idée, non plus au sens purement platonicien, mais plutôt interprétée d'une façon presque kantienne, mais enfin c'est l'idée. Comment se fait-il que dans l'homme il y ait quelque chose de supérieur à l'homme? il ne s'en inquiète guère; comment y a-t-il une forme de la nature humaine, qui, sans avoir aucune existence réelle, mette pourtant la volonté de l'homme en branle, et ainsi se fasse réaliser? cela ne lui semble pas intéresser la morale. Il néglige ces hautes questions, plus prudent que Platon, mais moins sublime; il entend

---

1. *Metaph.*, I (A), ix, 991ᵃ21. — XIII (M), x, 1079ᵇ16. Aristote ajoute que ce sont là des métaphores poétiques. Voir avec quel soin il met le philosophe en garde contre ces façons de parler, *Anal. post.*, II, xiii; *Top.*, IV, iii, et VI, ii.

2. *Metaph.*, V (Δ), vi, 1916ᵇ32. — XII (Λ), iv, 1070ᵃ32.

traiter des choses morales en moraliste, non en métaphysicien. Mais malgré ce rejet explicite de la théorie des idées, il a sa manière à lui d'admettre les idées : quand il cherche ce que doit être la nature humaine, vraie, pure, parfaite, ce n'est point de ses yeux qu'il la voit ; c'est une idée ou un idéal que cette excellence de l'homme où il place la fin de la pratique et le fondement de la morale.

Je crois avoir montré que ce n'était pas sans raison que je cherchais dans un rapprochement entre Aristote et Kant un moyen de mieux comprendre le sens et la valeur de cet *eudémonisme rationnel* qui est la morale d'Aristote. La nature raisonnable, ou la nature humaine, considérée en tant que raisonnable, en tant qu'intelligente, la dignité de cette nature, le privilège, si l'on peut parler ainsi, d'être *fin en soi*, c'est là ce qui explique et soutient le système. Cette sorte de platonisme kantien le distingue de tout *eudémonisme* vulgaire ou médiocre, de toute doctrine empirique, même de toute noble théorie dont le fondement ne serait point rationnel.

Je reviens maintenant à la critique que Kant a faite et de l'*eudémonisme* et même de la morale de l'excellence ou de la perfection[1]. On ne peut, selon Kant, prendre le bonheur comme fondement d'une morale désintéressée, et une morale qui ne serait pas désintéressée, ne serait

---

1. Kant, *Critique de la Raison pratique*, 1re part., liv. I, ch. 1. — *Fondements de la Métaph. des Mœurs*, 2e sect. Division de tous les principes de moralité, etc. — *Doctrine de la Vertu*, Introd., art. v.

plus une morale; on ne réussit pas mieux, lui semble-t-il, avec l'idée de la perfection. C'est un concept indéfini que ce concept de perfection; rien de plus vague, de plus indéterminé, à moins de déclarer que l'excellence ou perfection de l'homme consiste précisément en ce qu'il peut connaître et suivre la loi morale. Mais alors ce n'est pas la perfection qui est la raison et le fondement de la loi morale; au contraire, si l'on ôte la loi morale, la perfection s'évanouit. En outre, si la perfection ou excellence de notre être nous est proposée comme fin, il faut bien que nous la souhaitions et la voulions comme nôtre et partant comme nous étant bonne, comme nous étant agréable. Ce n'est donc pas la moralité que nous avons en vue en nous déterminant à faire notre devoir, c'est la félicité; ce n'est plus le respect de la loi morale, qui est le mobile de notre action, c'est l'amour-propre : l'intérêt personnel nous porte à être vertueux, mais la vertu disparaît par cela même : car elle est dans l'intention, non dans le fait. Il y a légalité, non moralité : la loi est obéie, en ce sens que les actes sont conformes à la loi; il n'y a pas *bonne volonté*, la volonté vraiment bonne étant celle qui accomplit la loi par respect pour la loi. Faire son devoir en vue d'autre chose, ce n'est plus faire son devoir : il faut, en faisant son devoir, n'avoir d'autre vue que de respecter et de suivre la loi morale. Toute morale prétendue qui fait une place dans la moralité à quelque élément étranger, détruit la moralité par cela même ou est impuissante à l'expliquer : l'*autonomie* de la volonté est le principe suprême de la moralité; l'*hétéronomie* de la volonté est la source de tous les faux principes.

Comment donc avons-nous pu rapprocher Aristote de Kant? N'était-ce point une illusion, malgré toutes les raisons que nous avons données tout à l'heure? Du moment que la doctrine d'Aristote est un *eudémonisme*, elle ne peut avoir avec la *Critique de la Raison pratique* et avec la *Doctrine de la Vertu* que des analogies apparentes et en définitive décevantes.

Je ne pense pas qu'il en soit ainsi. Je sais qu'Aristote n'a pas parlé du devoir et de la moralité comme le devait faire Kant. J'ai assez indiqué ce qui manque à sa philosophie morale. Mais la cause de ces défauts n'est point dans l'*eudémonisme*. Sa théorie du bonheur et de l'excellence résiste aux objections de Kant, et Kant lui-même admet quelque chose de semblable.

Pourquoi la loi morale, telle que Kant la conçoit, commande-t-elle à l'homme d'agir de telle ou telle manière, s'il n'y a dans l'homme aucune perfection, aucune excellence, aucune dignité qui ait par soi de la valeur et soit la raison de ce commandement? Kant prétend que le principe de la moralité est *formel*; que, si on le suppose *matériel*, il n'est pas; mais qu'il n'est *formel* que si la raison du commandement est la loi même, loi universelle, la loi seule, et rien d'autre qu'elle, rien qui lui soit étranger; que, par conséquent, il cesse d'être *formel*, et devient *matériel*, ou, en d'autres termes, se détruit lui-même et disparaît, lorsque la volonté, se déterminant à agir, a en vue non plus la loi toute pure, la loi seule, mais quelque chose qui est pour elle un *objet*. Cette prétention de Kant est excessive : car la loi morale ainsi entendue devient arbitraire ; c'est arbitrairement ou sans raison qu'elle décide que ceci est à faire et cela à éviter. En voulant que la moralité soit tout, on ôte à la moralité ce qui en est, en un sens, comme la condition préalable ou la base, et on la rend impossible, on l'anéantit. Cette difficulté disparaîtra, si nous disons avec Aristote qu'il y a une certaine excellence de la nature humaine, une perfection qu'il faut et respecter et développer[1]. Cette excellence est la raison et le fondement de la loi morale. En quoi la loi morale est-elle compromise parce qu'on trouve là ce qui l'explique et la motive ? Mais n'est-ce donc pas quelque chose d'analogue que fait Kant lui-même, lorsqu'il déclare que la nature raisonnable a un prix, une dignité, et lorsqu'il donne de l'*impératif catégorique* cette formule : « Agis de telle sorte que tu traites toujours l'humanité, soit dans ta personne, soit dans celle des autres, comme une fin, et que tu ne t'en serves jamais comme d'un moyen ? »

En vain Kant objecte-t-il que si l'on prend pour principe de la morale l'excellence, on y introduit une *fin* étrangère, partant un *objet*, partant une *matière*. Sans doute la volonté a en ce cas un objet. Mais quel est donc le péril que redoute Kant ? C'est pour lui une chose

---

1. Remarquer l'emploi que fait Aristote du mot ἀγαπᾶν, aimer une chose d'un amour de choix, de préférence, où il y a estime. Voir notamment *Eth. Nic.*, III, xi, 8 ; et surtout X, viii, 13 (τοὺς ἀγαπῶντας μάλιστα τοῦτο, à savoir le νοῦς — καὶ τιμῶντας). Platon avait dit dans les *Lois*, V, 733 C, qu'il faut honorer son âme, τιμῶν καὶ σεβόμενος.

admise sans discussion que la volonté, à moins de se déterminer en vue de la loi morale toute seule, ne peut qu'être déterminée par une émotion toute *pathologique*; que ce qui l'entraîne, c'est une sorte de goût, et qu'ainsi elle a pour fin le plaisir. Combien Aristote ne porte-t-il pas sur la nature humaine un jugement plus juste et plus profond, encore que l'expression en soit trop brève, lorsqu'il dit que l'homme peut choisir le bien parce que le bien est le bien; que le plaisir naît du bien, de l'amour du bien, de l'intérêt que nous prenons au bien, mais que le bien n'est pas toujours déclaré tel parce qu'il plaît ! En d'autres termes, il y a des choses qui plaisent à la raison, si l'on peut parler ainsi : elles causent une agréable émotion, parce qu'elles sont bonnes, et la raison les juge telles en elles-mêmes, non à cause de l'agrément qu'elles procurent, non à cause de l'impression agréable qu'elles produisent. Il y a donc des biens qui, dès que la raison les reconnaît, s'adressent à la volonté, sans aucun intermédiaire sensible, par la seule force de leur excellence reconnue. Telle est la différence entre le bien que l'École appelait *bonum delectabile* et celui qu'elle appelait *bonum intelligibile*[1]. La distinction est au fond dans Aristote. Le *bonum delectabile* a tellement le plaisir pour indice que là où le plaisir n'est pas, lui-même n'est plus : c'est que c'est sa douceur qui en fait un bien, non une excellence indépendante du sentiment qu'on en a ; il est *bien*, en ce sens qu'on le trouve

---

1. Voir le remarquable ouvrage du docteur Ward, *On Nature and Grace*.

agréable : de là il ne suit pas que tous doivent le juger bien, ni que pris en soi et de sa nature il mérite d'être désiré ; c'est un bien pour nous, relativement à nous, καθ' ἡμᾶς ; c'est un bien, parce qu'on le sait agréable, et, si la volonté le prend pour objet et cherche à se le procurer, elle est mue par l'espoir du plaisir. Mais le bien que nous nommons *intelligibile bonum*, le bien rationnel, est celui que la raison juge bien : il est absolu : c'est par sa nature et en soi qu'il est bien ; ce n'est pas ce qui plaît, mais ce qui doit plaire, ce où l'on trouve de la satisfaction, mais ce qui doit en causer à quiconque est sain. Le plaisir ne précède pas le jugement de la raison, il le suit. La valeur du bien n'est pas déterminée par l'émotion qu'on éprouve. Il se peut même qu'en le reconnaissant pour ce qu'il est, en l'estimant son prix, en le choisissant pratiquement, on ne ressente point de joie, parce que la résolution par laquelle on s'y attache, prive de certains plaisirs très vifs, et que renonçant à ces plaisirs librement, mais non volontiers, on éprouve à se contrarier soi-même en préférant le bien une secrète souffrance. Le bien peut être dénué de tout agrément : non que, de soi, il ne soit aimable, mais par un effet des circonstances et par une suite de nos dispositions propres ; c'est par la volonté *sèche, nue,* comme disent les écrivains mystiques ou les maîtres de la vie intérieure, qu'on demeure fidèle au bien *nu ;* insensible à ses attraits, on a pour lui un amour sans complaisance, un amour tout de raison et de volonté. Ainsi la raison peut agir en quelque sorte sur la volonté par la seule vue du bien qu'elle lui présente et propose ; et le bien est vraiment voulu pour lui-même, aimé pour lui-même, choisi pour sa propre bonté. Kant pense que cela ne peut arriver que dans le cas où le bien est le bien moral proprement dit, c'est-à-dire, pour Kant, la loi morale ou le devoir. Aristote n'a-t-il pas raison de penser que cela est vrai de tout bien qu'on peut appeler intelligible ? Ce n'est pas que le plaisir ici doive être mis dehors : régulièrement le plaisir est avec le bien ; il est, comme dit Malebranche, le caractère naturel du bien : mais ici il naît de la connaissance du bien, au lieu de pénétrer l'âme et de l'envahir par une douceur prévenante, au lieu surtout d'être lui-même tout ce en quoi le bien consiste. C'est ainsi que Kant, si sévère, avoue pourtant que la loi morale ne nous laisse pas insensibles, et qu'elle produit en nous certains sentiments d'un ordre très élevé, parce qu'enfin nous ne pouvons pas ne pas y prendre de l'intérêt[1]. Elle ne nous est pas indifférente, elle nous touche ; elle n'invoque aucun mobile étranger pour établir son influence sur la volonté, mais elle contient en soi un mobile, elle devient un mobile, elle produit alors un effet particulier sur notre faculté de désirer, elle engendre un sentiment. Le respect pour la loi morale est un sentiment produit par une cause intellectuelle, mais c'est un sentiment, et il y a, dans la pleine et toute volontaire soumission à la loi morale respectée et obéie pour elle-même, une intime satis-

---

1. Kant, *Critique de la Raison pratique*, Ire part., liv. I, ch. III.

faction, un austère plaisir, ou, comme aurait dit Descartes, une joie intellectuelle. C'est admettre qu'il y a deux sortes d'amours et de plaisirs : ceux qui ont leur source dans les sens, et ceux qui ont dans la raison leur principe. Et sans doute c'est cette influence des choses morales sur la volonté, c'est cette aptitude à produire des plaisirs d'un ordre à part, que les anciens exprimaient quand ils nommaient le bien moral le *beau* ou l'*honnête*, τὸ καλόν, *honestum*. Ils n'en marquaient point assez par là le caractère impératif, mais ils en indiquaient bien, ils en rendaient fortement l'excellence, le charme, la puissance. Or, ce que Kant admet pour la loi morale, à savoir qu'elle est à sa manière une source de sentiments, une source de satisfactions désintéressées, nous l'admettons, suivant les indications d'Aristote, pour tout bien rationnel, comme la science, par exemple; nous disons qu'alors la seule présence du bien suffit pour avoir, sans l'intervention d'aucun mobile étranger, de l'influence sur la volonté, et qu'il est dans notre nature que, sans aucune vue ou espérance de plaisir ou d'utilité, nous puissions reconnaître, choisir, aimer un tel bien.

Kant ne se borne pas à considérer la loi morale comme produisant par ce que j'appellerai sa beauté une satisfaction à part; il trouve que, dans la conscience d'avoir accompli la loi, il y a une autre satisfaction qu'il n'interdit nullement à l'homme de bien de goûter. Il lui semble que la vertu jouit d'elle-même et trouve en elle-même une récompense; il lui semble que l'homme de bien, ayant conscience de sa dignité, ne demeure ni insensible ni indifférent à cette dignité ; et que, se sentant *élevé* par la conformité de sa volonté à la loi, il doit avoir de soi une juste estime, *justum sui æstimium*, un sentiment profond de sa beauté interne, de sa dignité interne, de son honneur, *honestas interna, dignitas interna*[1]. Voilà donc une nouvelle source de satisfactions austères, mais très réelles. Il y a plus, Kant ne laisse pas la vertu sans espérance. Au devoir, il joint l'espoir[2] ; et quel espoir ? celui que la nature des choses s'accordera avec la vertu, parce que la justice le demande ainsi. Le souverain bien, comme il le dit lui-même, n'est pas dans la vertu seule, il est dans l'union de la vertu et du bonheur ; or la vertu appelle cet accord de l'ordre du monde avec elle-même, et elle crée un titre, un droit, une sorte de nécessité morale qui rend infaillible la réalisation de l'idéal du souverain bien. Ne retrouvons-nous pas ici, malgré de profondes différences, une analogie singulière entre la doctrine de Kant et celle d'Aristote ? Pour Aristote, le bonheur est le souverain bien : mais pourquoi ? parce qu'il est le complet développement et achèvement de la nature humaine. Le bonheur est identifié avec l'excellence ou la perfection, laquelle suppose la vertu, la vertu morale proprement dite et la sagesse. Pour Kant, le souverain bien consistant dans l'union de la vertu et du bonheur ou dans l'accord entre la moralité et l'ordre de l'univers,

---

1. Kant, *Doctrine de la Vertu*, Introd., vii et Ire part., liv. I, §§ 4 et 11.
2. Kant, *Critique de la Raison pure*, Canon de la Raison pure; *Critique de la Raison pratique*, Ire part., liv. II, ch. ii; *Critique du Jugement*, § 87.

c'est encore le parfait développement et achèvement de la nature humaine qui est ici le terme final de toute aspiration. Seulement Kant insiste sur le droit de la vertu au bonheur, Aristote sur la naturelle inclination de la nature humaine au bonheur ; mais l'un et l'autre font du souverain bien le dernier but de l'activité pratique, et l'un et l'autre placent ce souverain bien dans le parfait contentement, dans la complète satisfaction de la nature humaine, faite pour être bonne et pour être heureuse. L'un et l'autre font consister l'excellence de l'homme à vivre selon ce qu'il a en lui et de plus relevé et de plus essentiel, à savoir la raison, ou l'intelligence ; l'un et l'autre regardent, quoique d'une façon différente, l'excellence ou perfection comme la cause, comme la mère de la félicité, et ils estiment que l'homme ne peut être heureux sans être bon ; ils ne craignent pas que la présence ou l'espérance de cette félicité gâtent la vertu, puisque cette félicité enveloppe la vertu même, et qu'elle est un accord de toutes choses avec la vertu et la sagesse, et, par suite, la pleine liberté de l'homme, le plus ample et le plus riche déploiement de son être, une vie énergique, excellente, éminente, dans une sorte de royaume moral et divin, où règne la droite raison, souveraine maîtresse des esprits, assujettissant à ses lois toutes les volontés librement soumises, amoureusement dévouées, et enfin accommodant, par la plus belle des harmonies, l'ordre du monde extérieur aux exigences de la loi morale et aux vœux de la bonne volonté. Ce qu'Aristote appelle vie excellente et bienheureuse, vie selon la meilleure, la plus sublime, la principale et plus propre partie de l'homme, ce que Kant appelle *règne des fins*, c'est le souverain bien ; et les deux philosophes, si différents qu'ils soient, se rapprochent néanmoins en ceci que pour tous deux ce souverain bien, en la condition où est l'homme, est une idée, un idéal plutôt qu'une réalité, idéal très véritable, jamais pleinement réalisé sur la terre, poursuivi sans cesse plutôt que possédé, suprême fin de l'activité pratique, qui sollicite la volonté mais que nos efforts ne réussissent point à atteindre. Ici la différence éclate entre Aristote et Kant : celui-ci attend avec confiance la réalisation entière de l'idéal au delà de la vie présente ; celui-là se confine dans la vie actuelle et compte que, dans ces bornes étroites, il est donné, non pas à tous, ni toujours, ni totalement, mais à quelques-uns du moins, aux hommes de bien amis de la sagesse, grâce au concours de la fortune favorable, non durant tout le cours de la vie, mais de temps en temps, et aux uns plus longtemps, aux autres moins, de réaliser en leur personne le brillant et bienheureux idéal. Certes, entre l'espoir qui franchit les limites de l'existence présente et l'espoir qui s'y resserre, la différence est immense, et je ne prétends pas la dissimuler ou la diminuer. Mais enfin c'est toujours d'une secrète harmonie entre les choses et d'une convenance profonde entre la nature et la vertu que vient aux deux philosophes cette belle confiance, très assurée chez Kant, plus timide chez Aristote, indomptable, si l'on y regarde bien, chez l'un et chez l'autre : car si les nécessités et les mécomptes inévitables de la vie forcent Aristote à des concessions, à des restrictions qui compromettent l'idéal, il maintient pourtant que le vrai principe du bonheur est dans quelque chose de plus haut, de plus grand, de meilleur que ce que peuvent porter les conditions de cette vie considérée en elle-même ; et c'est dans l'aspiration aux choses immuables, éternelles, divines, qu'il place, lui aussi, le terme suprême, la vraie félicité. Il dépasse à sa manière, par la noble ambition qu'il recommande à la vertu et à la sagesse, il dépasse les bornes assignées à une vue mortelle. La considération de la nature raisonnable l'introduit dans un monde idéal, dans un monde intelligible, comme parle Kant, où il se rit du temps, où disparaît à ses yeux ce qui dans l'homme n'est qu'un phénomène, *homo phænomenon*, en sorte que subsiste seul ce qui est son essence propre, son excellence, sa dignité, sa véritable et idéale réalité, sa valeur en quelque sorte divine, et comme le vrai lieu et la source profonde de sa félicité, *homo noumenon*. Ainsi l'*eudémonisme* d'Aristote se rapproche de la doctrine kantienne, si ennemie de tout *eudémonisme*.

Examinons encore ce que dit Kant du bonheur et de la perfection[1]. Il accorde qu'on doit vouloir sa propre perfection, mais il ajoute qu'on ne peut vouloir celle d'autrui ; il recommande de travailler au bonheur d'autrui, mais il interdit à l'homme vertueux de songer à

---

1. Kant, *Doctrine de la Vertu*, Introd., VIII, et 1re part., liv. I, § 19-22.

son propre bonheur. Ces distinctions nettes et précises ne vont-elles pas renverser ce que nous soutenons, et peut-on rien dire en effet qui aille plus directement contre les principes d'Aristote ?

Mais la perfection dont parle Kant, c'est la perfection morale. Il dit qu'il appartient à chacun de se perfectionner : il a raison. Il dit encore que tout le reste dans l'homme doit être cultivé, développé, en vue de cette perfection morale. Aristote n'est pas en complet désaccord avec lui. La perfection, qui, pour Aristote, comprend, non la vertu morale toute seule, mais la plus haute partie de l'homme, est bien ce à quoi tout le reste se rapporte et se subordonne ; et il entend bien qu'elle soit l'œuvre de l'homme, non le don de la nature seule. Tout, dans son *Éthique*, conspire à rappeler à l'homme qu'il doit vivre en homme, faire son métier d'homme, ἀνθρωπεύεσθαι, ne pas descendre, ne pas se dégrader au rang des bêtes, mais demeurer vraiment homme, et pour cela, monter, monter le plus possible, car c'est la loi, c'est le privilège de la nature raisonnable d'entrer en part du divin, d'avoir commerce avec le divin, et cette élévation croissante de l'homme n'est pas une pure faveur de la fortune : la vertu morale est l'ouvrage de la volonté, la sagesse est librement cherchée et poursuivie. Aristote ici est-il si loin de Kant ? Au contraire, l'accord, qui paraissait troublé, se fait de nouveau. Tous deux proposent à l'homme pour fin sa nature raisonnable, tous deux regardent l'*humanité* comme fin en soi, comme digne d'être respectée et cultivée. Et l'on ne voit pas pourquoi Kant dit que l'on ne peut vouloir la perfection d'autrui. Ne prétend-il pas qu'il faut traiter l'humanité dans les autres comme en soi-même? Dès lors, ce n'est pas assez de la respecter en autrui comme en soi, il faut aussi travailler à l'y cultiver, à l'y développer : travail indirect, qui n'est pas assurément celui de la vertu personnelle, mais travail, enfin, que Kant admet parfaitement et recommande sous d'autres noms : car il ne veut pas qu'on demeure indifférent à l'état moral d'autrui. Mais là n'est pas ce qui nous importe en ce moment. Considérons plutôt ce qu'il dit du bonheur. Il dit que l'on doit travailler au bonheur d'autrui, et que l'on ne peut se faire un devoir de rechercher et de poursuivre son propre bonheur. Mais si le bonheur véritable consiste dans la vertu et plus généralement dans la perfection et dans l'excellence propre, pourquoi ne pourrait-on pas, disons mieux, comment ne devrait-on pas se souhaiter à soi-même ou plutôt vouloir et rechercher pour soi-même un tel bonheur? On n'a pas le droit d'être indifférent à sa propre perfection, on n'a pas le droit d'en négliger le soin : comment aurait-on le droit d'être indifférent au bonheur véritable et de n'en avoir nul souci? Que si, au contraire, on considère le bonheur apparent ou le bonheur faux, c'est-à-dire celui qui n'est pas fondé sur la vertu, et qui est en désaccord avec l'excellence de la nature humaine, partant avec ses plus profondes et ses plus légitimes aspirations, nous pouvons et nous devons détourner du bonheur ainsi entendu non pas seulement notre propre vue et nos propres désirs, mais la vue et les désirs d'autrui. Ainsi s'évanouit cette opposition qu'établit Kant entre la perfection que nous devrions rechercher pour nous, non pour autrui, et le bonheur que nous devrions rechercher pour autrui, et non pour nous. Restent les biens extérieurs, qui sont comme les soutiens de la vie ou qui lui servent d'ornements : dira-t-on que nous devons les négliger pour nous-mêmes et les procurer à autrui, et que dans l'occasion le devoir est de nous employer, nous et tout ce qui est nôtre, au service des autres hommes? Mais Aristote, dans sa belle théorie de l'amitié, remarque justement que, jusque dans cet abandon de nous-mêmes et de ce qui est nôtre, nous ne faisons point de tort à notre vrai bonheur, lequel est placé dans la vertu et la sagesse, et de plus il insinue qu'en voulant faire le bonheur des autres, nous ne devons pas les combler témérairement de biens qu'ils auraient tort de souhaiter, mais plutôt nous devons vouloir avant tout qu'ils soient vraiment heureux, étant en l'état qui convient le mieux à la nature humaine.

Les objections de Kant ne peuvent donc pas nous empêcher de maintenir qu'entre la doctrine d'Aristote et la sienne il y a, au fond, analogie. Comme pour l'un et pour l'autre le souverain bien consiste dans le complet et parfait développement de la vraie nature de l'homme, de la nature raisonnable, produit par la libre volonté, et aidé d'une manière ou d'une autre par l'ordre de l'univers, il est légitime, il est bon, si l'on regarde non aux mots, mais au sens des théories de l'un et de l'autre, il est conforme au devoir en même temps qu'aux plus naturelles inclinations du cœur humain, de rechercher et pour autrui et pour soi la perfection et la félicité. Kant a combattu l'*eudémonisme;* mais l'*eudémonisme rationnel* d'Aristote n'est pas loin de sa propre doctrine morale. C'est un idéal qu'Aristote nous propose : idéal de la nature humaine et de l'excellence de l'homme, idéal de la perfection et de la félicité. Et, quand il parle du souverain bien, qu'il appelle le bonheur, τὴν εὐδαιμονίαν, la vie bienheureuse, τὸ ζῆν μακαρίως, la béatitude, tout ce qu'il en dit repose en définitive sur une confiance, analogue, malgré la diversité des vues, à celle de Kant, confiance en un secret accord, en une convenance moralement nécessaire, pour ainsi dire, entre la nature des choses et la vertu, entre l'ordre du monde et la moralité, entre les aspirations de l'homme et ses devoirs.

CHAPITRE VIII

QUE L'EUDÉMONISME D'ARISTOTE NE DÉTRUIT PAS
LE DÉSINTÉRESSEMENT.

Le désintéressement n'est pas seulement pour la vertu une parure, c'en est l'essence, c'en est le fond. Faire bien par intérêt, ce n'est plus faire bien. L'effet extérieur ou le résultat de l'acte peut demeurer le même ; le principe qui l'inspire étant complètement différent, l'acte cesse d'avoir une valeur morale, et, quand même il ne deviendrait pas positivement mauvais, le mérite disparaît avec la bonté. Et néanmoins, si complet que soit le désintéressement, arrive-t-on à se dépouiller si totalement de soi que, dans toute la rigueur des termes, on ne songe nullement à soi ? Y peut-on, y doit-on arriver ? Faut-il que l'amour du bien, pour n'être pas mercenaire, atteigne ce degré, chimérique, ce semble, de désintéressement ? Sera-ce aimer encore que de ne trouver jamais dans l'amour le plaisir d'aimer ? Le bien pourra-t-il se montrer, se faire connaître, se faire aimer, se faire vouloir, sans se faire goûter et sans devenir ainsi le bien de qui le connaît, l'aime et le pratique? Le sacrifice par lequel on lui immole tout, n'aura-t-il pas je ne sais quelle amère mais incomparable douceur? Et les vertus héroïques ne produisent-elles pas de mâles, d'âpres joies, très profondes, j'allais presque dire très enivrantes? Faut-il proscrire l'enthousiasme? Faut-il, dans la vie ordinaire, interdire à l'homme de bien de se plaire au bien, et lui reprocher, comme une faiblesse qui entame sa vertu, cette ardeur, cette sorte d'allégresse qui semble augmenter sa vigueur morale et communiquer à ses démarches une plus heureuse souplesse et une aisance gracieuse? Singulières profondeurs de l'âme humaine. Mystérieuse alliance de ce qui semble se contredire et s'exclure, la douleur et la joie dans le sacrifice, l'oubli de soi et le contentement intérieur, le désintéressement de la vertu et le plus grand des biens, l'intérêt personnel, osons le dire, le plus élevé, mais le plus cher, le plus précieux, trouvé dans la vertu même.

Qui médite ces choses, ne repousse point l'*eudémonisme;* car c'est une doctrine qui maintient que le désintéressement est possible et qu'il est beau et qu'il est bon, mais que l'on ne peut se déprendre complètement de soi-même, devenir indifférent à soi-même. On doit mourir si le devoir le demande, sans doute; mais la mort n'est pas le terme où va l'action, où va la vie. La pratique du bien n'anéantit pas, elle vivifie; et il y a une manière en quelque sorte désintéressée de s'aimer soi-même qui est non seulement nécessaire, mais légitime, noble, moralement bonne. Aristote a vu ou entrevu tout cela, et si en voulant trouver le bonheur dans la vie présente, il s'est engagé en des difficultés inextricables, il a du moins connu les vrais principes de l'*eudémonisme*. C'est ce qui fait la valeur de sa théorie.

A-t-il pensé que le bonheur étant la fin suprême de l'homme, aucune détermination ne pouvait être prise sans qu'on eût expressément en vue le bonheur même? Non, il n'a pas pensé cela. Il a dit, au contraire, et ce n'est pas une conjecture, il a dit formellement[1], que d'autres choses pouvaient être voulues pour elles-mêmes, bien qu'elles se rapportassent au bonheur entendu dans le sens élevé que nous avons vu. Et comme exemple de ces choses, qu'a-t-il cité? La vue, le plaisir, la pensée, la science. On peut vouloir ces choses comme des fins, sans songer à la relation qu'elles ont avec la félicité, on peut les vouloir parce qu'elles sont ce qu'elles sont, les vouloir pour l'amour d'elles-mêmes, pour elles-mêmes. Et ainsi, ajoute Aristote, de toute vertu, πάσης ἀρετῆς, c'est-à-dire de tout ce qui est activité parfaite en son ordre, de tout ce qui est excellence, de tout talent, de tout emploi sain, régulier, et encore mieux, éminent de nos facultés, de tout ce qui a de la valeur par soi, de tout ce que la raison juge bon, enfin et surtout de la vertu morale proprement dite et de la pure pensée ou de la contemplation. Ces choses si éminentes, d'une souveraine excellence, on les veut pour elles-mêmes : le courage est la fin du courage; la justice est la fin de la

---

[1]. *Eth. Nic.*, I, vii, 4-5.

justice : être courageux, être juste, c'est avoir touché le but. Ce qui fait qualifier l'action, cette qualité parfaite de l'âme courageuse ou juste, cette beauté qu'on a en vue quand on est courageux et juste, c'est le terme même de l'activité, τέλος ἐνεργείας. On ne fait pas de calcul, on ne se dit pas qu'on sera courageux ou juste pour être heureux, mais on agit en vue du beau. Et quand on s'élève jusqu'à la pure pensée, ne l'aime-t-on pas cette pure pensée, ne la recherche-t-on pas pour elle-même, à cause de son excellence divine? Voilà le désintéressement, Aristote l'a parfaitement connu et décrit. Son *eudémonisme* n'est pas contraire au désintéressement. Ce ne sont pas seulement les petits calculs d'une mesquine prudence qu'il écarte de la vertu : il ne les condamne pas, il n'en parle pas : ils sont trop clairement incompatibles avec la vertu. C'est du bonheur véritable lui-même qu'il a pensé qu'on pouvait n'en avoir pas la vue présente en se déterminant à agir et en agissant. Non qu'il craigne qu'une telle vue ne nuise à la vertu, puisque ce bonheur se confond avec la vertu et la sagesse, et qu'apparemment se soutenir dans les difficultés de la vie par la contemplation de l'idéal qu'on porte en soi et qu'on tâche de réaliser, ce n'est pas ôter à la pratique du bien le désintéressement ni la générosité qui y sont essentiels; mais enfin il a vu que ce bonheur même pouvait être comme oublié, et que le beau moral pouvait être tout seul la fin de la vertu, τὸ καλὸν τέλος τῆς ἀρετῆς. Il a vu l'homme capable de ce désintéressement sublime et donnant tout, et la vie même, pour l'amour du beau moral, καλοῦ ἕνεκα ἀποθνητέον.

Il a bien vu. Ce qui est bon en soi et absolument, nous le pouvons vouloir sans égard à notre intérêt propre et sans retour sur nous-mêmes ; nous pouvons même, en vue de ce qui est bon, vouloir ce qui nous est un mal. Ni la douleur ni la mort ne nous plaisent par elles-mêmes : nous les acceptons, nous les cherchons, nous les voulons pour un bien supérieur. C'est là le sens profond de la distinction que fait Aristote entre les biens simplement biens, τὰ ἁπλῶς ἀγαθά, τὰ κατ'ἀλήθειαν, et les biens relativement à nous, τὰ πρὸς ἡμᾶς, τὰ καθ' ἡμᾶς ἀγαθά. Ceci vient encore à l'appui de la thèse que nous soutenons touchant le désintéressement. Un mal qui serait purement mal, un mal absolu ne saurait jamais être voulu. Ce qui fait que le mal plaît, c'est qu'il procure ou promet de l'agrément, et le plaisir qui en naît ou en doit naître le rend aimable, quoiqu'il n'ait en soi rien d'attrayant. Personne n'aime ce qui est laid, honteux, moralement mauvais, en tant que tel : ce qu'on aime, c'est la jouissance ou le profit espéré, et c'est ce qui prête au mal un charme trompeur. Mais le bien absolu, le bien simplement bien, est aimable et est aimé, indépendamment de toute jouissance ou de tout autre avantage présent ou espéré. Et c'est un très admirable signe de noblesse en l'homme qu'aimant et poursuivant de tels biens, la vérité, le savoir, l'honnêteté, il oublie jusqu'à la satisfaction qu'il ne peut pas ne pas y trouver.

Mais ici reparaît la seconde partie de la thèse que nous examinons. A ces biens est attachée une satisfaction qu'on ne peut pas ne pas y trouver¹. Que la vertu semble ne produire parfois que labeurs et douleurs, qu'elle expose à la mort, qu'elle produise la mort, que même (ce qu'Aristote ne marque point) elle perde jusqu'à ses charmes, et que l'âme désolée demeure en présence d'une loi très auguste, mais très sévère, qui commande impérieusement et ne mêle à son dur commandement aucune sorte de douceur : tant mieux, peut-on dire, en ces occasions ; la pureté de la vertu éclatera d'autant plus vivement, et l'héroïsme de la volonté aura une merveilleuse beauté. Mais ce ne peuvent être là que des cas rares, des exceptions. La pratique du devoir ne met pas toujours l'homme dans ces extrémités. La face brillante de la justice ou des autres vertus n'est pas toujours voilée. Si tout cela durait, au lieu d'être momentané et passager, ce serait le renversement de l'ordre éternel des choses, en même temps que la vertu se trouverait au-dessus des forces humaines.

Il faut donc dire qu'entre toute chose excellente et l'âme humaine il y a une conformité telle que la volonté ayant choisi cette chose excellente pour son excellence, une intime et profonde satisfaction accompagne et suit le choix. En d'autres termes, ce qui est bon, plaît, agrée, se fait sentir délicieusement. Τὸ ἄριστον, καὶ ἥδιστον. Eh quoi ! voudrait-on qu'il en fût autrement ? Que serait-ce donc que le monde si d'une manière permanente et définitive le plaisir y était séparé du bien ?

---

1. Rappelons les passages où cela est si fortement exprimé, *Eth. Nic.*, IX, iv, 3, 4, 5 ; viii, 4-11. Comparer X, iii, 12.

La fin, le terme de toute action, c'est la vie, et Aristote dit bien quand il appelle *vie*, vie excellemment déployée, ζωή, ζωὴ κατὰ τὴν κρατίστην ἀρετήν, ce qui est selon lui le suprême objet de la volonté et de l'activité pratique, προχιρίσεως καὶ πράξεως τέλος. Si donc le devoir commande de mourir, c'est que dans cette mort même se trouve d'une certaine manière la vie, une vie plus haute et meilleure. Et c'est ainsi que l'entend Aristote, quoique en un sens qui n'est pas le nôtre et que nous discuterons. Ici nous ne regardons que ce point essentiel : toute action est *pour* la vie.

Ajoutons, en insistant beaucoup plus qu'Aristote, que rien de grand ne se fait que par la mort ou par ce qui y ressemble. Aristote, très épris, en vrai Grec, des beautés de la vie présente, ne parle pas longuement de cela : il se contente, ou à peu près, de signaler la vaillance du citoyen qui sait mourir à la guerre ou ailleurs. Pourtant il dit que pour l'amour du beau il faut endurer les dernières extrémités, les plus grandes souffrances, les plus cruelles ignominies. Entrons dans cette pensée, et développons-la, achevons-la. Disons que la mort est la condition des grandes choses : car la douleur est comme une mort commencée, et le labeur est analogue à la douleur ; et que se fait-il qui mérite d'être compté, où n'aient part la douleur et le labeur ? Parlons un langage moderne, inspiré par le christianisme : le sacrifice est la condition, la loi de toute grande chose, et particulièrement de toute vertu. Dès que l'on franchit la région du plaisir sensible et des infimes intérêts, tout semble crier à l'homme qu'il lui faut mourir, s'il veut ce qui est grand, ce qui est beau, ce qui est honnête, ce qui est bon. Mais vouloir le grand et le beau et l'honnête et le bon, n'est-ce donc pas vouloir la *vie,* si l'on peut s'exprimer ainsi? Sont-ce donc des choses mortes? Qu'y a-t-il où il y ait plus de vie et qui convienne mieux avec notre besoin de vivre? C'est donc la vie que l'on cherche par la mort. Et que serait en effet une action qui aurait pour terme dernier la mort, si ce n'est une action qui tendrait au néant? Action insensée, qui ne se pourrait pas même comprendre, à moins que dans le néant, par une étrange illusion, ne fût encore espéré je ne sais quoi de bon et de doux? La mort qui est souhaitable, la mort qui est salutaire, c'est celle qui est féconde en biens d'un ordre supérieur. Et ainsi de la douleur, du labeur, de toute peine. Si la souffrance est bonne, et belle, et louable, et souhaitable, ce n'est pas en soi ni pour soi, c'est comme instrument de vertu, comme instrument de vie: pourquoi peiner, si en peinant on n'assurait la liberté, la puissance, la vie? Cela est vrai dans l'ordre des choses sociales; cela est vrai dans l'ordre le plus intellectuel, le plus spirituel. On aime la peine pour le bien supérieur dont elle est la source; et si la mort devient aimable, c'est à cause de la vie. Le labeur n'est point une fin, c'est un moyen. Je ne confonds pas le labeur avec l'opération ou l'action. Vivre, c'est opérer ou agir. Tout ce qui est vie, ou consiste dans une certaine opération, ou naît d'une certaine action. Voir ou entendre, si l'on considère les sens, penser ou aimer, si l'on considère l'esprit, c'est opérer ou agir d'une certaine manière. Mais le labeur est le compagnon ou l'auxiliaire de la vie et de l'action, non que vivre ou agir soit difficile de soi, mais parce que la vie ou l'action rencontre des empêchements que précisément le labeur a pour office de surmonter ou d'écarter. Or, l'obstacle une fois enlevé, que reste-t-il, sinon l'action, sinon la vie ? C'est donc là ce qui est la fin, le terme. S'il faut mourir, c'est pour vivre. Vivre est la fin, et ce que j'appelle fin, ce n'est pas, pour parler comme saint Augustin, ce qui se consume de telle sorte qu'il n'est plus, *non quod consumitur ut non sit,* mais ce qui s'achève et se perfectionne, de telle sorte qu'il est pleinement, *sed perficitur ut plene sit.* Aristote a donc raison : le souverain bien, c'est la vie, la vie parfaite, la vie pleine.

Définir la félicité par la vie et dire que l'homme aspire à la félicité, qu'il est fait pour la félicité, c'est être dans le vrai. C'est ce que fait Aristote. Cette philosophie est profonde et très belle.

Il suit de là que si l'homme s'attache à ce qu'il y a de moindre dans la vie au détriment de ce qui vaut mieux, par exemple, s'il préfère les plaisirs du corps à la dignité de l'homme, par une loi très juste, il manque le but : il s'abaisse, il tombe au-dessous de lui-même, et il ne trouve pas le bonheur. Si, au contraire, il sacrifie les degrés inférieurs de la vie, et même ce qui semble le plus précieux, consentant dans l'occasion à perdre tout jusqu'à l'existence, par la même loi, il touche le but : il s'élève, il monte comme au-dessus de lui-même, et le bonheur est dans cet acte qui sacrifie tout. Se chercher, c'est se perdre, se perdre, c'est se retrouver. Il y a deux sortes de vies : l'une, inférieure et incomplète ; l'autre, supérieure et pleine. Qui veut s'emplir de celle-là et s'en assouvir, est égoïste, et cette façon de s'aimer n'est ni noble ni belle : elle ne rend pas heureux. Qui poursuit l'autre, la plus élevée et la plus vraie, et pour l'amour d'elle renonce, s'il le faut, à la première, s'aime vraiment lui-même, φίλαυτος, et cet amour de soi est noble et beau : il rend heureux. J'éclaircis, je développe les formules d'Aristote[1] en les commentant par la notion du sacrifice, et j'ai presque reproduit les textes évangéliques: *Qui cherche sa vie, la perd ; qui perd sa vie pour Dieu, la trouve ;* ou encore : *Qui aime son âme, la perdra ; et qui hait son âme en ce monde, la gardera pour la vie éternelle*[2]. Mais, si j'ai ajouté à la théorie d'Aristote, si ces emprunts à une meilleure lumière et à une source plus haute y apportent plus de clarté, plus de précision, plus de vérité, il y a une pensée qui est bien à lui; telle-

---

1. *Eth. Nic.*, IX, VIII. Tout ce chapitre est admirable. L'auteur de la *Grande Morale* repousse à tort ce sens noble du mot φίλαυτος. Voir II, XIII et XIV. Il dit notamment, 1212ᵇ20. Ὁ δὲ φαῦλος φίλαυτος· οὐδὲν γὰρ ἔχει δι' ὃ φιλήσει αὐτὸς ἑαυτὸν οἷον καλόν τι, ἀλλ' ἄνευ τούτων αὐτὸς ἑαυτὸν φιλήσει ᾗ αὐτός. Aristote répondrait que l'on n'est jamais mieux soi-même que lorsqu'on est bon.

2. Saint Matthieu, x, 39. Ὁ εὑρὼν τὴν ψυχὴν αὐτοῦ ἀπολέσει αὐτήν, καὶ ὁ ἀπολέσας τὴν ψυχὴν αὐτοῦ ἕνεκεν ἐμοῦ εὑρήσει αὐτήν. XVI, 25. Ὃς γὰρ ἐὰν θέλῃ τὴν ψυχὴν αὐτοῦ σῶσαι, ἀπολέσει αὐτήν· ὃς δ' ἂν ἀπολέσῃ τὴν ψυχὴν αὐτοῦ ἕνεκεν ἐμοῦ, εὑρήσει αὐτήν. — Saint Luc, XVII, 33. Ὃς ἐὰν ζητήσῃ τὴν ψυχὴν αὐτοῦ περιποιήσασθαι, ἀπολέσει αὐτήν, καὶ ὃς ἐὰν ἀπολέσῃ, ζωογονήσει αὐτήν. — Saint Jean, XII, 25. Ὁ φιλῶν τὴν ψυχὴν αὐτοῦ ἀπολλύει αὐτήν, καὶ ὁ μισῶν τὴν ψυχὴν αὐτοῦ ἐν τῷ κόσμῳ τούτῳ εἰς ζωὴν αἰώνιον φυλάξει αὐτήν.

ment à lui que, dans tout ce commentaire, j'ai pu presque constamment reproduire son langage même : c'est que vivre au sens le plus élevé, vivre de la vie pleine, parfaite, excellente, c'est le terme dernier du désir, du vouloir, de l'action, que c'est aussi le but final de la vertu, que c'est ce en quoi consiste la félicité, et qu'à vouloir ainsi la vie il n'y a pas d'égoïsme, mais une merveilleuse manière de s'aimer ; que la poursuite désintéressée des biens les meilleurs n'empêche pas qu'on ne s'intéresse à ces biens, qu'on ne s'y plaise, et que prendre en cette manière pour soi ce qu'il y a de meilleur, c'est être vertueux, être sage, et par cela même heureux.

La vertu, selon Aristote, n'est donc pas ennemie de notre nature; et il a raison, pourvu qu'on entende par là notre nature, considérée dans son dessein, dans son idéal, notre nature saine et droite. Il faut, pour être bon, se contrarier soi-même : j'aime ce mot de Bossuet ; Aristote ne l'eût pas goûté, nous avons dit pourquoi : il était tellement Grec qu'il se défiait peu des pentes de la nature. Pourtant il recommande de se contenir, de se retenir, de se maîtriser. Il faut donc, pour être bon, se faire à soi-même une sorte de guerre, modérer ou surmonter les appétits naturels et se soumettre, bon gré mal gré, à la droite raison. Ce n'est pas en se laissant aller à sa nature qu'on devient vertueux. Mais cette nature qu'il faut vaincre, c'est la nature dépourvue de raison, ou encore, dirons-nous, la nature corrompue par quelque vice originel : voilà la nature qui se soulève contre la loi morale, et que la vertu doit réduire et dompter. Mais, en un autre sens, la vertu est d'accord avec la nature. Elle ne la supprime pas, elle l'achève. Elle ne la détruit pas, elle la cultive de manière à lui donner toute la perfection possible. Et ainsi elle ne la contrarie pas, elle la satisfait.

On ne conçoit pas comment un être pourrait être créé qui fût en quelque sorte son propre ennemi, ou qui du moins, étant intelligent et sensible, fût indifférent à son propre état, sans désir d'acquérir ce qui serait conforme à l'institution de sa nature, sans joie de le posséder. Si l'on ne regarde que la possibilité toute pure et toute nue, on trouvera qu'en soi un tel être n'est pas impossible, je le veux bien ; mais qu'on tienne compte de la sagesse et de la bonté, qu'on parle d'une possibilité raisonnable et bonne, qu'est-ce qu'un être qui, vivant, et se sentant et se sachant vivre, serait indifférent à la vie, incapable de s'y plaire, sans élan pour désirer de vivre et plus et mieux ? L'homme ne peut donc pas ne pas s'aimer soi-même, il ne peut pas ne pas se vouloir du bien à soi-même. La tendance à persister dans l'être et la tendance à accroître en quelque sorte, à améliorer, à perfectionner l'être, sont primitives, essentielles, indéracinables. L'homme, dit Malebranche, ne peut se séparer de soi-même : comment aimerait-il l'être et le bien sans en jouir ? et comment n'aspirerait-il pas sans cesse à l'être et au bien ? Si la loi morale exigeait que ces naturelles inclinations fussent contrariées, absolument parlant et dans toute la rigueur du terme, il y aurait dans la constitution même de l'homme et du monde un irréparable désordre qui déconcerterait toute intelligence et réduirait l'humanité au désespoir. Comment une nature, avide de vivre, prendrait-elle pour terme suprême la mort, et comment lui persuader qu'en cela consiste le bien et la vertu ? Par quelle contradiction l'honnêteté, qui semble apporter avec elle la vie, puisqu'elle est chose belle, excellente et même charmante, ne produirait-elle en définitive que labeur, et douleur, et mort ? Pourquoi faudrait-il que le désintéressement de la vertu obligeât sans cesse à détourner les yeux des côtés aimables de la vertu, et à dérober à la conscience l'harmonie admirable qui existe au fond entre la moralité et la nature ?

On craint que la vertu ne devienne mercenaire : vaine crainte. Il ne s'agit pas ici d'un profit, d'un gain; c'est à peine s'il est permis de dire qu'il s'agit de nos intérêts, il faut relever par quelque noble épithète ce mot qui semble trop bas. Il s'agit de la vie véritable. En quoi la vertu sera-t-elle diminuée, compromise, parce qu'on saura qu'elle mène à la vie, à la vraie vie. Il ne faut pas s'y méprendre : la vertu, si nous l'entendons bien, est le chemin et non le terme, le moyen et non la fin, ce qui fait ou se fait et non la pleine perfection. Que ces mots ne scandalisent point. La vertu marche à la conquête d'un bien qui lui est supérieur. La perfection ou l'excellence de la nature humaine, de la nature raisonnable, énergiquement et harmonieusement développée, c'est le but où tendent les efforts de l'homme de bien. Il veut être pleinement homme : il ne le sera que s'il l'est par un effort personnel, c'est-à-dire par un effort désintéressé et moral. Cet effort, c'est le moyen, et n'est-ce pas précisément la vertu? Mais, le but une fois atteint, comment ne pas trouver bon et doux d'y être parvenu? et en y marchant, comment ne pas penser avec plaisir qu'on s'y reposera? Une chose si noble, si belle, si excellente, doit réjouir par sa présence, et l'espoir déjà doit en être doux. Serait-il nécessaire que la vertu, pour demeurer sincère, travaillât toujours en vain et combattît toujours sans jamais obtenir la paix? L'inutilité de l'effort serait ainsi une condition de la bonté de l'acte, et seule une perpétuelle déception le préserverait de la corruption : car enfin, si par la vertu l'homme se perfectionne, dès qu'il aperçoit et sent son progrès, il en jouit. La perfection, dès qu'elle est quelque part, plaît et agrée. Aussi bien les plus superbes détracteurs d'une espérance qu'ils appellent mercenaire, n'envient pas à la vertu le fruit de son travail, la conscience d'avoir bien travaillé. Cette conscience est joie ; et si l'on ne défend pas à l'homme de bien de s'y reposer quelque peu après l'action, on ne lui commande pas sans doute de la mépriser, si par avance il l'envisage avant d'agir. La goûter quand elle vient n'est pas contraire à la vertu; la prévoir n'est pas mauvais non plus, je pense. On admet donc que la vertu ne devient pas mercenaire parce qu'elle jouit d'elle-même et qu'elle trouve en elle-même sa récompense. Qu'est-ce à dire, sinon que vivre et vivre bien est chose douce? Jouir de sa vertu, ou c'est une contemplation orgueilleuse, stérile et même coupable, ou c'est le sentiment que, par de pénibles mais nobles efforts, on a augmenté en quelque sorte son être, on en a accru la richesse, la valeur, la dignité, en d'autres termes, on s'est rapproché de la perfection et de l'excellence qui convient à la nature raisonnable, en deux mots on est homme plus et mieux. La vie, à laquelle sans cesse on aspire, on l'a donc en soi, par ce libre et moral déploiement de la volonté, on l'a plus pleine, plus complète, plus parfaite ; on jouit de l'avoir et d'être l'auteur de ce bien. En cela, rien de mesquin, rien de petit, rien de servile ni de mercenaire. C'est une noble jouissance. Noble aussi est l'espoir par lequel on se console des peines de la route pendant qu'on va vers le but. Et si, au lieu de considérer des actes isolés, on se donne à soi-même par avance le spectacle de la vie tout entière dirigée, embellie, agrandie, transformée par la vertu, si, dépassant toutes les réalités, on contemple un idéal magnifique de vertu, de sagesse, de perfection, la possession stable et perpétuelle du bien, et, dans cette possession, une joie inexprimable, immense, inépuisable, faut-il rejeter ces sublimes idées comme nuisibles à la pureté, au désintéressement de la détermination morale ? Pourquoi serait-il mauvais de se voir soi-même comme enveloppé de la splendeur du bien ? N'est-ce donc pas à notre personne que la beauté morale s'adresse ? n'est-ce pas en nous qu'elle doit se répandre ? Si nous retrouvons ainsi dans la vertu même ce qu'on appelle notre intérêt, c'est un intérêt d'un tel ordre et tellement transfiguré, si je puis parler de la sorte, que l'on n'a rien à en craindre pour l'exquise pureté de la vertu. Par là, la moralité, loin de se corrompre, s'achève. Si jaloux que l'on soit de sa parfaite délicatesse, quelle défiance concevoir quand on songe que cet idéal, complaisamment contemplé dans la conscience de l'homme vertueux, c'est la vertu, mais ayant accompli son œuvre; c'est la moralité, mais consommée; c'est le bien, mais triomphant; c'est la raison, mais tellement maîtresse et souveraine qu'elle s'assujettit toutes choses et règle l'ordre du monde selon ses lois. C'est l'humanité ou la nature raisonnable, non plus avec ses défauts, ses faiblesses, ses misères, mais affranchie de toute entrave, tout entière attachée au vrai, au bien, au beau, noble, parfaite et heureuse de cette perfection. Que peut-il y avoir en cette vision qui effarouche la plus délicate et la plus généreuse vertu ? Si elle ne craint pas de savoir dans le détail combien elle est belle, pourquoi redouterait-elle cette vue d'ensemble, cette grande image, faite non pour l'enfler vainement, mais pour l'animer et l'encourager ? Laissons donc l'homme de cœur, chaque fois que, par amour pour les biens supérieurs, il méprise les plus séduisantes choses d'ici bas, laissons-le s'écrier :

> J'ai de l'ambition, mais plus noble et plus belle :
> Cette grandeur périt, j'en veux une immortelle.

CHAPITRE IX

COMMENT LA DOCTRINE D'ARISTOTE PEUT ÊTRE MODIFIÉE.
DE LA NOTION DE DIEU QUE RÉCLAME L'EUDÉMONISME.

L'*eudémonisme rationnel* suppose un idéal de la nature humaine, l'humanité considérée comme fin, et non comme moyen, le bonheur placé dans la satisfaction pleine des exigences de la nature humaine.

Trois dangers sont possibles : l'un, c'est que l'idéal demeure en l'air pour ainsi dire; l'autre c'est que l'homme se fasse centre de ses désirs, de son amour, de son vouloir; le troisième, c'est que le bonheur soit inaccessible, ou, que pour être mis à la portée de l'homme, il soit altéré et comme dégradé. Ce qui seul peut mettre l'*eudémonisme* à l'abri de ce triple péril, c'est la notion de Dieu avec la notion de la vie future.

Si l'idéal de la nature raisonnable, et plus spécialement de la nature humaine, est rattaché à Dieu, il y trouve le soutien dont il a besoin.

Si l'humanité est fin, et non moyen, de telle manière que Dieu soit cependant la suprême fin de l'homme, il n'y a plus à craindre que la personne humaine devienne comme le centre de tout, et l'on comprend qu'il soit commandé à l'homme de sortir de soi, de s'élever au-dessus de soi, de se dévouer, de se sacrifier.

Si le bonheur est placé, non dans la vie présente, mais dans la vie future que relie à celle-ci le *mérite* et que certifient les perfections morales de Dieu, le bonheur complet, parfait, n'est plus exposé à être une chimère, et l'on ne peut se faire de la félicité une trop grande ni une trop haute idée.

Ce qui manque à l'*eudémonisme* d'Aristote, c'est d'avoir avec la notion de Dieu et celle de la vie future les relations que nous venons d'indiquer. Mais on peut les rétablir sans l'altérer ; je veux dire que si on lui ôte ainsi quelque chose de sa physionomie particulière, à laquelle sans doute ses défauts contribuent, il garde pourtant ce que j'appellerai sa forme essentielle, purifiée, améliorée. C'est ce dont nous allons nous convaincre.

La nature humaine, la nature raisonnable est manifestement pour Aristote un idéal. Quelle est la source de cet idéal? Aristote ne s'en inquiète pas, ou plutôt il lui suffit de montrer l'esprit le dégageant, par voie d'abstraction, des réalités où il est présent. C'est bien : mais est-ce tout? Cette *idée* de l'homme que nul homme ne réalise complètement, et qui pourtant n'est ni un rêve, ni une fiction, ce n'est pas non plus une notion pure et simple, qui soit tout entière dans la pensée. Ce n'est pas un pur concept de l'intelligence humaine. Si nous concevons cette idée et si les choses réelles y sont conformes dans une certaine mesure, c'est que cette idée, supérieure à notre esprit aussi bien qu'aux choses dont elle est la *forme*, a dans l'intelligence créatrice son origine première, son principe, sa réalité subsistante. L'idée de la nature humaine, c'est l'idée que Dieu en a : c'est le dessein, le type de cette nature dans la pensée éternelle de son auteur, idée éternellement conçue, idée réalisée par la création, mais de telle sorte qu'il appartient à l'homme même de s'en approcher de plus en plus par de libres efforts et d'en poursuivre en quelque sorte, par un art dérivé de l'art divin, l'achèvement et la perfection. L'homme est parfait, s'il est conforme au divin modèle. Alors il a tout ce que comporte sa vraie nature, tout ce qu'elle exige, demande, ou appelle. Notre œuvre à nous c'est de nous rendre semblables, par notre vertu et notre sagesse, à cette forme idéale, à ce type d'excellence, à cet exemplaire éternel. Ce que l'on dit métaphoriquement du dessein et de la volonté de la nature, il le faut dire expressément de la volonté sage de Dieu, qui nous a marqué une destination, une fin, et qui a mis en nous un naturel et invincible désir de satisfaire cette nature et d'atteindre cette fin.

Mais d'où vient à la nature humaine son éminente dignité? Toutes les choses créées ont une nature particulière et une fin propre. Toutes répondent à une *idée* divine. Toutes pourtant n'ont pas une *dignité* : complètes en effet, parfaites en leur ordre, elles sont dites bonnes et très bonnes, mais elles sont d'ordre inférieur, et elles n'ont pas l'excellence qui appartient à l'homme. La supériorité de l'homme ne consiste pas en ce que dans une série de choses de même sorte il occupe le plus haut degré; elle est plutôt en ce que, ayant avec les natures inférieures plusieurs traits communs, il a, de plus, des propriétés nouvelles, différentes de tout le reste, non par le degré ou le mode, mais par l'espèce et la nature, et que ces propriétés, lui seul, comparé à ce qui le précède dans la série, les présente au regard, lui seul les possède. Ce propre caractère de la nature humaine, c'est la raison, la raison qui lui donne entrée dans un monde supérieur, et la sépare, comme par un abîme, des êtres incapables de penser. Mais la raison a pour office de concevoir l'éternel et l'immuable, de discerner le bien du mal, d'atteindre d'une certaine manière le divin. Dieu donc, en voulant que la nature humaine soit ce qu'il l'a faite, c'est-à-dire une nature raisonnable, lui a donné quelque ressemblance avec la divinité même. De là, cette excellence, cette dignité de la nature humaine. Non seulement elle est parfaite alors qu'elle est conforme à l'idée divine, mais comparée aux autres natures qui sont en ce monde, elle leur est de beaucoup supérieure : elle a une perfection intrinsèque plus relevée, elle est l'expression d'une idée d'un ordre plus éminent : c'est qu'elle est capable de connaître et d'aimer Dieu, et cela lui donne une valeur singulière. En tout le reste, il y a quelque trace ou quelque vestige des perfections divines ; ici, il y a l'image et la ressemblance de Dieu.

Admettre ainsi des idées divines formant comme une hiérarchie, c'est s'écarter d'Aristote. Ce platonisme, différent toutefois de celui qu'il a combattu, ne lui agréerait point. Mais il se concilie, ce me semble, avec sa philosophie; et l'idéal de la nature humaine que réclame, qu'implique son *eudémonisme*, ne trouve qu'ici le fond solide où il doit s'appuyer pour ne point se dissiper faute de consistance.

Dès lors, considérer l'excellence de notre nature, ce ne sera pas terminer notre vue à nous-mêmes, et le second danger que nous avons signalé disparaîtra.

Il faut être vraiment homme, accomplir sa tâche, faire son œuvre, garder sa dignité, cultiver, développer son être, tendre à toute la perfection que demande la nature humaine. En tout cela, l'homme paraît l'unique fin, l'unique terme : à lui tout se rapporte et tout aboutit. Mais, si son excellence même vient d'un principe plus haut, l'estimer, cette excellence, en avoir souci, ce n'est plus seulement se regarder soi-même, c'est regarder au-dessus. En aspirant à être vraiment moi, je ne m'arrête pas à moi : ce n'est pas mon avantage que je cherche, ni mon plaisir ; j'ai en vue quelque chose de plus grand et de meilleur. L'idéal que je veux réaliser, c'est l'idée divine : je veux être comme Dieu me veut; je veux avoir avec Dieu cette ressemblance que Dieu veut ; c'est la volonté divine qui est mon objet plutôt que la mienne, et je tiens à me mettre d'accord avec la sagesse éternelle plutôt que je ne songe à mon bien propre. Il est facile de voir alors comment je dois et demeurer en moi et sortir de moi. Je demeure en moi pour ne pas descendre, mais il faut que je sorte de moi pour monter jusqu'au principe d'où je dépends, jusqu'à l'idée sur laquelle je me dois régler. Ma personne est une *fin*, mais une fin subordonnée : à quoi ? à Dieu seul. Je ne dois pas traiter en moi l'humanité comme un moyen : ce serait m'asservir, et ce serait me dégrader. J'oublierais ce qu'est mon idéal, et quelle image je porte en moi, l'image de Dieu, et à quel commerce je suis appelé, à un commerce de pensée et d'amour avec Dieu. Tout ce qui n'est pas raisonnable m'étant inférieur, et ma dignité d'être raisonnable ne me permettant pas de me ravaler au rang de simple moyen, c'est-à-dire au rang de *chose*, je suis une fin, une fin en soi, parce que je suis une *personne*. Et tout ne semble-t-il pas, de toutes les manières, se rapporter et se ramener à moi ? Dans ma pensée je fais entrer l'univers, et l'intérêt que je prends aux choses les engage et les enveloppe dans ma propre personnalité. Mais quoi ! vais-je donc absorber tout en moi et me faire le centre vivant où tout se recueille, puisque la connaissance ne va pas sans conscience et que l'amour semble attirer à soi et faire sien l'objet aimé ? Non, je suis une fin, une fin en soi, étant une personne ; mais je ne suis pas l'unique et suprême fin. Agissant très réellement d'un mouvement propre, je semble vraiment le maître, l'auteur, le principe de mes libres déterminations ; ma liberté consiste en ce que je me détermine moi-même à l'action, et cet acte essentiel, qui se produit dans les profondeurs de mon être, étant vraiment mien, je suis, en ce sens, cause première, car de là part ce qui donne le branle à tout le reste. Et cependant, je dépends, même dans l'opération volontaire et libre, de la cause créatrice qui me fait être : c'est elle qui, en un sens très vrai aussi, me fait agir ; elle est la cause principale, et moi qui tout à l'heure paraissais et d'une certaine manière étais cause première, je ne parais plus, je ne suis plus que cause seconde : c'est en définitive le titre qui me convient, et cela ne porte aucune atteinte à ma liberté. Oter l'action, l'opération de Dieu en moi, ce serait me faire Dieu : cette action supposée, mais seulement alors, je puis m'appliquer ces termes qui marquent quelque chose de premier, un principe, une source. De même, dans l'ordre de la fin. Ma nature a une excellence qui lui confère une éminente dignité, et je parais être, je suis même une fin en soi, mais réserve étant faite expressément de la fin absolument dernière. N'est-ce pas d'ailleurs ce que signifie cette remarque, par exemple, que ma perfection doit me plaire, non parce qu'elle est mienne, mais avant tout parce qu'elle est perfection, parce qu'elle est chose très bonne ? Seulement ce langage abstrait ne montre pas suffisamment ce qu'il y a, en ce qui est mien, qui vient d'ailleurs et va ailleurs. Dire que Dieu est la fin suprême, c'est parler beaucoup plus nettement, beaucoup plus fortement, et c'est donner des choses la vraie et profonde raison.

Il est nécessaire qu'un objet autre que nous soit proposé à notre activité : autrement il n'y a plus de loi morale.

La loi morale m'ordonne de négliger souvent, de perdre parfois ce qui est mien, ce qui est à moi. C'est pour que je sois plus excellent. Elle me commande de sacrifier ce qui en moi est moindre pour m'attacher à ce qui est plus grand. Soit, c'est très bien. Mais si tout ce qui est en moi est purement mien, pourquoi suis-je obligé de faire un choix, et de rejeter ceci et de prendre cela? Quelle est la raison de cette obligation? Si ce qui décide de ce partage, c'est la force même d'une inclination naturelle, il n'y a plus là d'obligation, n'y ayant pas de liberté, et la division entre les parties hautes et les parties basses de mon être n'offre rien de moral. Si c'est de moi qu'il dépend de préférer le plus haut au plus bas, la moralité reparaît, mais inexpliquée tant que je n'envisage que moi tout seul : car je ne vois pas pourquoi il ne me serait pas permis d'entendre mes intérêts et de diriger ma vie comme il me plaît, à ma guise, et, par exemple, de préférer un plaisir ou un avantage quelconque d'ordre inférieur à cette perfection sublime mais lointaine de mon être. En ce qui est tout mien, je veux être seul juge. Si l'honnête me semble une noble parure, je pourrai en orner ma vie; si je m'en soucie peu, cela ne regarde que moi. Et qu'y a-t-il à dire contre, si dans l'excellence et la dignité humaine il n'y a rien que de purement humain? Dans un domaine qui m'appartiendrait absolument, quelle place y aurait-il à des prescriptions ou à des prohibitions quelconques? Personne, à parler en rigueur, ne se commande à soi-même, ni ne s'obéit à soi-même; personne n'est tenu à quoi que ce soit envers soi-même, si l'on fait abstraction de toute autre chose; qui dit obligation dit loi, et qui dit loi dit quelque chose de supérieur à ce qui reçoit la loi. Nous l'avons déjà remarqué, mais il faut le redire ici plus expressément et en énonçant les conséquences de cette déclaration : la raison, qui est notre guide et notre lumière dans la pensée et dans l'action, est nôtre en tant que faculté de juger, mais elle n'est plus nôtre, si l'on considère les principes éternels et immuables qui sont les règles des jugements. S'il n'y avait dans notre raison rien qui vînt d'ailleurs et de plus haut, elle n'aurait pas le droit de décider que ceci est vrai et cela faux, ni que ceci est bon et cela mauvais. L'opinion de chacun serait pour chacun la vérité, la passion de chacun le bien, et ni dans l'ordre spéculatif il n'y aurait de règle qui pût s'assujettir les esprits, ni dans l'ordre pratique d'autorité impérative qui liât les volontés. Lorsqu'on constate combien la loi morale est d'accord avec la vraie nature de l'homme et qu'elle est comme innée à l'homme, on peut dire que la volonté, en obéissant à une loi si véritablement sienne, est *autonome ;* mais on n'entend point par là qu'elle la fasse, cette loi, ni qu'elle en soit le principe. Ou la loi n'est pas, ou il y a, non pas *autonomie*, au sens rigoureusement exact du mot, mais plutôt *hétéronomie :* si, en effet, je n'ai pas de moi seul et par moi seul tout ce que j'ai, si je ne suis pas par moi seul tout ce que je suis, ni ma nature, ni l'excellence et la dignité de ma nature n'ont en moi leur principe, leur origine première ; si donc il y a une loi qui m'ordonne de faire des distinctions dans ce qui est mien, et d'y estimer ceci plus que cela, d'y préférer ceci à cela, cette loi assurément est ma loi, en tant qu'elle s'applique à moi et convient à mon être, non en tant qu'elle aurait été instituée par moi et serait le produit de ma volonté : j'observe donc en moi un ordre, une hiérarchie, des rapports de perfection dont je ne suis en aucune façon l'auteur, et le commandement auquel j'obéis en respectant ces relations, est un commandement où je sens une force, un empire, une autorité qui n'est pas de moi. Il y a là quelque chose d'autre, un principe étranger, un principe plus haut, et voilà pourquoi je parle d'*hétéronomie*.

C'est Dieu, mon auteur, qui me commande d'être vraiment homme : en vivant bien, c'est à Dieu que j'obéis. C'est Dieu qui veut que, négligeant en quelque sorte l'infime de mon être, j'aspire à ce qu'il y a de plus grand : en agissant ainsi, c'est à l'appel de Dieu que je réponds. Il y a en moi quelque chose qui n'est pas moi et qui me demande l'obéissance, et, plus que cela, le dévouement. Encore qu'il s'agisse de ma perfection, l'affaire n'est pas purement mienne. Ce que j'aime en m'aimant moi-même noblement et comme il faut, ce n'est pas moi seulement, c'est aussi autre chose que moi, de telle sorte que la raison et le principe de l'amour que je me porte, c'est précisément cet amour de quelque chose d'autre. Si l'obéissance à la loi suppose ce que j'ai appelé *hétéronomie*, bien que la volonté semble et même en un sens soit *autonome*, de même l'amour suppose ce que je pourrais nommer *hétérophilie*, bien que la vertu semble et même en un sens soit une excellente manière de s'aimer soi-même, ὁ ἀγαθὸς μάλιστα φίλαυτος[1]. Aux racines de l'amour, si je puis dire, ne mettez rien d'étranger à moi, rien qui soit autre et supérieur : comment comprendre, comment rendre possible le désintéressement, le sacrifice, le dévouement? Le devoir ou, comme dit si souvent Aristote, le beau, le beau moral exige qu'on renonce à ceci ou à cela, qu'on subisse des choses pénibles, qu'on affronte la mort même. C'est ainsi qu'il doit être aimé, jusqu'au dévouement; et en toute libre préférence du bien moral à soi, à l'agrément, à l'utile, à la molle jouissance de l'apathie ou à la fougue d'une passion, quelle qu'elle soit, il y a amour généreux et dévoué. Comment trouver de cela la raison profonde, sans sortir de soi ou sans chercher en soi quelque chose d'autre et de supérieur? Dites-moi qu'être vraiment homme, c'est être semblable à Dieu : j'entends tout de suite que le souci de ma propre perfection intéresse autre chose que moi. Dites-moi que le bien qui est aimable, non parce qu'il sert ou plaît, mais parce qu'il est le bien, c'est en définitive ce qui est Dieu ou ce qui a avec Dieu un intime rapport : me voilà capable de me détacher de moi-même pour m'attacher par un amour désintéressé à cet objet autre que moi, supérieur à moi. Lorsqu'on parle de l'*humanité* comme d'une fin en soi, lorsqu'on prétend qu'elle est digne d'être respectée et aimée pour elle-même, on sait qu'on dépasse la réalité, on conçoit un idéal : Aristote emploie aussitôt des

---

[1]. *Eth. Nic.*, IX, viii, 7.

mots comme ceux-ci, θεῖόν τι, c'est quelque chose de divin; et les meilleurs penseurs de l'antiquité estiment qu'en chacun se trouve je ne sais quel génie ou démon, δαιμόνιόν τι, objet de respect et de culte, idéal divin et vertu divine, principe qui appelle, qui tire au bien, autre chose que l'homme dans l'homme. Sortons donc et des abstractions et des métaphores, et disons positivement que l'homme, par cela seul qu'il est homme, est tourné à aimer autre chose que lui : car l'idéal de sa nature, ce n'est pas lui ; et le propre caractère de cet idéal, c'est encore de le faire sortir de lui et de l'élever au-dessus de lui, puisque la ressemblance à Dieu est le privilège et, tout à la fois, le terme et la règle de son être. Dieu est donc vraiment sa fin. La nature humaine est *pour* elle-même en ce sens qu'elle n'est pour aucune autre chose que Dieu ; et elle s'appartient à elle-même en ce sens qu'elle n'a pas d'autre loi naturelle que Dieu. Ainsi elle est *fin en soi* et *autonome*. Mais c'est Dieu qui, dans la raison et dans la conscience, est la loi ou le législateur souverain, et en même temps le juge et le maître; c'est Dieu qui est la fin suprême, le souverain bien. C'est pour lui que tantôt nous négligeons et immolons et tantôt nous poursuivons et cherchons nos intérêts, quand nous pratiquons la vertu, au milieu de labeurs, de combats, de sacrifices, assurant ainsi la perfection de notre nature qui est notre suprême intérêt. Nous ne sommes donc jamais seuls avec nous-mêmes, et c'est cette relation fondamentale que nous avons avec Dieu qui explique l'obéissance à la loi morale, l'amour désintéressé et le dévouement. Aristote entend le divin à la façon de Spinoza : il faut voir la personne humaine en présence de Dieu, être personnel qui sans cesse l'appelle à soi, et qui, lui donnant sans cesse, le presse de donner à son tour et de se donner.

Considérons maintenant l'homme dans la société des autres hommes : c'est cette même conception qui nous permettra de comprendre la règle des relations sociales et le lien qu'Aristote appelle l'amitié. Si une morale se fonde sur le principe de l'excellence ou de la perfection sans que la raison même de ce principe soit cherchée en Dieu, comment prescrire à l'homme de respecter autrui à son propre préjudice, de se dépenser soi-même pour obliger autrui, enfin d'aimer autrui jusqu'au dévouement? La conscience les fait, ces prescriptions, et nous les trouvons dans Aristote; mais elles ont quelque chose d'inexpliqué, et, ici ou là, on sent ou du moins on devine ce qui manque à la doctrine.

Prenons d'emblée un cas extrême. Pour autrui il faut mourir. D'où vient cela? Vous et moi, nous sommes égaux. Je comprends que je vous doive et que vous me deviez le respect, vu l'excellence de notre commune nature qui est pour ainsi dire tout entière en chacun de nous. Que chacun de nous demeure donc enfermé dans sa dignité et dans son droit. L'un ne fera pas de tort à l'autre, autant que possible. Et ce sera tout. D'où peut venir ou à vous ou à moi cette obligation de regarder au dehors et de faire, moi quelque chose pour vous, vous quelque chose pour moi? Je puis admirer, même aimer, en vous, ce qui en moi serait digne d'admiration ou d'amour, parce que c'est beau, noble, excellent. Hommes l'un et l'autre, nous respectons et cultivons l'humanité, en nous personnellement d'abord, et puis l'un dans l'autre par un mutuel sentiment de respectueuse et affectueuse complaisance. Nous pouvons aller jusque-là. Mais comment y aura-t-il un moment où l'un de nous deux devra, pour l'autre, exposer, perdre quelque chose de ce qu'il a et de ce qu'il est? Si nous avons l'un et l'autre la même excellence et le même prix, par quelle étrange nécessité devons-nous, au lieu de nous garder soigneusement nous et notre bien, en sacrifier une partie? Surtout, comment le devoir peut-il être, dans tel cas extrême, de mourir? On dira : mais cela même est beau, et par conséquent celui qui meurt a encore la meilleure part. Aristote l'entend ainsi. J'admets cela, mais si c'est là toute la raison de ce devoir, voilà que le dévouement n'est plus qu'une sublime façon de se donner à soi-même de l'excellence. Faire du bien à autrui, c'est grandir soi-même. N'est-ce donc pas vrai? dira-t-on encore. Sans doute, c'est vrai; mais ce n'est pas toute la vérité. Il y a ici deux faces : l'une interne et en quelque sorte *subjective*, l'autre externe et *objective*. Vous supprimez celle-ci, et ne conservez que celle-là. Il n'y a plus de dévouement, il n'y a plus sortie de soi, abnégation de soi, don de soi. On ramène tout à soi, même ce qu'on aime jusqu'à la mort. Ce n'est plus aimer que d'aimer autrui pour soi. Je ne vous aime que si je vous aime pour vous, parce que c'est vous. Aristote le sait, et il le dit admirablement. Il ajoute qu'en aimant ainsi, je fais une très grande, très belle, très noble chose, et que partant cet amour désintéressé est pour moi un bien, et des plus précieux. Il a raison. Où est donc le défaut que nous lui reprochons? Il est à l'origine, à l'origine de cet amour du beau et de cet amour d'autrui. Le principe de l'excellence qui domine tout n'est pas rattaché à Dieu comme il faut. Moi tout seul demeurant en présence de moi-même à l'origine, je ne vois pas comment je puis aimer autre chose que moi, ni le beau, ni les autres hommes, ou du moins, si j'aime, je ne vois pas comment je puis aimer en dernière analyse autrement que par rapport à moi, ce qui est une nouvelle manière de n'aimer pas. L'*autre* terme que suppose l'amour qui est don de soi, cet autre terme ou est supprimé, ou est ramené au premier terme, c'est-à-dire à moi, ce qui de nouveau, quoique diversement, le supprime.

Au contraire, que la raison primitive du devoir soit, non en moi, mais en Dieu, que de ce qu'en moi je respecte et aime, je puisse dire que d'une certaine manière très réelle il n'est pas mien, un élément étranger étant décidément[1] introduit dès l'origine, la règle des relations avec autrui est explicable et le vrai amour d'autrui se conçoit. La communauté de nature n'est plus une raison de demeurer chacun chez soi, elle est bien plutôt une raison de s'unir les uns aux autres et comme de se verser et de se fondre les uns dans les autres. Tous ayant

---

1. Je dis *décidément*, parce qu'Aristote rattache l'homme à la divinité, à sa manière, il ne faut jamais perdre cela de vue.

le même principe et la même fin, en dehors d'eux et au-dessus d'eux, doivent dans leur marche s'aider mutuellement. Ils sont comme les membres d'un même corps. Aucun n'est lui-même principe ou fin des autres ; aucun non plus n'est isolé : tous sont solidaires. Tout tirer à soi serait une arrogance usurpatrice, prétendre n'avoir besoin que de soi, une superbe suffisance[1]. Ce commerce qui s'établit ainsi entre les hommes n'est point déterminé par le droit : c'est la charité qui forme la liaison et qui l'entretient. Chacun garde sa valeur propre, sa dignité personnelle, mais tous sont liés les uns aux autres, et c'est plus qu'une liaison, c'est une communication et, si l'on peut dire, une compénétration morale, dont les bons offices, les services mutuels, les bienfaits reçus et donnés sont les effets et les preuves. Entre des personnes égales, il peut y avoir des contrats, des pactes, des conventions, des échanges réglés par la stricte justice, mais l'amitié sans laquelle il n'y a pas de société véritable est toujours, à quelque degré qu'on la considère, un certain don de soi à autrui, une certaine préférence d'autrui à soi. En vain considérerez-vous en deux individus la similitude de nature et l'égalité des droits : de là vous ne verrez jamais naître l'amitié, la charité, le dévouement. Pour que les hommes se donnent les uns aux autres, il

---

[1]. Toutes choses qu'Aristote indique, mais sans en montrer la vraie raison : aussi borne-t-il cela aux seuls hommes libres et comme tels égaux qui composent une cité. Il entrevoit que les autres, comme hommes, ont des droits, et qu'ils peuvent être l'objet de l'amitié ; mais il en fait des instruments animés entre les mains des premiers. C'est ce qui domine toute sa *Politique*. Voir surtout I, II et v; III, I, II et III; VII (IV), VI, VII, VIII.

faut qu'ils soient capables de se donner à ce qui est à la fois leur principe et leur fin, et qu'ils se regardent entre eux comme ayant une commune origine en même temps qu'une commune destinée. Poussez la similitude de nature jusque-là : vous comprendrez qu'entre les hommes existe une relation telle qu'un homme se sacrifie et doive se sacrifier pour un autre homme. C'est qu'à ce point de vue nouveau, ils apparaissent tous comme ayant un même père, qui est Dieu, et dès lors, comme étant frères. Si Dieu est mon créateur et le vôtre, s'il nous a donné à vous et à moi la même fin, la même loi, les mêmes espérances, cette fraternité entraîne le devoir d'une mutuelle affection, d'une aide réciproque, et tout cela sans compter, sans calculer, avec une largesse non seulement désintéressée, mais généreuse, avec une richesse de cœur sans limites précises, comme pour imiter la divine libéralité qui nous donne l'être et pour rendre hommage à la parfaite bonté qui nous enveloppe de toutes parts de ses bienfaits. Cette fraternelle effusion, sans mesure apparente, quoique non sans règle, répond, dans la créature, à l'effusion paternelle du Créateur, et, en nous aimant entre nous, nous prouvons à Dieu que nous l'aimons lui-même.

Tant qu'on ne considère pas ainsi les choses, on n'a que des formules abstraites pour exprimer et expliquer les devoirs. Dans la réalité, tout ne revient-il pas à ceci : aimer et se donner, aimer Dieu et se donner à Dieu, aimer les hommes et leur donner et se donner à eux ? Dieu est le père des hommes, les hommes sont frères.

Ainsi le monde moral est composé d'êtres qui sont des personnes, et dans ce *royaume des fins* ou cette *cité des esprits*, un lien ineffable, lien d'amour, unit les membres au chef et les membres entre eux. Aristote voulait que la cité, πόλις, fût la vraie et parfaite forme de l'humanité. Il avait raison. Mais ce ne sont pas seulement les conditions de la vie extérieure qui font de l'homme un citoyen : considéré en son for intérieur, il est citoyen, il fait partie d'une cité intellectuelle, morale, et d'une certaine manière il participe au gouvernement et à l'obéissance comme le voulait Aristote pour tout citoyen libre, car il s'associe par sa pensée à la raison souveraine qui règle tout, comme par sa volontaire obéissance il y conforme sa conduite et tout son être ; serait-il seul au monde, il aurait une permanente relation avec celui qui est son auteur et son chef infiniment sage, puissant et bon, et, dans cette sorte de société avec Dieu même, recevant sans cesse de Dieu, il se trouverait capable de donner à Dieu à son tour, si l'on peut ainsi parler : pour lui donc, simple créature, et considéré comme tel, et dans son rapport avec son Créateur, se réaliserait le mot évangélique, qui est déjà, à peu près, quoique en un sens différent, le mot d'Aristote, à savoir qu'il est meilleur de donner que de recevoir[1] : »

---

1. *Act. Apost.*, xx, 35. Δεῖ... μνημονεύειν τῶν λόγων τοῦ κυρίου Ἰησοῦ, ὅτι αὐτὸς εἶπεν· μακάριόν ἐστιν μᾶλλον (il est plus heureux) διδόναι ἢ λαμβάνειν. — Nous lisons dans Aristote. *Eth. Nic.*, IX, ix, 2. Φίλου ἐστὶ μᾶλλον τὸ εὖ ποιεῖν ἢ πάσχειν. — VIII, viii, 3. Δοκεῖ (ἡ φιλία) ἐν τῷ φιλεῖν μᾶλλον ἢ ἐν τῷ φιλεῖσθαι εἶναι. La raison métaphysique de cela est dans cette parole du *De Anima*, III, v, 3, 430ᵃ18. Ἀεὶ γὰρ τιμιώτερον τὸ

recevant tout, il donnerait tout; recevant jusqu'à son être même, il donnerait jusqu'à son être même. Puis, dès qu'il existerait d'autres membres de la cité morale, ses semblables, ses égaux, il ajouterait, dans ses relations avec eux, à la justice fondée sur l'égalité naturelle des droits, la charité fondée sur la fraternité, la charité avec ses ressources presque infinies, toujours variées, vraiment vivantes. La justice, c'est la règle, et qu'y a-t-il de bon où la règle ne soit? Mais la charité, c'est la personne même qui se donne, et quoi de meilleur, si la personne est excellente, sage, non moins que libre et généreuse?

Ainsi s'affermit et se perfectionne l'*eudémonisme* d'Aristote, sous l'influence d'une notion plus précise, plus vraie, plus complète de Dieu.

Introduisons maintenant dans la doctrine d'Aristote la notion de la vie future : les difficultés que soulèvent sa théorie du bonheur disparaissent.

Il a raison de se faire du bonheur la plus haute idée : mais il ne faut pas chercher un bien si précieux dans la vie actuelle.

Il a raison de tenir compte des besoins, des faiblesses mêmes de l'homme, et de faire aux biens extérieurs une place, puisqu'il se borne à la vie présente : mais il faut placer le bonheur suprême dans une région où tout cela ne soit plus utile ni nécessaire.

ποιοῦν τοῦ πάσχοντος. Comparer *Magna Moralia*, II, xi, 33-37, texte important qui commente les sentences d'Aristote sur l'amitié indiquées ci-dessus. Τὸ εὐποιητικὸν εἶναι, βέλτιον ἢ, τὸ μή,... βέλτιον τὸ φιλεῖν ἢ, τὸ φιλεῖσθαι et le reste.

Tantôt il met la félicité trop haut, et tantôt trop bas. Quand il semble la réduire à la contemplation, il la rend inaccessible : car cette contemplation ou pure pensée ou sagesse, à combien d'hommes n'est-elle pas refusée[1]? et le sage lui-même, combien rarement n'en a-t-il pas la pleine possession et l'entière jouissance? On peut même dire qu'en la perfection que suppose Aristote, elle n'appartient jamais à personne. Quand, d'autre part, il donne à la félicité pour soutien ou pour ornement les biens extérieurs, il la ramène aux proportions de la vie présente, il la met à la portée de l'homme : mais combien ne perd-elle pas en valeur et en éclat? Et n'est-elle pas encore, sous cette forme plus modeste, inaccessible souvent? Car ces biens extérieurs dépendent de ce qu'il appelle la fortune : on peut les avoir sans en être digne, on peut les mériter et ne les avoir pas. La juste et exquise mesure qu'il demande ne se rencontre que rarement, on ne la trouve jamais peut-être. La durée, en tous cas, n'est point assurée. Et ainsi le bonheur échappe de toutes parts.

Franchissons les limites de la vie actuelle. Transportons au delà de la mort la félicité. Le *mérite* sera le

---

[1]. Aristote voudrait mettre le bonheur à la portée de tous ceux que la nature n'a pas rendus incapables de vertu. *Eth. Nic.*, I, ix, 4. Mais qu'on lise la *Politique* : on verra qu'il faut du loisir pour être vertueux, VII (IV), viii, 2, 1328ᵇ-1329. Or, que d'hommes en manquent! Ἀγεννὴς γὰρ ὁ τοιοῦτος βίος καὶ πρὸς ἀρετὴν ὑπενάντιος· οὐδὲ δὴ γεωργοὺς εἶναι τοὺς μέλλοντας ἔσεσθαι πολίτας· δεῖ γὰρ σχολῆς καὶ πρὸς τὴν γένεσιν τῆς ἀρετῆς καὶ πρὸς τὰς πράξεις τὰς πολιτικάς. Aristote exclut formellement les esclaves de la félicité. *Polit.*, III, v, 11, 1280... νῦν δ' οὐκ ἔστι (δούλων καὶ τῶν ἄλλων ζώων πόλις) διὰ τὸ μὴ μετέχειν εὐδαιμονίας μηδὲ τοῦ ζῆν κατὰ προαίρεσιν.

lien qui unira le monde présent et le monde à venir. La félicité future appartiendra à qui la méritera. Quant à l'image que nous nous en formerons, jamais elle ne sera trop belle, ni trop relevée[1]. Craindrions-nous qu'elle fût sans proportion avec nos mérites ? Il nous suffira de nous rappeler deux choses : l'une, c'est que la moralité et la vertu ont une valeur inappréciable, considérées en soi ; l'autre, c'est que si une exacte justice préside en ce monde à venir, rien n'empêche une libéralité infinie d'ajouter quelque surcroît à ce qui est dû. Et, de fait, si la moralité et la vertu sont, en soi, choses incomparablement belles, les meilleurs d'entre les hommes n'ont qu'à sonder leur cœur et leur conscience quelque peu pour trouver leurs mérites médiocres. Faire bien c'est un titre à la récompense, et la récompense est éminemment morale en son objet et en sa forme comme par son origine : elle est donc très belle, très excellente, dès qu'elle est. C'est la connaissance plus claire, c'est l'amour plus ardent, c'est la volonté avec une fermeté

---

[1]. Nous ne songeons nullement à faire ici une sorte de description de la vie future. Nous ne faisons pas non plus une exposition du dogme chrétien. Nous n'avons pas à considérer en ce moment l'ordre proprement surnaturel, l'ordre de la *grâce*, les *promesses* divines, le *mérite surnaturel*, le *ciel* et la *gloire*, la *vie éternelle* consistant dans la vue claire et la pleine possession de Dieu. Notre tâche consiste à montrer comment la notion de Dieu, juste juge, traitant les hommes selon leurs mérites dans une autre vie, modifie la conception aristotélicienne de la félicité. Nous rappelons, dans cette vue, les principes qui garantissent l'existence d'une autre vie, principes qui sont bien en eux-mêmes d'ordre rationnel, puisqu'ils peuvent être reconnus en dehors du christianisme, et qu'ils sont supposés d'ailleurs par le christianisme même, mais principes mis dans une plus vive lumière et affirmés avec une plus ferme assurance et dans une plus complète intégrité sous l'influence chrétienne. Tel est le sens du développement où nous entrons.

et une rectitude sans péril d'égarement ou d'inconsistance. C'est cette πρᾶξις d'un ordre supérieur, cette θεωρία dont parle Aristote, et, quoique nous ne considérions pas ici l'ordre proprement surnaturel et chrétien, c'est déjà, comme dit Aristote, quelque chose de divin, une vie selon la partie supérieure de notre être, une vie en quelque sorte divine, ὁ κατὰ νοῦν βίος, βίος κρείττων ἢ καθ' ἄνθρωπον. Que c'est beau et noble et grand! Mais pourquoi chercher ici une exacte proportion entre le mérite et ce qui en est le prix? Ce prix, nul ne l'obtient sans mérite, c'est-à-dire sans vertu; si le prix passe ce qu'on a de mérite, si au delà du point où s'arrête la justice, l'amour répand, non sans sagesse, je ne sais quelles surabondantes largesses, qu'y a-t-il à faire, sinon à célébrer les merveilleux secrets de l'amour, et, je ne dirai pas ses caprices, mais son adorable liberté? Donc on ne fera jamais la félicité trop grande, pourvu qu'on la place dans la vie future et qu'on n'oublie pas que Dieu en doit être l'unique dispensateur dans un monde complètement d'accord avec toutes les règles et toutes les délicatesses de la morale. Ce n'est plus le lieu de la lutte que nous considérons, c'est le lieu du repos. La nature soumise n'a plus les exigences qui rendent en ce monde le bonheur impossible. Ce que nous concevons ne sera jamais trop pur, trop noble, trop complet, trop parfait. La stabilité, la durée, la plénitude, l'indépendance à l'égard des biens extérieurs, nous pouvons, nous devons tout réunir. Et ce qu'Aristote dit des belles amitiés, pourquoi ne le conserverions-nous pas, transporté ici et transformé ? C'est là que des amis véritables pourront jouir ensemble et de la vertu et de la sagesse. Le magnifique idéal conçu par Aristote se réalisera en ces conditions nouvelles et bien autrement favorables. L'invisible cité, vraie société des esprits, admettra, dans l'amour de tous pour tous, de plus particulières unions entre quelques-uns. Pourquoi pas ? Les meilleures et les plus nobles affections ne sont-elles pas comme pénétrées et animées d'un souffle supérieur ? De celles-là, comme de la sagesse même, on peut dire : βέλτιόν τι καὶ θειότερον, c'est quelque chose de meilleur et de plus excellent que les choses ordinaires d'ici-bas ; qu'est-ce qui empêche de leur donner place dans cette félicité d'au delà dont nous parlons ? Elles peuvent s'y trouver comme mêlées ou ajoutées et prendre là, en s'épurant et en s'élevant encore, une énergie nouvelle et un charme plus puissant. Ainsi, tout ce qui est de noble nature est susceptible de s'allier au bien par excellence, ayant avec lui une sorte de secrète affinité. Aristote l'a compris, mais c'est dans la vie future, non dans la vie présente que cette idéale perfection est possible : ici il y faut tendre avec effort, non y prétendre : car ici c'est le lieu de la lutte et de la préparation, non de la paix ni de la pleine et calme possession.

Plus j'examine l'idée qu'Aristote s'est faite du bonheur, plus je me convaincs que le défaut en quelque sorte unique de cette admirable conception, c'est d'être restreinte aux bornes de l'existence actuelle : aussi peut-on conserver presque toutes les idées du philosophe pourvu qu'on change la scène où elles se déploient. Ainsi, c'est avoir de la nature humaine une très profonde connaissance que de ne pas considérer le corps comme un instrument étranger, appliqué par le dehors, selon les expressions de Bossuet. Aristote voit que l'âme et le corps forment un tout naturel qui s'appelle l'homme, suivant les expressions de Bossuet encore. Si cela est, la nature humaine, nature raisonnable, a dans l'immuable et l'éternel son véritable objet, assurément; mais l'homme néanmoins n'étant pas un pur esprit, il semble que la perfection de son être demande, non que le corps soit détruit, mais qu'il soit associé aux hautes destinées de l'âme. Quoi qu'on fasse, deux choses demeurent vraies, qui semblent s'exclure et se contredire : l'une, que le principal de l'homme étant la raison, vivre de la vie raisonnable est sa fin véritable et l'essentiel de sa félicité; l'autre, que le corps, en un rang inférieur, a pourtant un prix, une valeur, et que si la vertu le sacrifie, si la pure pensée l'écarte, il fait, malgré tout, tellement partie de l'homme que, lui ôté, tout l'intellectuel subsistant, l'homme semble n'être pas complet. Ainsi tour à tour obstacle et moyen, c'est une délivrance pour la meilleure partie de l'homme de n'être plus engagée dans ses liens, et c'est un défaut, un manque, en cette nature d'ailleurs contente par la possession du bien véritable, de n'avoir pas cet organisme si admirablement adapté à elle. C'est pourquoi Leibniz, par une hypothèse hardie, conçoit je ne sais quelle survivance d'un organisme latent quand la mort a détruit le corps que nous voyons : ce qui dans ce corps est l'essentiel, se conserve, et l'âme n'est jamais seule : elle « garde toujours quelque corps organique. » Mieux encore, le christianisme, en considérant bien la mort comme une vraie mort, qui rompt l'union du corps et de l'âme, attend avec une confiance invincible « la résurrection de la chair, » et ainsi il laisse à l'âme séparée des aptitudes et des puissances endormies, qui un jour se réveilleront, puissances qui ont le corps pour objet et s'exercent par lui. Du corps aussi il admet que d'une certaine manière l'essentiel se conserve. Et enfin la vraie notion de l'homme étant celle qui enveloppe et le corps et l'âme, le corps est associé pour l'éternité au sort de l'âme : pour ne parler ici que de la félicité, le corps, transformé, participe à sa manière à l'éternel, à l'immuable, au divin : c'est l'homme, l'homme entier, âme et corps, qui, lors de la consommation dernière des choses, est citoyen de la divine cité, saint et bienheureux. Aristote avait bien raison de tenir compte du corps, dans l'idée qu'il se faisait de la félicité, mais en voulant que cette félicité fût dans le monde présent, il la rendait, sur ce point comme sur les autres, inaccessible à l'homme, ou il la rabaissait.

N'y a-t-il donc aucun bonheur possible dans cette vie ? Ce n'est pas ce que je veux dire ; mais je prétends qu'il est chimérique de chercher en cette vie la suprême félicité, et que le bonheur tel quel qu'on peut avoir ici-bas suppose même comme principal élément l'espérance de la félicité que la vie actuelle ne donne pas. Sans cela, ou les biens actuels envahissent la pensée et ne lui laissent plus cette belle liberté d'une âme qui, ayant ailleurs son but, use de tout cela sans s'y livrer tout entière ; ou les maux actuels, si nombreux, si cruels parfois, si pressants presque toujours, restent sans consolation véritable, et, montrant combien était trompeuse l'image d'une félicité si facilement troublée, ils font succéder à l'ivresse d'une joie irréfléchie la torpeur du découragement ou les éclats effroyables du désespoir. La bonne conscience a besoin de cette espérance. La justice a des règles que les événements de ce monde démentent trop souvent : elle réclame un ordre qui lui soit parfaitement conforme, et ce n'est pas celui d'ici-bas. Dans le for intérieur, la vertu craint de jouir d'elle-même, et l'homme de bien est plus attentif à ce qui lui manque encore qu'à ce qu'il a déjà acquis. Allons au fond des choses. Sans Dieu et sans la vie future, la satisfaction si légitime que procure la conscience de la vertu, est exposée à n'être pas vraiment désintéressée. Certains penseurs, nous l'avons vu, prétendent que l'espérance d'une autre vie détruit la moralité parce qu'elle rend la pratique du bien mercenaire. C'est tout le contraire qui est vrai. Que dit-on de la conscience ? Qu'elle juge, qu'elle approuve ou condamne, qu'elle loue ou blâme. Dites-le de Dieu. Il le faut : car, à vrai dire, si l'homme est réduit à soi seul, où prendra-t-il la puissance de se juger ? De même que, dans la rigueur des termes, on ne peut ni se commander ni s'obéir à soi-même, ainsi, aucun principe étranger et supérieur n'existant, on ne saurait s'approuver soi-même ni se condamner. La conscience suppose Dieu : ce qu'elle est comme par dérivation, Dieu l'est originairement, je veux dire juge des actions, ou plutôt des intentions. C'est donc l'approbation de Dieu qu'il faut mériter, c'est à Dieu qu'il faut plaire. Ici est le danger, nous dit-on. Voilà ce qui va gâter la moralité. Nullement. Vouloir être approuvé de celui qui est souverainement parfait et saint par essence, en quoi et pourquoi serait-ce ôter à la vertu son désintéressement ? Se jugeant soi-même, on peut être content de soi, et la vertu demeure ; pensant qu'on est jugé par Dieu, et qu'on est approuvé par lui, on ne pourrait être content, sans que la vertu s'évanouît ? Mais que l'on prenne donc garde plutôt que la conscience, séparée de Dieu, ne soit purement et simplement l'estime de soi-même : on jouira de soi, on aura en soi de quoi se satisfaire ; on se suffira à soi-même. C'est se faire centre, ou se faire principe et fin. L'égoïsme reparaît. Veut-on qu'il y ait entier désintéressement ? Qu'on dise à l'homme de chercher en dehors et au-dessus de soi son juge aussi bien que son législateur. Que son espérance comme sa vertu regarde autre chose que lui et ait un objet supérieur, objet réel, vivant, personnel, Dieu. De Dieu il attendra le souverain bien ; de Dieu il attendra cette parfaite satisfaction de sa nature, dont la bonne conscience est une partie ; dans le bonheur présent, il aura un échantillon court et imparfait, un essai, un prélude, un avant-goût de la félicité : son ambition noble et légitime le portera plus haut, et Dieu sera sa suprême fin et la récompense de la vertu, promise au mérite. Sortant ainsi de lui-même, en un sens, par l'*espoir* non moins que par le *devoir*, il sera désintéressé jusque dans l'attente des biens futurs : car il y cherchera Dieu plus que lui-même. Que si cette recherche et plus tard cette possession, que si en d'autres termes cet amour de Dieu, fait, comme dit Leibniz, notre plus grand bien et intérêt, qu'est-ce que cela prouve, sinon que l'ordre définitif du monde est d'accord avec la justice et la bonté, que la joie parfaite appartient à la parfaite vertu, que c'est donc cet idéal dont nous portons en notre conscience l'image, qui triomphe et qui règne ; et enfin que par la bonté de Dieu, l'exquis et incomparable plaisir qui accompagne la pratique laborieuse du devoir et le sacrifice et le dévouement, nous répond par avance du bel ordre à venir, et encourage l'heureuse espérance de la félicité? Qui donc est plus désintéressé, de celui que l'absence d'espoir force à ramener tout à soi, tout jusqu'à sa vertu même, ou de celui que l'espérance fait sortir de soi sans cesse et sans cesse élève au-dessus de soi?

Aristote, bornant tout à la vie présente, semble donc rendre difficile le désintéressement que d'ailleurs sa doctrine établit si bien. La vertu et la sagesse, qu'il regarde comme les conditions essentielles et principales de la félicité, demeurent enfin repliées sur elles-mêmes en dépit de la sublimité des théories, et tout pour l'homme se termine à l'homme. Et ici Aristote ne sent assez ni la misère ni la grandeur de l'homme. Conformément à l'esprit grec, il trouve la vie assez belle, malgré tant de maux, pour qu'y asseoir la félicité lui paraisse possible : du mal il n'a point un sentiment profond ; il n'est pas de ceux que « la vue de nos misères tient à la gorge » ; il n'a pour les souffrances qu'une faible pitié, pour l'erreur, pour le péché que la belle indifférence ou la délicate aversion d'un artiste. Et en même temps, il ne sait pas combien l'homme est grand. Il n'aspire pas à l'affranchir des entraves de ce monde sensible tel qu'il est.

On trouve dans la *Métaphysique* un texte bien curieux : « Il y a, dit-il, une étroite relation entre les diverses parties de l'univers, mais le mode de relation diffère selon les êtres, πάντα δὲ συντέτακταί πως, ἀλλ' οὐχ ὁμοίως. Tout est dirigé vers une même fin, mais c'est comme dans une maison où ce sont les hommes libres qui ont le moins la liberté de faire ce qu'il leur plaît (j'oserais presque traduire : ce qui leur passe par la tête), ὥσπερ ἐν οἰκίᾳ τοῖς ἐλευθέροις ἥκιστα ἔξεστιν ὅτι ἔτυχε ποιεῖν, tandis que les esclaves et les bêtes de somme, contribuant pour une faible part au bien commun, ont ensuite beaucoup de temps pour suivre leur fantaisie, τοῖς δὲ ἀνδραπόδοις καὶ τοῖς θηρίοις μικρόν τι εἰς τὸ κοινόν, τὸ δὲ πολὺ ὅ τι ἔτυχεν, car c'est ainsi que la nature de chacune de ces classes d'êtres est le principe du genre d'activité qu'on en attend, τοιαύτη γάρ ἑκάστου ἀρχὴ αὐτῶν ἡ φύσις ἐστίν[1]. » L'univers étant ainsi comparé à une maison, qui est-ce qui y joue le

---

1. *Métaph.*, XII (Λ), x, 2-3, 1075ᵃ15 et suiv.

rôle des maîtres? est-ce l'homme? nullement. Ce sont les corps célestes, le soleil, les astres. En combien d'endroits Aristote ne les déclare-t-il pas divins, ces êtres qui composent le monde sidéral[1]? C'est la partie la plus noble de la nature ; c'est celle où par un complet assujettissement aux lois éternelles des nombres et des proportions, l'immobile essence du premier moteur est le mieux imitée ou approchée ; là règne la nécessité. La région humaine qui est la région de la contingence, est déjà inférieure. Ces êtres célestes et divins, semblables au maître d'une maison bien conduite, ne connaissent ni caprices ni petits plaisirs. Toujours occupés à penser l'immuable et à gouverner selon la raison la mobile réalité, ils n'ont pas de temps à perdre, et, comme leur tâche est immense et très haute, elle est incessante : ils ne se fatiguent pas d'ailleurs de ces nobles soins. L'homme, qui ne vaut pas ces êtres merveilleux du monde supralunaire, l'homme est un peu comme l'esclave dans la

---

1. Comparez notamment au passage cité ici une remarquable page des *Eth. Nicom.*, VI, vii, 3-5. On ne peut regarder la politique comme la plus noble des sciences, σπουδαιοτάτην, à moins de considérer l'homme comme ce qu'il y a de mieux dans l'univers, εἰ μὴ, τὸ ἄριστον τῶν ἐν τῷ κόσμῳ ἄνθρωπός ἐστιν. Or, il n'en est rien : il y a des êtres beaucoup plus divins que l'homme, καὶ γὰρ ἀνθρώπου ἄλλα πολὺ θειότερα τὴν φύσιν, par exemple, pour ne citer que les plus apparents, les plus éclatants, οἷον τὰ φανερώτατά γε, ces astres qui sont comme les fondements du système du monde, ἐξ ὧν ὁ κόσμος συνέστηκεν. Voir encore l'*Physique*, II, iv, 6. Τὸν οὐρανὸν καὶ τὰ θειότατα τῶν φανερῶν. On pourrait citer beaucoup d'autres textes. Signalons ce passage de la *Métaphysique*, XII (Λ), ix, 1074^{b}15 : Δοκεῖ μὲν γὰρ ὁ νοῦς (l'intelligence suprême) εἶναι τῶν φαινομένων θειότατος. Sans doute τῶν φαινομένων κατὰ τὸν οὐρανόν, c'est-à-dire les astres dont la nature est divine. (Voir *Métaph.*, XII (Λ), viii, 1074^{a}30, τῶν φερομένων τι θείων σωμάτων κατὰ τὸν οὐρανόν.)

maison bien organisée : sa tâche remplie, il a du temps à lui, il fait ce qu'il veut, il agit ou se repose à sa guise. C'est là, ce me semble, le sens du passage que nous venons de citer. La comparaison assez singulière qu'emploie Aristote, ne doit peut-être pas être trop pressée ; mais elle est du moins en harmonie avec une pensée constante, je ne dis pas d'Aristote seulement, mais des anciens Grecs : c'est la supériorité qu'ils attribuent tous aux astres sur l'homme. La divinité, qu'ils répandent partout, leur semble plus présente dans les corps célestes qu'ailleurs; et ils ne renoncent point pour cela à donner en tout le premier rang à la pensée. Ces corps célestes sont animés, ils sont intelligents : la pensée est là, plus vive et plus puissante que chez l'homme, pensée plus maîtresse d'elle-même et présidant à de plus grandes choses, plus sereine en sa calme contemplation qui n'a pas besoin du raisonnement ni de la dialectique, plus excellente aussi en son action en quelque sorte pratique puisqu'elle fait mouvoir un plus ample système et produit des effets plus énergiques et plus simples. Ils sont donc heureux, ces êtres célestes, et plus heureux que l'homme. Et Aristote n'ose pas permettre à l'homme de se rapprocher jamais d'une manière durable de cette félicité. Il se contente pour la nature humaine de ce bonheur entrecoupé, haché, si j'ose ainsi parler, que la fortune mobile peut sans cesse interrompre et que les faiblesses mêmes de la volonté peuvent compromettre [1]. Il

---

1. *Physique*, II, v et particulièrement vi, 2, 197ᵇ3. Διὸ καὶ ἀνάγκη, περὶ τὰ πρακτὰ εἶναι τὴν τύχην· σημεῖον δ' ὅτι δοκεῖ ἤτοι ταὐτὸν εἶναί τι,

ne fait pas espérer à l'homme de bien, comme récompense de pénibles efforts, la fixité, la stabilité, la constance, en un monde supérieur où la fortune n'ait plus de prise et où la volonté n'ait plus à craindre de se démentir ou de s'égarer.

Platon, en insistant sur les suites éternelles de la moralité actuelle, donnait dans une autre vie une place d'honneur à l'homme parmi les êtres célestes et divins. Si dans le monde sensible l'homme est peu de chose, si par son intelligence même, si haute qu'elle soit, il ne s'élève pas au rang des astres qui planent sur sa tête, sa vertu, en l'introduisant à jamais dans le monde intelligible, lui donne, en cette région transcendante, rang de maître. Aristote ne le détache point de cette nature dont il fait partie; il ne lui permet pas d'espérer jamais autre chose que ce qu'il est dans l'univers actuel; mais il veut lui faire trouver dans le monde sensible même le monde intelligible, dans la chétive existence présente, l'éternité : ni la vertu ni la sagesse ne donnent un titre à une vie où disparaîtraient les humbles conditions de celle-ci; la vertu élève l'homme, la sagesse le divinise, mais ici même. La place de l'homme dans la nature reste relativement petite, et jamais elle ne sera changée ; et le bonheur de l'homme, si sublime qu'en soit l'idéal, ne sera

---

εὐδαιμονία ἤ, εὐτυχία, ἤ, ἐγγύς· ἡ δὲ εὐδαιμονία πρᾶξίς τις· εὐπραξία γάρ. Dans les *Eth. Nicom.* (notamment I, ix, 6), il distingue expressément εὐδαιμονία et εὐτυχία, mais il en marque aussi les rapports. Ici, d'ailleurs, τύχη comprend toute la contingence.

1. Et la nature humaine est toujours esclave à bien des égards, πολλαχῇ ἡ φύσις δούλη τῶν ἀνθρώπων ἐστίν. *Metaph.*, I (A), ii, 982ᵇ 30.

jamais qu'un bonheur humain, c'est-à-dire soumis à toutes les vicissitudes, à toutes les défaillances de la vie humaine actuelle, bonheur mélangé par conséquent, court, menacé sans cesse d'être altéré, sûr toujours de finir. N'avais-je pas raison de dire qu'Aristote n'a pas assez connu la grandeur de l'homme?

En résumé, l'*eudémonisme*, sans la notion de Dieu et de la vie future, ou ramène l'égoïsme malgré les plus nobles et les plus belles aspirations, ou donne du bonheur même une idée défectueuse, soit qu'il le rétrécisse pour l'accommoder aux conditions de la vie présente, soit que prétendant en garder l'idéale pureté, et le placer néanmoins dans cette vie trop manifestement impuissante à le contenir, il ne nous en offre plus que la chimérique et décevante image.

Tout autre est le spectacle que nous donne l'*eudémonisme*, quand il est parfaitement clair que ni l'homme n'est à lui-même son centre, ni la vie présente n'est le tout de l'homme. De petits esprits pourraient craindre que dans ces conditions nouvelles la moralité ne devînt trop éthérée : il leur semblerait que l'espérance des choses d'*au delà* dût rendre méprisables les choses de la terre, l'humilité anéantir toutes les vertus un peu fières, ou éteindre les vertus éclatantes; et ainsi, au moment même où nous croirions élever le plus nos idées morales à l'aide des idées religieuses, se répandrait partout je ne sais quoi de terne, de morne, de triste. C'est une erreur. Voyons, par exemple, ce que devient, dans la doctrine de saint Thomas, l'éthique d'Aristote si étroitement alliée au christianisme. Ni l'humilité ni la sévérité chrétiennes ne causent à celui qu'on appelle le docteur angélique ni scrupules ni embarras. Il a une manière nette et franche de poser les questions et de les résoudre; c'est sans arrière-pensée qu'il suit, dans l'analyse des vertus, Aristote son guide. Il déclare que le *Philosophe,* comme il le nomme, a excellé dans la description des devoirs de la vie civile[1]. Il reproduit ses théories sans défiance. Il lui suffit pour écarter tout péril d'y ajouter la notion chrétienne de Dieu, et tout s'arrange sans effort, ou s'épure et s'élève davantage[2]. En veut-on un exemple frappant? Qu'on aille droit aux articles où il est traité de la magnanimité, par exemple, puis de l'humilité. Saint Thomas répète, avec Aristote, que la magnanimité fait qu'un homme se juge digne de grandes choses[3] : seulement il ajoute qu'il y faut joindre la considération des dons de Dieu. Voilà l'orgueil prévenu ou surmonté. On est humble quand on s'abaisse en consi-

---

1. *Summa theolog.,* 2ª 2ᵉ, quæst. 161, art. 1, ad 5ᵘᵐ. *De humilitate.*

2. Voir aussi un remarquable ouvrage d'un disciple de saint Thomas, le *De Regimine principum,* composé pour Philippe le Bel par son précepteur, Egidius Colonna, de Rome, connu aussi sous le nom de Gilles de Rome, le *Doctor fundatissimus :* cet écrit condense la *Morale* et la *Politique* d'Aristote et les accommode à l'instruction d'un roi chrétien; l'auteur met à profit saint Thomas d'Aquin dont il reproduit très souvent le texte, et c'est le même esprit et la même doctrine, la même façon d'accepter les enseignements du *Philosophe* sur l'honnêteté naturelle, la même manière très simple de tout animer du souffle chrétien et d'ajouter au naturel le surnaturel. Cet ouvrage ne doit pas être confondu avec un autre *De Regimine principum,* très célèbre et purement politique, attribué à saint Thomas d'Aquin. Nous remercions M. Laboulaye qui a attiré notre attention sur l'écrit d'Egidius.

3. *Summa theolog.,* 2ª 2ᵉ, quæst. 129, art. 3, ad 4ᵘᵐ.

dérant son propre défaut ; on est magnanime, quand on aspire aux grandes choses, et dans l'ordre de la vertu et de la perfection, et dans le reste, ayant les regards tournés vers celui qui est la source de tout bien et l'auteur de tout don parfait. La pusillanimité est un péché. Avoir l'âme petite, le cœur petit, c'est se retirer des grandes choses, *se retrahere a magnis,* c'est par une timidité coupable, par une indigne lâcheté, ne pas faire les grandes choses qu'on pourrait faire, demeurer au-dessous de soi parce qu'on se croit trop aisément incapable d'effort et de succès, ne pas pratiquer telle haute vertu à laquelle on est appelé, *non sua virtute uti,* parce qu'on se contente d'une vie médiocre, ne pas user des talents naturels, de l'intelligence, de l'habileté, ne pas profiter des ressources dont on dispose, *bona quibus recusat uti ad virtutem,* parce qu'on se borne à une condition mesquine, et ainsi c'est défaillir, c'est tomber par faiblesse au-dessous du niveau de sa puissance, *deficit proportione suæ potentiæ,* puisque c'est refuser de tendre à ce qui est en proportion avec les forces reçues et acquises. Et vraiment c'est un grand mal que cette petitesse d'âme ; et si la présomption est plus coupable en ce qu'elle tient de l'orgueil, la pusillanimité, considérée en soi, est plus laide, puisque par elle l'homme s'éloigne de ce qui est bon, *recedit a bonis,* et c'est ce qu'il y a de pire, *quod est pessimum*[1]. On pourrait multiplier les exemples. On verrait saint Thomas déclarer que c'est le

---

1. *Summa theolog.,* 2ª 2ʳ, quæst. 133, art. 1 et 2.

propre de la magnanimité de faire grand, *magnum operari*, approuver la magnificence quoiqu'il réprouve un faux luxe, et trouver bon le désir de la gloire quoiqu'il condamne la vaine gloire[1]. Aristote avec sa fière et brillante morale passe dans cette philosophie chrétienne : il est modifié, transformé, il ne disparaît pas. Et de même la théorie de la contemplation se christianise, et la théorie générale du bonheur est mise en harmonie avec la doctrine chrétienne de la béatitude. L'homme ne se rapetisse pas parce que toute possibilité de se suffire à soi-même lui est ôtée ; et son énergie ne s'évanouit pas, parce qu'il lui devient impossible de se contenter du monde présent. En montant plus haut, il garde tout ce qu'il avait déjà : loin de le perdre, il le possède mieux. Et enfin l'idée qu'il se fait de la félicité est à l'abri de tout danger : il n'a pas à craindre de retomber sur soi-même ou de briser en quelque sorte ce bonheur qu'il rêve : sa fin suprême est clairement placée au-dessus de lui. C'est vers le ciel et vers le Père qui est dans les cieux qu'il lève ses regards.

Ainsi tour à tour l'*eudémonisme* d'Aristote s'est présenté à nous comme une doctrine que tout semblait justifier, et comme une théorie exposée à de redoutables objections. Quand nous l'avons comparé à d'autres systèmes, nous l'avons trouvé tantôt supérieur à Platon même et tantôt inférieur. Nous l'avons vu corrigeant Platon, et il nous a fallu avoir recours à Platon

---

[1]. *Summa theolog.*, 2ª 2ᵉ, quæst. 134, art. 2, ad 2ᵘᵐ, et art. 1 ; quæst. 132, art. 1.

pour le soutenir. Avons-nous cherché des termes de comparaison chez les modernes? Les plus dissemblables nous ont successivement servi soit à l'éclaircir et à l'interpréter, soit à l'améliorer et à le compléter. Spinoza nous a paru d'abord le plus propre à le traduire; mais Stuart Mill, Leibniz et Kant se sont trouvés d'accord avec lui. Lorsque, désireux non plus seulement de le comprendre, mais de le critiquer, nous avons signalé ce qui nous paraît en être le défaut capital, c'est en y ajoutant, avec ce qu'il y a de meilleur dans Platon, certaines notions chrétiennes, que nous l'avons comme transformé. Cette influence transformatrice, il la reçoit sans périr. En y versant une doctrine plus haute, on le rend meilleur, on ne le fait pas éclater. C'est qu'assurément le fond doit être bon, solide et généreux. Il l'est en effet. Vouloir que perfection ou excellence et bonheur et félicité, ce soit tout un, c'est poser la base du véritable *eudémonisme* rationnel et moral.

CHAPITRE X

DE LA RELATION DE PRIORITÉ QU'ÉTABLIT L'EUDÉMONISME ENTRE LA PERFECTION ET LE BONHEUR, ENTRE LE BIEN MORAL ET LE BIEN NATUREL ; ET DES ÉLÉMENTS DE SOLUTION QUE FOURNIT ARISTOTE POUR CETTE QUESTION.

Des deux éléments du souverain bien, la perfection et le bonheur, quel est le premier en importance et en dignité ? Si la perfection est pour le bonheur, c'est le bonheur qui l'emporte ; et comme il est la fin vraiment dernière, c'est à lui qu'appartient la primauté. Or, n'est-ce point là, ce semble, le sens de l'*eudémonisme ?*

Je trouve dans Bossuet cette admirable page :

« Aimez purement, aimez saintement, aimez constamment, et vous serez droits. Si vous craignez seulement les menaces de la loi, sans aimer sa vérité et sa justice, quoique vous ne rompiez pas ouvertement, vous n'êtes pas d'accord avec elle dans le fond du cœur. »

Que c'est précis, net, et beau ! Les célèbres distinctions de Kant n'iront pas plus loin. Voilà bien la loi morale respectée et obéie par respect pour la loi morale, le devoir fait par devoir, sans quoi, au lieu de la moralité, il n'y a que pure légalité. Seulement Bossuet ajoute l'amour, qui ne gâte rien. Mais continuons :

« La loi menace, elle est redoutable : vous, à ses menaces, vous donnez la crainte. Que faites-vous pour son équité? L'aimez-vous, ne l'aimez-vous pas? La regardez-vous avec plaisir ou avec une secrète aversion, ou avec froideur et indifférence? Que sont devenus vos premiers désirs, vos premières inclinations? La crainte n'arrache pas un désir, elle en empêche l'effet, elle l'empêche de se montrer, de lever la tête; elle coupe les branches, mais non la racine. Elle contraint, elle bride, elle étouffe, elle supprime; mais elle ne change pas. Le fond du désir demeure ; je ne sais quoi qui voudrait, ou que la loi ne fût pas, ou qu'elle ne fût pas si droite, ni si rude, ni si précise, ou que celui qui l'a établie fût moins fort ou moins clairvoyant. Mais cette intention ne se montre pas. Vous n'entendez donc pas quel secret venin coule dans les branches, quand la racine de l'intention n'est pas ôtée, quand le fond de la volonté n'est pas changé? »

Et, plus loin, dans le même discours, Bossuet ajoute :

« Il y a une autre crainte : non la crainte de l'adultère qui craint le retour de son mari, mais la crainte d'une chaste épouse qui craint de le perdre[1]. »

Méditons ces paroles et appliquons à l'espérance ce que Bossuet dit de la crainte. De plus en plus nous

---

1. Sermon pour le quatrième dimanche de l'Avent (1669), *Sur la véritable conversion*.

verrons apparaître la beauté, la dignité, la valeur de la morálité, peu importent les noms. C'est vraiment elle qui prime : la loi est belle, elle est bonne : de là naît l'amour, et de l'amour la joie ; il y a une crainte qui est amour et une espérance qui est amour ; mais de la crainte et de l'espérance où il n'y aurait aucun commencement, aucun germe d'amour, que faudrait-il dire sinon qu'elles seraient mercenaires et feraient injure à la loi ?

Est-ce l'avis d'Aristote ? oui, certainement, malgré les grandes difficultés que nous savons. C'est ce qu'il veut dire quand il déclare que le beau est la fin de la vertu. C'est aussi le sens de sa théorie du plaisir. D'une vie vertueuse sans plaisir, ou d'une vie de plaisir sans vertu, que faudrait-il préférer ? La vie vertueuse sans plaisir. Aristote flétrit du nom de vie de jouissance, τὸν ἀπολαυστικὸν βίον[1], la vie où les plaisirs du corps sont poursuivis au détriment de toute noble activité. Puis répondant lui-même explicitement à la question que je viens de poser, ne déclare-t-il pas en propres termes que l'on ne pourrait vouloir de la joie, si pour l'avoir il fallait faire une très laide chose, fût-on sûr d'ailleurs d'être à l'abri de toute peine ? Et n'ajoute-t-il pas, non moins expressément, non moins fortement, que l'on se porterait avec la même ardeur vers certains objets, et ils sont nombreux, quand bien même ils ne procureraient aucun plaisir ?

1. *Eth. Nic.*, I, v, 2.

On aimerait, par exemple, à voir, à se souvenir, à savoir, à posséder les vertus. Il est vrai que nécessairement tout cela est suivi de plaisir : mais qu'importe? On poursuivrait, on voudrait, on choisirait encore tout cela quand aucun plaisir n'en résulterait[1]. Voilà qui est net. La vertu n'est pas recherchée pour le plaisir. Mais entre le plaisir et la vertu il n'y a pas de radical désaccord. Le plaisir est d'autant plus profond que l'activité dont il est le fruit est elle-même meilleure, et la vertu a ses plaisirs, d'une exquise douceur.

Maintenant, laissons de côté pour un instant la moralité proprement dite, et considérons la perfection ou excellence. Est-ce la perfection, est-ce le bonheur, qui est la fin absolument suprême?

L'homme, répondrons-nous, se fait de la perfection ou de l'excellence une fin vraiment dernière, car il la cherche pour elle-même, et, si le bonheur en est inséparable, c'est comme suite, et, semble-t-il, comme surcroît. Mais, dira-t-on encore, c'est là en somme que tout se termine, et le dernier mot des choses, c'est le bonheur.

Je recours, pour répondre, à l'hypothèse de tout à l'heure. Je sépare, par la pensée, ce qui réellement est uni, et mettant, d'un côté, la perfection sans la félicité, de l'autre, la félicité sans la perfection, je dis : en un

---

[1]. *Eth. Nic.*, X, III, 12. Οὐδείς τ' ἂν ἕλοιτο... χαίρειν ποιῶν τι τῶν αἰσχίστων, μηδέποτε μέλλων λυπηθῆναι. Περὶ πολλά τε σπουδὴν ποιησαίμεθ' ἂν καὶ εἰ μηδεμίαν ἐπιφέροι ἡδονήν, οἷον ὁρᾶν, μνημονεύειν, εἰδέναι, τὰς ἀρετὰς ἔχειν. Εἰ δ' ἐξ ἀνάγκης ἕπονται τούτοις ἡδοναί, οὐδὲν διαφέρει· ἑλοίμεθα γὰρ ἂν ταῦτα καὶ εἰ μὴ γίνοιτο ἀπ' αὐτῶν ἡδονή.

tel état de choses, que faudrait-il choisir ? la perfection, ce n'est pas douteux.

Donc, c'est la perfection qui prime tout. C'est elle qui est la raison de l'être, la fin de l'activité. Le bonheur la suit. Répétons ce qu'Aristote a dit du plaisir : il n'est pas l'activité, il s'y ajoute comme par surcroît, comme à la jeunesse sa fleur, ὡς τοῖς ἀκμαίοις ἡ ὥρα. Qui dit perfection ou excellence, dit le dernier mot; concevez la perfection sans la félicité, elle serait encore la perfection, et cela suffit; mais étant la perfection, elle a pour suite, pour effet, pour rejaillissement, si l'on veut, la félicité. Maintenant, entrez plus avant dans le fond des choses, et vous pourrez dire : la félicité, ce n'est pas plus que la perfection, ce n'est pas mieux, c'est elle. En nommant la félicité après la perfection, n'avez-vous pas ajouté à la perfection ? non, à vrai dire. Tout à l'heure vous ne la connaissiez pas tout entière ; ce que vous appeliez suite ou surcroît, c'est un autre côté d'elle-même, celui qui apparaît le dernier, et cela explique notre langage, mais ce n'est pas néanmoins ce qui fait de la perfection le terme dernier des choses : comme telle et considérée en sa plus intime essence, elle est perfection ou excellence, mais la félicité n'en saurait être détachée que par abstraction. On explique tout cela comme on peut : on dit que le bonheur sort de la perfection et qu'il y est contenu, puis on dit qu'il est elle-même, sous un autre aspect, toutes métaphores entre lesquelles il est permis de choisir. Deux choses sont certaines : d'une part, une distinction légitime, je ne dis pas une séparation, s'établit entre la perfection et le bonheur, et, alors, le bonheur étant en elle ou par elle, il faut ajouter qu'il est pour elle et non elle pour lui : car, sans elle, il n'est plus, tandis que sans lui elle se conçoit encore. Mais, d'autre part, il est bon que la perfection connue soit goûtée, et tellement que cela même entre en quelque sorte en son essence : or la perfection goûtée ou le sentiment de la perfection, c'est la joie ; et cela, durable et sûr, c'est le bonheur.

Nous demanderons-nous ce que Dieu, créateur de l'homme, a eu en vue primitivement : le bonheur de l'homme ou sa perfection ? Nous répondrons : sa perfection. Si Dieu veut que l'homme soit bon, ce n'est pas précisément pour qu'il soit heureux : je veux dire que si, par impossible, bonté et bonheur se séparaient dans le souverain bien, c'est la bonté que Dieu, juste appréciateur des choses, choisirait pour l'homme, la bonté et non le bonheur. Dieu veut que l'homme soit bon, donc heureux. Mais la conséquence n'est pas, à proprement parler, le terme final dans l'ordre de la dignité. Dieu veut que l'homme achève, par la vertu et la sagesse, la primitive ressemblance qu'il a avec la divinité. Voilà la raison d'être de l'homme, et sa fin. C'est l'excellence que le Créateur a en vue. Mais la félicité y entre, étant liée à l'excellence par une sorte de nécessité morale et de divine convenance. Otez ce lien, l'ordre des choses est troublé : l'excellence, abstraitement et précisément prise, demeure.

Disons donc que, *objectivement*, et au point de vue

de Dieu, pour ainsi dire, le vrai terme final, la vraie fin suprême, c'est la perfection ou excellence, dont la félicité ne se sépare point, y étant liée par le plus intime des liens ; et, *subjectivement*, et au point de vue humain, dans la pratique, le vrai terme final, la vraie fin suprême de la volonté, c'est encore la perfection ou excellence, la félicité d'ailleurs apparaissant à l'homme comme y étant liée ainsi qu'elle l'est en effet.

Reste une dernière question : car nous n'avons pas encore épuisé toutes les difficultés. Comparons, non plus la perfection et le bonheur, mais la perfection et la moralité. Nous avons pu passer de l'une à l'autre il n'y a qu'un instant; il nous faut maintenant savoir au juste ce qu'elles sont l'une par rapport à l'autre. La question de priorité et de prééminence reparaît. Nous ne pouvons l'éluder. Tant que nous ne l'aurons pas traitée, je ne sais quelle ombre couvrira l'*eudémonisme* et inspirera de la défiance à l'égard d'une doctrine qui peut-être n'estime pas la moralité son prix. Est-ce la perfection morale qui est vraiment fin et principe, désirable par soi, premier désirable? Est-ce la perfection naturelle? Ne sommes-nous point dans une impasse? Il semble que ce soit la perfection naturelle ; car la loi morale ordonne de respecter ou de conserver, de cultiver ou de développer : quoi? la nature humaine, la nature raisonnable : donc de réaliser l'idéal de perfection propre à cette nature : la perfection morale n'est autre que l'épanouissement volontaire de la nature humaine, conformément à l'idéal conçu par la raison. Il faut être vraiment homme :

il faut être, par volonté, tout ce que l'on est par nature, disons mieux, tout ce que la nature, idéalement considérée, demande que l'on soit. Varions les expressions tant qu'il nous plaira : nous retrouverons toujours la nature ou la perfection naturelle ; et elle sera le but. Elle n'est pas réalisée, et le mérite moral consiste précisément à la réaliser : mais, en cet état idéal, elle est encore nature, et dès lors la raison et le fondement de la perfection morale se trouvent dans la perfection naturelle. La dignité morale sort de la bonté naturelle pourvu qu'à celle-ci la volonté s'ajoute. C'est la doctrine de Leibniz. *Bonum mentis naturale, quoties est voluntarium, simul est bonum morale*[1]. Dans un être raisonnable, le bien naturel, quand il est volontaire, devient le bien moral. On dit que le bien moral est supérieur ; mais la priorité appartient à l'autre, et, avec la priorité, la prééminence, puisque c'est lui qu'on a en vue dans le bien moral même. Le bien naturel est, au fond, le principe de tout le bien. L'excellence morale, c'est le respect ou la culture volontaire de ce qui est par nature excellent. Il n'y a donc de propre au bien moral que la volonté : mais la volonté, que regarde-t-elle en se déterminant ? Le bien naturel. C'est là son vrai objet.

Adopterons-nous, au contraire, la doctrine de Kant ? La perfection morale aura la priorité. Il nous semblera qu'il en doit être ainsi, parce qu'autrement la dignité du bien moral paraît méconnue. Comment accorder la pré-

---

[1]. Leibniz, *Correspond. avec Wolf*, lettre du 21 février 1705.

éminence à ce qui n'est pas proprement *moral? Bonum mentis*, oui, sans doute, le bien de l'âme, l'intelligence, la raison, l'amour, toutes choses nobles et belles. Mais mettre tout cela *avant* la moralité, c'est mettre tout cela *au-dessus* de la moralité? Kant, avec sa théorie stoïcienne, n'aurait-il pas raison? D'autre part, si nous enlevons à la loi morale toute matière, comme dit Kant, quelle sera la raison des prescriptions de la loi morale? Être moralement bon, c'est obéir à la loi par respect pour la loi. Je comprends. Mais d'où vient que la loi ordonne ceci et défend cela? La règle morale subsiste par elle-même : soit, si l'on entend par là qu'avant toute volonté qui s'y conformât, avant toute autorité qui la promulguât, avant tout jugement qui la reconnût, elle était loi, et que Dieu même ne l'a point établie par un décret arbitraire. Elle est donc vérité immuable et éternelle. Si elle n'est point l'expression d'une arbitraire volonté, elle est l'expression de la raison. Sinon, elle n'est rien du tout, ou plutôt l'arbitraire reparaît. Dire qu'elle est la loi parce qu'elle est la loi, c'est l'assimiler à la force sans raison. Mes actions seront bonnes si elles sont conformes à la loi. La loi elle-même, pourquoi déclare-t-elle telle action bonne, et telle autre mauvaise? Ne faut-il pas dire, par exemple, que telle action est conforme à la dignité et à la vraie nature de l'homme? Alors ce n'est plus la dignité de l'homme qui est définie par la loi morale, c'est la loi morale qui est définie par la dignité de l'homme. Or, la dignité de l'homme, antérieurement à la loi morale, c'est une chose naturelle, un bien naturel. Nous sommes donc ramenés à ce que nous voulions fuir. Le bien naturel a la priorité, et il est le fondement du bien moral. La formule de Leibniz est de nouveau vérifiée. *Bonum mentis naturale, quoties voluntarium est, simul est morale.*

Ne pourrons-nous pas, sans admettre la théorie de Kant, qui ôte à la loi morale toute raison d'être, ne point placer néanmoins dans le bien naturel le fondement du bien moral?

Rappelons ce que nous avons dit plus haut, à savoir que l'excellence et la dignité de la nature humaine viennent de ce qu'entre la nature humaine et la divinité il y a quelque ressemblance. C'est là ce qui met en l'homme quelque chose d'auguste et de saint (et Kant même au fond ne l'entend-il pas ainsi?). C'est là ce que l'on doit volontairement respecter et aimer en soi, garder et cultiver, pour avoir une valeur morale. La moralité ne s'explique donc point par la seule addition de la volonté à la nature : le bien que reconnaît la raison et que la volonté conserve ou développe, c'est un bien qui lui-même n'est pas purement naturel, si l'on en considère l'origine et l'espèce : c'est un bien plus que naturel qui, en devenant volontaire, devient moral. C'est le bien de l'âme, le bien de l'être raisonnable, *bonum mentis*. Ce n'est pas assez dire : ce bien, c'est un bien divin, la ressemblance primitive avec Dieu étant le propre caractère de la nature raisonnable.

Or, en Dieu, la distinction entre le *naturel* et le *moral* n'a pas lieu. En Dieu, il n'y a pas de *nature*, à parler proprement, si la nature, c'est ce qu'on est par le fait de la naissance, ou ce qu'on reçoit. En Dieu, la *nature* est proprement *essence* : il a par son être même, il tient de son être, ce que la créature tient de sa naissance et du don divin qui la fait être. En Dieu, rien de donné, rien d'acquis. Point de faculté naturelle, et point de vertu. La perfection de son essence est entière, pleine, absolue. Il n'y a pas un temps où il n'y ait que perfection naturelle, et un autre temps où soit surajoutée la perfection morale. Dieu est *par lui-même* (entendons la force de ce mot) bon, très bon, excellent. La perfection de l'essence et la sainteté de la volonté ne font qu'un. Se connaissant tel qu'il est, et s'aimant tel qu'il se connaît, Dieu est saint. Or, il n'y a pas un temps où Dieu soit pleinement sans pleinement se connaître, ni un temps où la plénitude de la connaissance soit sans la plénitude de l'amour. Et il n'y a pas une loi *prescriptive* ou *impérative*, qui oblige Dieu à se connaître et à s'aimer : pour Dieu il n'y a pas de *devoir*. La loi, si l'on peut parler ici de loi, c'est sa raison souveraine, et sa volonté parfaitement d'accord avec sa raison : allons plus au fond, sa loi, c'est sa bonté essentielle, c'est sa perfection, son excellence incomparable et absolue, c'est son essence même absolument bonne, parfaite et excellente. Il est par soi, et il se connaît et s'aime par soi, sans que rien d'étranger à sa très pure et très parfaite essence intervienne de quelque façon que ce soit en son activité, ou mieux en son acte éternel pour le déterminer ou le soutenir ou le diriger. Il est essentiellement tout ce qu'il est. Il est Celui qui est. Ne cherchons donc pas en Dieu je ne sais quelle priorité de la nature sur la perfection morale. Cela n'aurait pas de sens. L'excellence de la nature et la sainteté de la volonté sont ici tellement unies que si l'on ôte un instant l'une ou l'autre, Dieu n'est plus.

Ces notions ne sont pas dans Aristote, mais elles s'accordent avec les conceptions théologiques de l'auteur de la *Métaphysique*. Dans l'admirable XII⁰ livre, s'il n'y a pas de distinction établie entre ce qui est moral et ce qui est naturel, — et la question ainsi posée est plus moderne qu'antique, — il y a du moins des formules qui s'harmonisent avec cette distinction, et Aristote, en disant du premier Être qu'il est Acte pur et en même temps et par cela même le Bien et l'Excellent, τὸ ἀγαθὸν, τὸ ἄριστον, ou encore le Vivant parfait, ζῶον τέλειον, Aristote place en Dieu une perfection qui passe la perfection morale proprement dite, et qui n'est pas le fruit de l'effort mais se confond avec l'essence même. Et dans la *Grande Morale* nous trouvons un texte qui, sans être d'Aristote, est néanmoins conforme, ce me semble, à son esprit[1]. La vertu, y est-il dit, ne convient pas à Dieu, il n'y a pas de vertu pour Dieu, οὐκ ἔστι θεοῦ ἀρετή. Et quelle est la raison de cela ? C'est que Dieu est au-dessus de la vertu, Dieu est plus et mieux, ὁ γὰρ θεὸς βελτίων τῆς ἀρετῆς, et ce n'est point par vertu, ce n'est point selon la vertu que Dieu est parfait, καὶ οὐ κατ' ἀρετήν ἐστι σπουδαῖος : parfait, excellent, tel qu'il doit

---

1. *Magn. Moral.*, II, v, 1200ᵇ13.

être pour être bon, voilà ce qu'exprime ce mot σπουδαῖος : et cette *bonté* n'est point acquise ni conquise. Et pourquoi, demandera-t-on encore ? C'est que, si Dieu était bon par vertu, la vertu serait supérieure à Dieu, meilleure que Dieu, οὕτω γὰρ βελτίων ἔσται ἡ ἀρετὴ τοῦ θεοῦ. L'auteur ici s'arrête, il n'explique pas sa pensée ; mais il est aisé de la deviner et de l'achever. Si Dieu avait à se faire bon par vertu, la vertu serait pour Dieu un idéal, une règle, un but. Il n'aurait plus en soi par soi-même toute perfection, il ne serait plus par soi-même tout ce qu'il est. Il y aurait en lui une indigence, un besoin, et la plus précieuse de toutes les richesses serait comme un bien étranger qu'il devrait se procurer. Mais quoi, dirons-nous ? Cette acquisition n'est-elle pas pour l'homme la plus noble des choses ? Il est vrai, se faire bon, c'est grand, c'est beau, et la moralité a un prix très haut, le prix le plus haut, si vous considérez un être qui n'est point par soi ce qu'il est : mais il y a plus encore et mieux, c'est d'être bon, sans avoir besoin de le devenir[1], sans poursuivre un idéal, sans se conformer à une règle, sans marcher vers une fin. Si c'est demeurer au-dessous de la vertu que de tenir

---

1. Voir *Eth. Nic.*, III, v, 17. Τὸ γὰρ μέγιστον καὶ κάλλιστον, καὶ ὃ παρ' ἑτέρου μὴ οἷόντε λαβεῖν, μηδὲ μαθεῖν, ἀλλ' οἷον ἔφυ, τοιοῦτον ἕξει, καὶ τὸ εὖ καὶ τὸ καλῶς τοῦτο πεφυκέναι ἡ τελεία καὶ ἀληθινὴ, ἂν εἴη, εὐφυΐα. Cette bonté de *pure nature*, Aristote ne la regarde pas comme la vraie perfection de l'homme, il faut qu'il y ait en l'homme bon quelque chose qui soit de lui et par lui, τὸ δι' αὑτόν. La vertu est volontaire. Mais au lieu de la *nature* donnée et reçue, mettez l'essence divine tout acte et toute par soi : là, vous avez à un degré éminent τὸ δι' αὑτόν, et sans acquisition, sans effort, sans vertu. C'est plus, et mieux ; c'est vraiment τὸ μέγιστον καὶ κάλλιστον.

toute sa bonté d'une heureuse disposition de la nature, et de n'être bon que par tempérament en quelque sorte, par pur don, sans volonté propre, il y a quelque chose qui est au-dessus de tout, c'est de tenir toute sa bonté de soi seul, et d'être bon parce qu'on est l'idéal pleinement et éternellement réalisé, parce qu'on est la règle vivante et constamment droite, parce qu'on est la fin souveraine sans cesse possédée, sans cesse subsistante pour mieux dire, vers laquelle tout marche, mais elle-même absolument immobile. Voilà ce qui n'est pas seulement bon, mais très bon, βέλτιστον, ἄριστον, ce qui n'est pas seulement beau, mais très beau, κάλλιστον. C'est ce qu'il y a de plus divin, θειότατον, c'est le divin en sa forme propre, en sa réalité même, c'est Dieu. Aristote a vu cela, et s'il se fût posé la question que nous posions tout à l'heure, il eût déclaré qu'en Dieu la perfection de la nature, si l'on peut parler ici de nature, et la perfection morale ne se séparent pas. Du reste il dit lui-même dans la *Morale à Nicomaque*, au VIIe livre[1], que les héros, comme parlent les poètes, d'hommes deviennent dieux, ἐξ ἀνθρώπων γίνονται θεοί, et cela par la grandeur et comme par l'excès de leur vertu, δι' ἀρετῆς ὑπερβολήν[2], mais que de Dieu à proprement parler il n'y a

1. *Eth. Nic.*, VII, 1, 2.
2. Aristote dit dans un texte admirable qu'il y a des choses qui, arrivées à un degré éminent, sont plus dignes d'être voulues et plus belles, ὧν ὑπεροχή, αἱρετωτέρα ἢ, καλλίων. Et il ajoute que de ce qui est meilleur, meilleur aussi est l'excès, et de même pour ce qui est plus beau, τῶν βελτιόνων αἱ ὑπερβολαὶ βελτίους, καὶ καλλιόνων καλλίους. *Rhet.*, I, vii. Entrons dans cette pensée, et nous dirons que la perfection divine est vraiment *suprême, souveraine :* c'est plus et mieux que la plus haute vertu.

pas de vertu, ἀρετή... οὐδὲ Θεοῦ, parce que l'excellence de Dieu est quelque chose de plus sublime, de plus admirable, de plus vénérable que la vertu, ἀλλ᾽ ἡ μὲν τιμιώτερον ἀρετῆς. Point de mot exprimé : ἡ μέν... sans doute ἀρετή, c'est-à-dire ce qu'on nommerait vertu en Dieu : eh bien! c'est quelque chose de plus auguste que la vertu. Remarquons ce mot τιμιώτερον, et souvenons-nous du sens précis que lui donne Aristote : il marque ce qui est d'un ordre plus qu'humain, d'un ordre transcendant, ce qui est digne de respect religieux, d'adoration. Je sais bien que le livre VII est un des livres communs à la *Morale à Nicomaque* et à la *Morale à Eudème*. Mais comment ne pas trouver ici la pensée, l'esprit d'Aristote ? Son langage ordinaire y est, ce τιμιώτερον ἀρετῆς a bien sa marque[1]. Et cette idée que les hommes excellents sont comme des dieux, n'est-elle pas exprimée dans la *Politique*[2] ? Et la supériorité de la vie divine sur la vie humaine la plus vertueuse n'est-elle pas proclamée dans la *Morale à Nicomaque*, notamment au livre X ?

Mais, si nous tenons à montrer que nous ne sommes pas infidèle à Aristote dans les considérations où nous semblons nous éloigner beaucoup de lui, nous avouons que, grâce au christianisme et à la philosophie moderne, nous posons la question en des termes qui ne pouvaient

---

1. D'ailleurs la nuance délicate qui vient d'être signalée ne se retrouve pas dans un texte appartenant en propre aux *Eth. Eudem.*, VII, III, 2 : Ἄλλη δὲ διαφορὰ τούτων ἡ καθ᾽ ὑπερβολήν ὥσπερ Θεοῦ ἀρετή, πρὸς ἄνθρωπον.

2. *Polit.*, III, VIII, 2, 1284. Voir aussi VII (IV), XIII, 2, 1332b.

être ceux d'Aristote, et la solution aussi suppose de la moralité et de Dieu une notion qui n'est point dans Aristote explicitement.

La perfection morale, disons-nous, ou la sainteté de la volonté n'est point postérieure à la perfection naturelle ou essentielle, si nous considérons l'Être premier, Dieu.

Entrons maintenant plus avant, si je puis parler ainsi, et ne craignons pas de faire appel à la sublime et mystérieuse idée que le christianisme nous donne de la vie intime de Dieu. Nous disons que Dieu est seul, et nous avons raison : Dieu est seul en ce sens qu'il n'y a rien qui ne soit incomparablement au-dessus de lui, rien n'étant que par lui. La dépendance où toute chose est à l'égard de Dieu, la parfaite indépendance de Dieu même, voilà ce que nous exprimons en disant que Dieu est seul. Mais demeurons dans l'ordre divin, écartant tout ce qui est créé, tout ce qui n'est pas Dieu : pourquoi, dans sa vie intime, Dieu, se contemplant soi-même et jouissant de soi-même, serait-il plus semblable à un mort qu'à un vivant ? Pourquoi serait-il dans je ne sais quelle morne solitude ? Ici nos idées se troublent. La pure raison, en établissant l'existence de Dieu, n'a jamais su que le laisser dans un superbe et froid isolement, ou lui prêter un étrange besoin de faire le monde pour y répandre son éternelle activité. Dieu semble trop seul, tant que le monde n'est pas, et sa félicité paraît presque une sorte d'égoïsme transcendant. Il faut qu'il sorte de soi. Ainsi, tour à tour, on déclare qu'il se suffit pleinement à soi-même et qu'il ne se suffît pas. Entre le monde et lui il y a un abime, et, si le monde n'est pas, lui-même semble incomplet. Son amour, éternellement replié sur soi, ne paraît pas assez vivant. On y cherche l'effusion, le don de soi. Comme dans l'éternelle contemplation de la souveraine pensée par la souveraine pensée tout est silence, de même dans l'amour dont Dieu s'aime soi-même tout est solitude. On se dit que c'est la suprême vie, et l'on se demande si ce n'est pas comme la mort. Du monde divin mieux encore que du monde sidéral on est tenté de dire : « Le silence éternel de ces espaces infinis m'effraie. » Autre est l'idée de Dieu dans le christianisme. L'essence infinie, impénétrable en soi et inaccessible, laisse néanmoins entrevoir dans une obscure clarté le secret de sa vie intime, et ce qu'elle révèle à la foi, c'est que sa parfaite unité n'est point solitude. *Unus et trinus*, un en trois *personnes* : entre ces trois personnes divines, des relations ineffables : une vraie société, un vivant amour, un don parfait de tout ce que Dieu est, une mutuelle et parfaite communication, sans dommage pour l'immuable et éternelle unité. Ne sort-il pas de ces ombres mystérieuses une heureuse lumière ? Dieu n'a donc pas besoin de sortir de soi ni de descendre au-dessous de soi, pour rompre le silence et rendre l'unité féconde ? Si la fécondité, si l'effusion de la vie, si le don de soi est quelque chose de si excellent que l'essence divine ne peut pas n'en être pas capable, c'est en son propre sein que Dieu exerce cette activité, et cette souveraine excellence lui appartient sans que rien d'étranger y serve d'occasion ou de matière. La création n'est à aucun titre, en aucune façon, indispensable au Créateur : elle n'est que ce qu'il convient qu'elle soit, un effet de la surabondante et toute libérale bonté de Dieu. Dans la Divinité même, abstraction faite de toute créature, réside le type premier de tout don, dans cette communication de l'essence divine donnée tout entière par le Père au Fils et par le Père et le Fils à l'Esprit, communication pleine, parfaite, où celui qui reçoit est égal à celui qui donne, et où un parfait amour rend sans cesse en quelque sorte le don sans cesse reçu. Le langage humain expire ici, et toute image est impuissante à exprimer dignement ces mystères. Mais comment ne pas reconnaître les secours qu'ils apportent à la pensée, tout en la confondant? et n'y aurait-il pas timidité excessive et fâcheuse à se priver de ces ressources d'un autre ordre, qui permettent de pénétrer plus loin dans l'analyse des idées et dans l'explication des choses?

Nous cherchons en ce moment à montrer qu'à l'origine de tout, en Dieu, perfection morale et perfection naturelle ou essentielle coïncident. N'entendrons-nous pas mieux cela si nous considérons cette vie divine dont le christianisme nous fournit la notion? Là où il y a société, amour mutuel, don, il y a perfection morale. Pour mieux dire, c'est plus que perfection morale, puisque c'est chose divine : c'est sainteté, sainteté essentielle. Et là se trouve l'origine de toute loi. La moralité humaine, j'en conviens et je le déclare nettement, se conçoit sans que l'on remonte à ces hauteurs, sans que l'on s'enfonce dans ces abîmes. Et cependant c'est là qu'est la source vraiment primitive de tous nos devoirs. L'ordre que nous devons garder dans nos jugements, dans nos affections, dans nos déterminations, c'est l'ordre même que Dieu garde dans les impénétrables profondeurs de son être. Ce qu'on entrevoit de Dieu contient la raison de ce qui est commandé à l'homme. Si tout en définitive se résume dans l'amour, c'est que Dieu est amour. Si l'amour consiste sur toute chose dans le don de soi, c'est que l'amour dans l'essence divine elle-même est don. Aimer, c'est la loi de l'homme parce que c'est, si l'on peut parler ainsi, la loi de Dieu.

Maintenant, tout ce que dans l'homme nous nommons perfection naturelle n'est perfection qu'à cause d'une ressemblance primordiale avec Dieu même. On comprend donc que l'homme ait une excellence de nature qui appelle l'amour; on comprend qu'il soit aimable et qu'il doive être aimé. Dès lors, ce qu'il faut aimer, c'est ce qui porte l'empreinte de la souveraine et divine excellence, et cette loi de l'amour a elle-même son modèle et son motif en Dieu. Antérieurement au bien naturel il y a donc, et à un double titre, le bien divin. La perfection morale a beau supposer d'une certaine manière la perfection naturelle : il n'est pas exact pour cela de dire que celle-ci soit le dernier mot des choses. On le pourrait penser si la suprême raison et de notre excellence et de nos devoirs n'était pas en Dieu. Dieu apparaissant, cette illusion s'évanouit. Ce n'est pas la *nature* qui est le fondement de l'ordre moral, c'est Dieu. Si le bien naturel est digne d'être aimé, de cet amour qui implique respect, soin, culture, action bienveillante et bienfaisante, dépense de soi, don de soi, c'est que le bien naturel a une origine divine. C'est pour cela qu'il y a devoir de le conserver et de le cultiver. Si l'humanité a droit à être traitée comme la loi morale ordonne qu'elle soit traitée, ce n'est pas parce que l'humanité est l'humanité, mais parce que, étant telle, elle est nature raisonnable, et qu'ayant à ce titre une ressemblance fondamentale avec Dieu, elle trouve dans ce qu'on peut appeler la règle même de Dieu sa propre règle ; et ainsi la divine loi de l'amour et du don de soi trouve, dans l'ordre créé, une application. Qu'on ne dise donc pas que la loi morale ne suppose aucun principe étranger : elle suppose Dieu, qui d'ailleurs n'est étranger à rien. Qu'on ne dise pas non plus que la moralité repose tout entière sur le bien naturel, à la seule condition d'ajouter à la nature la volonté. Le bien est antérieur à la moralité : mais quel bien ? le bien naturel pur et simple ? non : un bien divin, ou, pour mieux dire, Dieu même, Bien absolu et vivant, qui est au-dessus de tout, même de la vertu, parce qu'il est saint par lui-même : étant de soi et par soi tout ce qu'il est, et voulant de soi et par soi tout ce qu'il veut, il est souverainement indépendant, quoiqu'il ne puisse point ne pas s'aimer : il est Dieu, cela dit tout, et ainsi pour parler notre pauvre langage humain, à je ne sais quelle bienheureuse et divine nécessité s'allie, dans les profondeurs mystérieuses de l'être divin, une liberté parfaite. Voilà la sainteté absolue, non plus seulement digne de respect et d'amour, mais adorable; et c'est là, dans cette région tout à fait transcendante, que réside le type, le principe, le modèle de toute moralité, avec l'origine de tout bien et la raison de cette loi auguste que nous nommons la loi morale.

Ainsi, ni le bonheur n'est mis au-dessus de la perfection ou excellence, ni le bien naturel n'est la suprême raison du devoir ou le dernier fondement de la moralité. Et Aristote qui n'a point expressément traité ces questions, ne répugne nullement à la solution proposée ici : il en fournit même, en plus d'un point, les éléments.

CONCLUSION

On demandait à Anaxagore quel était suivant lui l'homme le plus heureux. « Ce n'est aucun de ceux que vous supposez, répondit-il ; et le plus heureux des hommes selon moi, vous semblerait probablement un homme bien étrange, ἄτοπος ἄν εἴη. »

Aristote cite cette parole d'Anaxagore et l'approuve. Eudème la reproduit, et y joint un commentaire[1].

Bien étrange aussi pourrait sembler la théorie d'Aristote sur le bonheur, à qui ne jugerait que d'après de vulgaires et mesquines idées. Platon ne voulait point déclarer heureux le Grand Roi, si, ne s'étant point entretenu avec lui, il ignorait l'état de son âme à l'égard de la justice. Aristote place la félicité dans la pratique des vertus morales et surtout dans la contemplation de

---

1. *Eth. Nicom.*, X, VIII, 11. — *Eth. Eudem.*, I, IV.

l'immuable et éternel objet de la pensée pure. Combien il est loin de l'empirisme grossier et des doctrines utilitaires! Le bonheur n'est pas pour lui ce que la plupart des hommes nomment de ce grand nom. La définition qu'il en donne est faite pour surprendre et déconcerter ceux qui prisent plus que tout les plaisirs des sens, ou les richesses, ou la puissance.

Et pourtant quelle conformité, quelle convenance intime entre l'idée du philosophe et le génie grec! Si le vulgaire peut s'étonner, l'élite de la société d'alors se retrouve, se reconnaît ici, avec ce qu'elle a de meilleur dans l'esprit et dans l'âme, avec ses plus hautes aspirations, avec ses préférences les plus sérieuses, non dans sa forme réelle toujours, mais dans cette forme idéale que la raison conçoit et qui attire par un charme si puissant les âmes élevées, délicates et généreuses.

Elle est grecque, vraiment grecque, cette noble et brillante morale. Elle est humaine aussi. Et comment ne le serait-elle pas? Le Grec antique n'est-il pas un des types les plus complets et les plus beaux de l'humanité?

Les défauts qui, dans cette doctrine, tiennent au caractère national, au génie propre du philosophe, au temps où il a écrit, ces défauts se corrigent aisément.

La morale d'Aristote néglige trop les misères de l'homme; elle trouve la vie présente trop belle et s'y renferme à tort; elle semble ne considérer dans le monde que des gens heureux, soucieux de mettre dans leur conduite un ordre et une harmonie qui l'embellisse, et cherchant dans la haute philosophie un noble et délicieux emploi de la pensée ; elle méconnaît trop ce que la vie humaine contient de souffrances et ce que la vertu a de rude ; mais, malgré tout, elle repose sur une si profonde idée de la nature humaine que l'on peut en conserver le fondement, encore qu'on la déclare à bien des égards défectueuse. Mettez-y ce qui y manque, l'esprit de renoncement et de sacrifice, la lutte contre le mal, en soi et dans les autres, l'amoureuse et courageuse pitié pour les souffrances d'autrui, un sentiment vif de la rigueur du devoir, ce sérieux incomparable de la vie chrétienne pressenti par Platon, que sais-je encore ? une vertu plus austère, avec quelque chose de plus religieux : redemandez à Platon son mysticisme, empruntez aux stoïciens leur sévérité, avec le christianisme placez Dieu partout, au principe et au terme, recevez de Dieu la loi, la règle, aspirez à Dieu comme à la fin suprême, et dites que la vraie vie, la vie parfaite et la vie bienheureuse, c'est celle qui est en Dieu ; ajoutez que l'existence présente n'en donne que le prélude ou l'avant-goût, et que le souverain bien étant perfection et félicité, n'est pas de ce monde : quelles modifications n'apportez-vous pas alors à la doctrine morale d'Aristote ! Et néanmoins elle demeure en ce qu'elle a d'essentiel. Ces conceptions plus nettes, plus sévères ou plus élevées l'améliorent, elles ne la détruisent pas. Certaines difficultés disparaissent ; le système devient plus complet et plus harmonieux ; les belles formules du philosophe semblent prendre un sens plus riche et s'illuminer d'une plus éclatante lumière. C'est rester fidèle à Aristote que de le modifier ainsi. Son principe fondamental subsiste. Il a vu que vivre pleinement selon l'idéal vrai, c'est être parfait et heureux ; il a entrevu que la source profonde de la vie est à la fois dans l'homme et au-dessus de l'homme. La félicité, c'est la vie pleine, parfaite, excellente : ainsi entendue, comment ne serait-elle pas la fin pratique elle-même [1] ? Voilà cet *eudémonisme* rationnel et moral, que l'auteur de la *Morale à Nicomaque* a le premier exposé dans un traité spécial et régulier. Avant lui, Socrate et Platon avaient soutenu la même thèse ; son honneur à lui c'est de l'avoir reprise avec une précision supérieure, et l'œuvre originale où il l'établit et la développe est presque pour la philosophie morale ce qu'est sa *Métaphysique* pour la philosophie spéculative. Œuvre maîtresse, savante, point pédante. Pascal a marqué vivement le caractère propre aux écrits des anciens philosophes en un temps où d'ordinaire on le méconnaissait. « On ne s'imagine, dit-il, Platon et Aristote qu'avec de grandes robes de pédants. C'étaient des gens honnêtes, et comme les autres, riant avec leurs amis, et quand ils se sont divertis à faire leurs lois et leur politique, ils l'ont fait en se jouant. » Le mot est juste, et il dit tout, le fort et le faible. Ce que c'est que se jouer ainsi, je voudrais que cette

---

1. *Eth. Nic.*, I, vii, 8. Τέλειον δή τι φαίνεται καὶ αὔταρκες ἡ εὐδαιμονία, τῶν πρακτῶν οὖσα τέλος.

CONCLUSION. 313

étude eût réussi à le faire entendre. Elle aura pu montrer aussi que l'allure aisée et le demi-sourire du sage n'empêchent point son œuvre de répondre à cette belle parole qui est de lui : « La vie heureuse est celle qui est selon la vertu, et une telle vie est sérieuse[1]. »

---

1. *Eth. Nic.*, X, vi, 6. Δοκεῖ δ' ὁ εὐδαίμων βίος κατ' ἀρετὴν εἶναι· οὗτος δὲ μετὰ σπουδῆς.

TABLE DES MATIÈRES

Préface.. i
Introduction... 1
Chapitre I. — Esquisse de l'homme vertueux et sage d'après Aristote... 21
Chapitre II. — Accord de la conception aristotélicienne de la vie avec le génie et le caractère grecs................. 52
Chapitre III. — Du beau, ou de la règle morale, selon Aristote... 77
Chapitre IV. — De la fin pratique, ou du bonheur, selon Aristote.. 121
Chapitre V. — Des difficultés que soulève la morale d'Aristote. Comment elles sont dissipées presque toutes par l'étude approfondie de son système....................... 145
Chapitre VI. — Des difficultés qui ne peuvent être dissipées, et des points faibles de la doctrine d'Aristote........... 187
Chapitre VII. — Que la doctrine morale d'Aristote est un *eudémonisme* rationnel................................. 207
Chapitre VIII. — Que l'*eudémonisme* d'Aristote ne détruit pas le désintéressement................................ 234
Chapitre IX. — Comment la doctrine d'Aristote peut être modifiée. De la notion de Dieu que réclame l'*eudémonisme*.. 250
Chapitre X. — De la relation de priorité qu'établit l'*eudémonisme* entre la perfection et le bonheur, entre le bien moral et le bien naturel, et des éléments de solution qu'Aristote fournit pour cette question................ 287
Conclusion... 309

SAINT-CLOUD. — IMPRIMERIE Vᵉ EUG. BELIN ET FILS.

www.ingramcontent.com/pod-product-compliance
Lightning Source LLC
Chambersburg PA
CBHW060651170426
43199CB00012B/1748